初學六爻預測

王虎應/著

笛藤出版

序 言

　　我研究六爻預測這門學問已經有十多年了，踏入這個領域有苦也有甜。甜的是為許多人解決了疑惑，解開了心結，解除了病痛，挽救了一些瀕臨倒閉的企業。苦的是有些東西自己還沒有完全研究透徹，會出現失誤，眼看著別人的痛苦而無可奈何，只好夜夜思考，反覆推敲，想找出問題所在。幸好水準還是一年一年地在進步，發現了許多古書上錯誤的論述，也找出了許多新的規律和突破點。使得中國古代的這一奇葩得以在今天繼續綻放，發出它應有的光芒。

　　這是一門很深的學問，可以應用在各個方面，各個領域，小到個人的事情，大到宇宙探索。要是真正把握好的話，其帶來的作用是很大的。我曾經在2002年幫助我的日本朋友預測股票獲得成功。當時我幫助他選定了13支股票，並極力推薦他重點做名為尼森（NISSEN）的一支股票。他用10幾年來開公司積賺的3500萬日元投資股市，結果我選定的股票有十二支漲了，只有一支跌了。極力推薦的那支股票漲了七倍，是當年日本漲勢最好的股票。他用了半年多的時間，除了收回本金以外，又賺了1億7000萬日元。

　　而利用六爻預測在生活中，給人解決的小問題就更多了，許多卦例書上都有，也就不在此一一列舉。我希望有更多的愛好者加入研究六爻的行列，開拓發展六爻預測，不至於使古人留給我們的這門學問埋沒。學會六爻預測，對自己、對社會都有一定的幫助。

　　本書主要從六爻預測學最基礎的內容開始寫起，即使從來沒有接觸過的人也可以自己讀懂學會，同時又兼顧到已經有一定基礎的人，提高層次。書中對各類常見項目的預測方法，做了介紹和實例講解。但並沒有涉及到六爻在疾病和風水上的應用，一是因為這兩個內容太專業，不適合於入門，同時也因為另外要寫專著論述，所以就省略了。本人才疏學淺，在寫書的過程中，難免出現一些不足的地方，希望讀者多提寶貴的意見。

　　　　　　　　　　　　　　王虎應　寫於戊子年孟春

目 次 ————————————

1

─── 揭開六爻預測的祕密 ───

說到六爻預測,首先要先給沒有接觸過六爻預測的人,講講六爻預測的原理是什麼。六爻預測,就是俗稱的算卦。聽到"算卦",很多人會馬上聯想到"封建迷信"。認為研究六爻預測的人,就是搞唯心主義,是故弄玄虛騙人的。真的是這樣嗎?在這裡我可以很負責任地告訴大家,六爻預測不是"封建迷信",更不是"故弄玄虛",而是實實在在的一門大學問。

中國古代有很多的預測學,六爻預測只是其中之一。這些預測學都是根據《易經》原理建立起來的。古代有"不知易不可為將相"之說,儒家尊《易經》為群經之首。就連中醫的發明也是源自《易經》,醫聖孫思邈曾說過"不知易不足以言太醫"。六十年代以來,重大科研成果有14項,其中12項來源於易經原理。在國外,《易經》與《聖經》並稱為世界兩大奇書,享有宇宙代數學的美稱。這些足可以看得出《易經》在中國古代文化與現代科學的地位。因此,根據《易經》原理建立起來的預測學,也就有了很強的理論依據。

說到對人生的預測,就不可避免的要談到"命運"的問題。

人究竟存不存在"命運"呢？近幾年，現代醫學研究發現，人一生中得的一些疾病，是由人自身的"基因序列"所決定的。也就是說，人一出生就決定了會得某些疾病，也就是所謂的"命中註定"。這從某種程度上，說明了"命運"的存在。基因可以通過實驗室研究發現，但是人的"命運"，卻是無法在實驗室用實驗來證明的，所以才不被現代科學所承認。而中國的古人在幾千年前，早就可以通過易經預測，來推斷人的吉凶禍福。也許有人會說，這僅僅是在身體疾病方面的體現，那人的命運是註定的嗎？這個問題，大家可以用自身的生活閱歷來自己體會。這裡要提到"運氣"這個詞。生活中常常會提到"運氣"這個詞，說某某人運氣好，或是運氣不好等等。大家可以回想一下自己走過的這些年，應該會感覺到，有的年月"運氣"好，做事順利，財運好，事業上升遷。而有的年月，卻"運氣"不好，諸事不順，破費多，事業多波折。而且在"運氣"不好的時候，往往是自己再努力也很難改變現狀。並且常常會"禍不單行"。

生活中常會說到的"運氣"，究竟存不存在呢？如果存在，又是什麼在影響我們的"運氣"呢？首先，我要說人的"運氣"是存在的，接著就要說一下，易經預測的原理。易經預測依據的是"宇宙全息原理"。"宇宙全息原理"，其實簡單的理解，就是一種"對應"。古人通過長期對自然界的觀察發現，人體本身，人與自然界，人與宇宙，有著一種相互"對應"的關係。也就是所說的"天人相應"。就拿人體本身來說，人的手掌、腳掌、耳朵上，都有全身臟器的反射區，做過腳底按摩的人一定能體會到，按摩師通過按壓腳掌上相應臟器的反射區，就可以判斷出身體哪些臟器有毛病或狀況不好，這就是依據人體的全息原理。這些反射區與人體的臟器，有一種 "對應" 關係。中醫的貼耳穴療法，同樣是依據這種全息原理發明的。而人與自然的這種 "對應" 關係，最明顯的表現，就是四季變化對人的影響。一些疾病總是在相應的季節容易發作。這是因為季節發生變化，人體與自然界相互 "對應" ，本身也應該會發生變化。但是，如果身體不能與之同步，就產生了疾病。

中國古人，把自然界的事物歸納為，"金、木、水、火、土" 五種屬性，簡稱為五行。這五種屬性之間，是一種既相生又相剋的關係。金可生水，水可生木，木可生火，火可生土，土可生金。同時，金又剋木，木又剋土、土又剋水、水又剋火、火又剋金。這種關係與大自然中的生物鏈，是一樣的。古人把這五種屬性，對應在時間、空間等一切事物上。而這五種屬性，對應在人體臟器上，就產生了中醫的治病理論。對應在時空與人的關係上，就產生了預測學的理論依據。古人講，要成事，須要 "天時、地利、人和"。"天時" 排在第一位，說明其重要性超過了 "地利" 與 "人和" 。這裡的 "天時"，就是 "時間"，"地利" 就是 "空間"，"人和" 就是 "人自身的努力"。古人認為不同的時間，都代表不同的五行屬性，而人一出生，由於時間與空間的影響，也自帶了一種屬於自己的五行屬性。人的這種五行屬性，相對是固定的，對應在人體就是，"基因序列"，會跟隨人一生。由於人自身存在，這種五行屬性。所以，也就可以解釋，為什麼有的人可以

成為我們的 "貴人"，總是可以幫助我們。而有的人會成為 "小人"，總會與我們作對。

人的 "命運"，就是宇宙時空所代表的五行屬性，對人自身所具有的五行屬性，所產生的影響。作個簡單的比喻，比如，在五行屬性為水的年月裡，自身屬性為木的人，由於水可生木，所以 "運氣" 會比較好。所謂占了 "天時"，做事容易成功。但是，自身屬性為火的人，由於水剋火的原因，"運氣" 就比較差，做事多阻難成。古人很早就發現了這個規律，所以提出了 "天時、地利、人和"，為做事成功的必要條件。因此提出，君子要 "待時而動"。當然，人後天的努力也很重要。如果 "運氣" 好的時候，不去努力，躺在床上睡大覺，無非也就是多做幾個美夢而已。 宇宙時空對人的這種影響，也就是易經預測人命運的基本依據。宇宙時空的這種五行資訊，無時不刻的對人產生影響。這種影響我們自身是無法感覺到的。就像身邊的各種信號、輻射一樣，存在於我們的身邊，我們無法感知，卻要受其影響。而宇宙時空的這種變化，又是有其規律性的。比如一年四季，日升日落等。根據宇宙時空的變化，我們就可以推測對人自身產生的一些影響，也就是對人 "運氣" 的影響。所以說，宇宙時空與人，有一種對應關係。這就是 "宇宙全息原理"，也就是易經預測的原理。同時也是六爻預測的原理。

六爻預測，有不同於其他預測學的取卦方式，那就是用銅錢或硬幣來 "搖卦"。有人也許不理解，這是一種什麼原理？其實這是一種訊息傳遞。六爻預測，必須有預測的念頭才可以，也就是頭腦裡，要先有想要知道的事情，然後這個信息，通過手搖動，傳遞到銅錢或硬幣上。透過搖動六次，產生不同的正反結果，得出一個卦象。再根據這個卦象，用六爻自己的語言，來推斷運算。這個訊息傳遞的過程，有點像是手機接收簡訊的過程。我們傳簡訊給朋友時，首先要有一個內容，接著通過網路，以訊號的模式，在空中傳遞，然後到達對方的手機上。最後，以一種程式語言的轉化，成為我們可以讀懂的文字信息。也許有人會有疑問，為同一件事，多次搖卦，每次出現的正反結果，一定不會是完全相同的。是不是代表結果也就不同了？其實不然，同一件事，多次搖卦，得到相同卦象的幾率很小。但是，不論卦象是否相同，其中傳遞出的信息應該是一樣的。就像用不同的方程式，可以解出相同的結果一樣。

社會上有一些人滿腹經綸，談到學問，好像沒有他不知道的事。也有的人精明能幹，很會推理分析。比如軍事家，經濟學家，股票技術分析家，醫學家等等。但是，再高明的專家也只是在某個領域裡，靠自己的經驗積累以及掌握的信息，和現有的形勢環境等，進行分析判斷而已。根本不能超越時空，在沒有任何資料和信息的情況下，是不能準確、具體的判斷出，某個事情的過去、現在、未來的發展趨勢。

比如一個醫學專家，需要給病人做各種各樣的檢查，聽取病情的症狀，詢問病人的感覺等，才能綜合分析，做出推斷。如果不見病人，也不提供有關病人的任何情況細節，那麼這個專家就和不懂醫學的人一樣，就不能給病人下診斷結論了。再比如說股票，如果不告訴股票專家，股票的名字或者代碼，那麼這個專家也一樣，不能對這個股票，推斷出有關漲跌的發展趨勢。

但是，六爻預測可以做到這些專家做不到的事情。許多情況下，是根本不需要見到病人的，只要預測能力夠高，也不需要醫院裡的檢查和化驗單，就可以把病人得病的症狀、病情和發展趨勢以及吉凶的時間判斷出來。而在預測股票方面，是否提供股票的名字和代碼，都沒有關係，一樣可以把股票的漲跌和具體的日子，判斷出來。這就是六爻預測的迷人之處，也是其神秘讓人不可理解的地方。

早些年六爻預測一直在民間流傳，廟前街頭常常可以見到應用者的身影。相信者對這些人尊敬有加，誠心請教。不信者把這些視為封建迷信，用鄙夷的目光看待。其實，無論哪一種人都沒有真正理解，六爻預測的實質。

六爻預測與神鬼迷信，沒有任何關係。而是中國古代，偉大的哲學家在發現宇宙運行規律以後，發明的一種驗證宇宙中萬事萬物的運算方法。因為其神秘性，所以不能被一般人理解；因為其複雜性，也不能被一般人掌握；因為其靈活性，亦不能用現代實驗室來驗證，也不能用電腦程式化。

這種運算方法不能和一般的數學、物理、化學的運算方法等同看待。它是一種運算公式和靈感結合在一起的產物。其預測原理與人的想法感應和人體磁場，以及信息波有很大的關係。說到靈感，其實每個人都有。但靈感則因人而異，有的人強，有的人弱。靈感的強弱，對於人的創造力的發揮，有很大的關係。缺乏靈感的人，很難成為音樂家，也不能成為畫家、作家，更不能成為發明家。因為這些方面的應用，都需要靈感。我們姑且把靈感，理解為思路、突發奇想、點子等。這樣解釋，大家都可以接受。而六爻預測與這些藝術作品的創作和新事物的發明相比較，則更需要有靈感。所以學的人多，真正應用自如，達到出神入化境界的人就寥寥無幾了。能力高的人，又不能用通俗的語言，把這些本質的東西，告訴大家。這也許就是許多人，不能走近這門學問的關鍵原因。

六爻預測到底有多少準確率？多少可信度？這也是許多人關心的問題。無論是不懂六爻的人，還是已經在學習六爻的人，都想知道這點。這個問題，其實不好回答，因為準確率因人而異。六爻預測的準確度，關係到人們對六爻的信任和接受。準確度愈高，就愈有參考和指導價值。能力高的人可以達到90％。大家不要因為預測出現失誤時就懷疑，甚至轉向反對的態度。因為科學試驗，也不能做到100％的。六爻預測的準確度，不但與一個預測師的水準有很大的關係，而且與預測師臨場的狀態和發揮、情緒、以及運氣，也有一定的關係。也就是說，水準高的預測師，也不能總是常常處在一個很高的水平。但一般都可以保持在80％以上。狀態好的時候，可以判斷的更細緻，更具體一些。

六爻預測需要廣博的知識面和社會閱歷。有人求測疾病，預測師就是一位醫生。有人來求測行人的走失，預測師就是一位私家偵探。有人求測股票，預測師就是一位股評家等等。不過天下沒有一個人是全能的，預測師有自己的擅長方面與不擅長方面之分。所以說，任何預測都把它當做參考，才是對的，不能陷入迷信的圈子裡去。因為再高明的預測師也有失誤的時候。

六爻預測，不是遙不可及的東西。一般人通過學習，還是可以簡單地掌握這門學問，可以進行簡單操作應用。起碼做事情的時候，不需要再盲目，可以有個參考的依據。但真正要去用六爻來幫助指點人就需要有很深的功底才行。

②

———六爻預測的歷史變遷———

在中國，根據易學原理建立起來的預測方法，分支很多，主要的大約有二十幾種預測方法。六爻預測，只是眾多的周易預測學中，派生出來的方法之一。它具有獨自的體系，是一種理論非常完備的預測學。在中國，作為應驗很高的預測法，而廣泛流傳於民間，深受預測師們的喜愛。而歷朝歷代，都有許多人傾心於六爻預測，繼承和發展這門學問，才使其流傳至現在。

探其源頭，六爻預測，一般人認為可以追溯到兩千多年前的漢代京房易。這主要是因為京房為漢代有名的易學家。在他的著作當中，提出了六親的概念。但是，在另外一套預測體系，大六壬裡，也有父母、子孫、兄弟等六親的概念。而大六壬的預測方法，早在戰國時候就已經出現了，這從考古出土發現的戰國時候的六壬占盤中，可以證明大六壬的出現時代。從而也證明六爻的出現，也應該在戰國時候。只不過是沒有書面直接的資料，流傳而已。

六爻預測法，是在八卦的基礎上，發展起來的。它巧妙地把陰陽五行和干支納入了八卦。根據十二地支與卦宮之間，相生相剋的關係，配上六親，進行取象預測。其體系，也不是一開始就很完美的。我們可以從歷代著作的內容，看出這一點。它是經過各朝各代，易學家研究應用，逐漸添加發展，才形成了今天的六爻預測學。

這種預測法，是把干支納入八卦後，進行預測的，所以，最初把它叫做"納甲筮法"。但它是從《周易》的爻辭，判斷法演變而來。因此，六爻預測學出現的當初，一些人在判斷事物的吉凶時，還需要參考爻辭，進行判斷。

後來，由於受道教以及其他預測學的影響，覺得借助判斷的依據太少，精確度不夠。所以，預測師們在判斷事情時，又加進了許多神煞，其代表著作有兩晉時期郭璞的《洞林秘笈》。但因為該書流世不全，也不能代表正宗的六爻著作，所以一般人，也難窺視到六爻的全貌。

神煞的出現，不但沒有使六爻煥然一新，反而使預測術出現了混亂的局面。不過早期的預測方法，只是掌握在少數人手裡。一直到了宋代，一本署名為"麻衣道人"所著的《火珠林》問世後，才在民間廣泛地傳播開來。因此，古時候把這種預測學，也稱之為"火珠林法"。但《火珠林》中所說的方法和現在的六爻預測學還有很大的差異。還沒有月破、暗動之說。五行生滅十二狀態的（即長生十二宮）的用法，也不十分明瞭。還有一部作品《海底眼》，也傳說為宋代的著作。但看其內容，水準要比《火

珠林》高，也比較接近正理。所以，不像是宋代的作品，應該是
明代時期的著作。

　　明代和清代，是六爻預測學發展的高峰時期。也是六爻著
作，創作的旺盛時期。這段時期的著作，有《黃金策》、《斷
易天機》、《斷易全書》、《斷易神書》、《易冒》、《易林
補遺》、《易隱》、《卜筮全書》、《增刪卜易》、《卜筮正
宗》、《卜筮圓機》、《天玄斷易》、《筮學指要》等等。尤
其是《黃金策》，成為了古代六爻著作的典範。一掃已往神煞
繆論，正本清源。從此使六爻預測學，走上了正確的大道。《增
刪卜易》，又在此基礎上進行了修改，並且加入了許多寶貴的實
踐卦例和應用心得，使人們更容易理解和把握這門預測方法了。
《卜筮正宗》也對《黃金策》進行了注解，從而讓枯澀難懂的著
作，綻放出其應有的光芒。

　　不過，書本畢竟和實際應用，還有一定的距離，更何況書上的
理論不都是對的。沒有很高的悟性，自己看這些古書，不容易掌
握。

　　六爻預測中，許多精華的部分，則以口傳的形式，流傳在民
間，這也是歷來預測學傳播的特點。我在此書中，講述的內容是
在研究古書的同時，還加進了口傳的部分，實用性很強。還有相
當一部分內容，是我從實踐中發現和總結出來的，從一般的預測
師那裡，是學不到的。

　　學問是無止境的，我們必須跟上歷史的腳步，把古代的預測方法融入今天的時代，拋棄糟粕的成分。只有這樣活學活用，才能使古老的預測學變成有用的東西，服務於人類社會。

3

───易的核心是宇宙大道───

六爻預測，是易學思維下，產生的其中一種預測方法。易的思維也就是六爻預測的思維。所以，要學好六爻預測，首先必須掌握，正確的易學思維。

易學的思維，不是單純的五行生剋，而是一個關於宇宙運動的世界觀。易學的思維，揭示了宇宙的運轉規律和原理，也是人們認識和改造世界的敲門磚，更是破譯宇宙奧秘的最佳切入點。

《易・系辭》有"易與天地准，故能彌綸天地之道。仰以觀於天文，俯以察於地理，是故知幽明之故。"之論，明確地指出易學的思維，就是宇宙最根本的思維。是模擬宇宙運動，建立起來的一種學問。所以，掌握了這種思維，就可以洞察宇宙間，所有的一切事物。

宇宙中，所有事物都有一定內在的聯繫。天地為陰陽之體現。天陽地陰，人與天地相參，與宇宙相應。所以有了人，就有了認識宇宙的可能。

人頭圓形，為天圓之應。人腳方，為地方之應。天有四時，

人有四肢。宇宙有五行，人有五臟。天有九曜，人有九竅。年有
三百六十五天，人骨有三百六十五節，又有三百六十五穴。年有
十二月，人有十二經。天人合一，萬物一體。所以，只要把握
住，宇宙的變化規律，就可以推斷出，人之吉凶禍福。

• 六爻預測中的陰陽之說

　　六爻預測學認為，宇宙不是一個單一的存在。而是由兩個既相
反又不能分割的事物，組合而成。這個既相反又不能分割的事物
就是陰陽。陰陽是構成世界最根本的結構，也是宇宙存在的根本
核心。

　　宇宙是一個龐大的陰陽組合體。宇宙中所有的事物，都具有正
反兩面性。宇宙本身就是由正宇宙和負宇宙構成的。孤陽不長，
孤陰不生。陰陽是互相依存，不能獨立存在的。

　　宇宙中凡是過去的、已經知道的、可以看得見的、可以認識的
東西，都屬於陽。凡是未來的、未知的、看不見的、還沒有認識
的東西，都屬於陰。宇宙中，陰的東西占大多數，陽的東西占少
部分。而宇宙的特性是向陽發展。所以，隨著宇宙的變化，人們
知道的東西會越來越多，這也是宇宙具體生命力的原因所在。一
旦宇宙中的陽，超過了陰的時候，宇宙就走向滅亡。

　　宇宙中的男與女、吉與凶、天與地、大與小、多與少、上與
下、明與暗，白天與晚上、好人與壞人、前進與後退等等，都是

陰陽的表現。陰陽，存在於我們的生活之中，與我們的生活息息相關。

“易”這個字，從其文字的起源和組合來講，乃是日月二字的合體。日為陽、月為陰。“易”反映的是陰陽的變化。也就是說“易”的本質，是描述宇宙變化發展規律的。宇宙的發展和變化，就是由於陰陽的作用引起的。它所遵循的這個規律，古人稱之為“道”。“道”是宇宙的本質，利用陰陽建立起來的預測學，則是認識和求證“道”的一種手段和方法。

利用陰陽原理建立起來的預測學，之所以能夠把有關人的許多事情預測準確，那是因為人和宇宙有著密切的關係。人是宇宙發展到一定階段的必然產物。人是宇宙的精華，是宇宙的縮影，每一個人體，就是一個小宇宙。只有認識了宇宙，才能真正地認識人體。只有認識了人體，才能解開宇宙之謎。人是萬物之靈，宇宙的發展，也就是人的發展。

陰陽，在人體方面得到了充分的體現。就人的性別而言，女為陰，男為陽。就一個人來說，上為陽，下為陰。背為陽，胸為陰。左為陽，右為陰。外為陽，內為陰。腑為陽，臟為陰。人的一生，就是一個陰陽變化的過程。人在未受孕以前，稱之為遺傳因子也好，密碼也好，是以一種無形的，陰性的形式存在，一旦陰陽結合，女子受孕後，就會呈現陽性，形成胎兒。這就是從陰到陽的轉變。而腹中的胎兒與體外的人比較而言，胎兒為陰，出生的人為陽。人生下來以後，不斷地成長。小時候為陰，長大為陽。當陽發展到一定階段後，又向陰的方向發展。壯為陽，老為陰。人活著為陽，死後為陰。只有正確地把握好，這種陰陽原理，才能準確地用六爻預測學，把握人和事物的發展趨勢。

•六爻預測中的五行學說

　　從易的思維角度來看，世界物質的構成，有五個最基本的元素，稱之為五行。五行是無處不在的，也是無時不在的，它貫穿在萬事萬物中。宇宙中各種事物的發生、發展都是五行在裡面產生作用。那麼什麼是五行呢？具體地來說，五行是指金、木、水、火、土這五種元素。它是古人對宇宙中，所有事物屬性的高度概括和總結，也是展開六爻預測最基本的概念。

　　五行是可以理解掌握的。每個五行有它自己的特性。五行中的水，所代表的事物特性是，寒冷、向下、潮濕、滋潤等。如水、雨、雪、夜、黑色、北方、冰等，都屬於水的屬性。火的特性是溫熱、光亮、向上、升騰等。如火焰、光芒、夏天、紅色、南方等，都屬於火的屬性。木的特性是生髮、柔和、曲直、舒展等。如植物、早晨、春天、東方、花草等，都屬於木的屬性。金的特性是清涼、潔淨、肅降、收斂等。如金屬、秋天、白色、西方等，都屬於金的屬性。土的特性是長養、生化、受納、變化等。如土、山、黃色、中央等，都屬於土的屬性。

　　五行的概念，不僅僅是一種對事物性質的分類而已，更重要的是，它闡明了事物內部運動一般性的規律。也就是說，五行之間的相互關係，既有相生的一面，又有相剋的一面。正是因為這種相生相剋的作用，才促進了宇宙中，所有事物的變化和發展。而六爻預測，也正是利用這種五行之間的生剋關係，來判斷事物的吉凶和趨勢。從而達到預測的目的，指導我們的生活。

五行的相生是指，水生木、木生火，火生土，土生金，金生水。這種五行相生的關係，是古人從長期的實踐中，對自然現象的觀察中，總結出來的。比如，花草樹木，在五行中屬性為木。雖然是生長在土中，但是，必須有水滋潤才能生長。所以，認為水生木。又如鑽木能取火，樹木能燃燒，因此，認為木生火。物被火焚而變成灰，灰即是土，故火生土。金屬是從土中取出礦石，提煉而成，所以土能生金。金熔化後可變成液體，水氣又易在光滑的金屬表面凝結成水珠，所以古人認為水是由金所生而來。

五行的相剋是指，水剋火，火剋金，金剋木，木剋土，土剋水。相剋的原理，也是從對大自然的觀察中，歸納總結出來的。天地之性，眾勝寡。水多而火少，水能滅火，故水剋火。精勝堅，火精而金堅，火能使金屬熔化，所以火剋金。剛勝柔，金剛而木柔，金屬刀具等能伐木，故金剋木。專勝散，木專而土散，木草之根可紮根於土，故木剋土。土實而水虛，實勝虛，土能阻水，故土剋水。

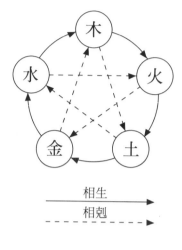

五行生剋圖

4

────干支和六爻預測────

天干地支,簡稱為干支。它在中國傳統文化裡,具有特殊的意義和作用。絕大部分預測學,都離不開干支,把它做為展開預測的基本符號。

天干地支,早在文字出現的時候,就已經存在了。主要用來記載時間和人名。從考古出土的甲骨文來看,中國早在商代時候,就已經用六十花甲,來記錄年月日了。六十花甲,具有不可思議的力量。內含有時空的概念,是演算宇宙以及宇宙中,萬事萬物變化的符號和載體。它不但對易學的發展和演變方面,起了重大的作用,而且對後世其他學術體系的影響,也功不可沒。比如說中醫所講的 "子午流柱"、"神龜八法" 等,就是依靠病人來時的天干地支,來取穴位的。可以說沒有干支的產生,歷史上也就不會出現六爻預測學。

・十天干

因為天干有十個,所以稱之為十天干。具體來說,為甲、乙ㄧˇ、丙ㄅㄧㄥˇ、丁ㄉㄧㄥ、戊ㄨˋ、己ㄐㄧˇ、庚ㄍㄥ、辛ㄒㄧㄣ、壬ㄖㄣˊ、癸ㄍㄨㄟˇ。其排列順序是固定的，它揭示了萬物從生到死的發展過程，是模擬植物生長變化，而創造出來的文字。

十天干的陰陽

天干分有陰陽，排列序數中，單數為陽，雙數為陰。天干中的甲、丙、戊、庚、壬為陽，稱為陽干。乙、丁、己、辛、癸屬陰，稱做陰干。

陽干	甲ㄐㄧㄚ jia	丙ㄅㄧㄥˇ bing	戊ㄨˋ wu	庚ㄍㄥ geng	壬ㄖㄣˊ ren
陰干	乙ㄧˇ yi	丁ㄉㄧㄥ ding	己ㄐㄧˇ ji	辛ㄒㄧㄣ xin	癸ㄍㄨㄟˇ gui

十天干的五行

天干在用於預測的時候，是因為給它賦予了五行的概念。利用它的組合，通過五行的作用，來進行預測，所以需要把握其五行的性質。

甲乙為木，丙丁為火，戊己為土，庚辛為金，壬癸為水。

天干	甲乙	丙丁	戊己	庚辛	壬癸
五行	木	火	土	金	水

十天干和方位

　　十天干雖然在六爻預測中，很少用來判斷吉凶。但其所對應的方位，是最基本的常識問題，所以也應該有所瞭解。

　　甲乙為東方、丙丁為南方、戊己為中央、庚辛為西方、壬癸為北方。

天干	甲乙	丙丁	戊己	庚辛	壬癸
方位	東方	南方	中央	西方	北方

　　十天干之間還存在著相合、相沖、合化等關係。但六爻預測中，一般預測時，只重視預測日的天干，用來裝配六神。十天干的其他含義很少用，所以可以省去不記。

·十二地支

　　地支有十二個，稱之為十二地支。具體來說，是指子ㄗ、丑ㄔ、寅ㄧ、卯ㄇ、辰ㄔ、巳ㄙ、午ㄨ、未ㄨ、申ㄕ、酉ㄧ、戌ㄒ、亥ㄏ。

　　十二地支在六爻預測學中，有著舉足輕重的地位。主要靠地支之間的各種關係來判斷。所以，必須把它們的五行屬性和相互之間的沖合以及生剋關係記住。

十二地支的陰陽

子、寅、辰、午、申、戌為陽支。丑、卯、巳、未、酉、亥為陰支。

陽支	子 zi	寅 yin	辰 chen	午 wu	申 shen	戌 xu
陰支	丑 chou	卯 mao	巳 si	未 wei	酉 you	亥 hai

十二地支的五行

寅卯同屬木，寅為陽木，卯為陰木。巳午同屬火，午為陽火，巳為陰火。 申酉同屬金，申為陽金，酉為陰金。 亥子同屬水，子為陽水，亥為陰水。 辰戌丑未同屬土，辰戌為陽土，丑未為陰土。在預測中比較重要。

五行	地支	陰陽
木	寅	陽木
	卯	陰木
火	巳	陰火
	午	陽火
金	申	陽金
	酉	陰金
水	亥	陰水
	子	陽水

土	辰	陽土
	戌	
	丑	陰土
	未	

十二地支與方位

　　子為北方，丑寅為東北，卯為東，辰巳為東南，午為南方，未申為西南，酉為西方，戌亥為西北。在預測中比較重要。

地支	子	丑寅	卯	辰巳	午	未申	酉	戌亥
方位	北方	東北	東	東南	南方	西南	西方	西北

十二地支與四季

　　寅卯辰為春季，巳午未為夏季，申酉戌為秋季，亥子丑為冬季。

地支	寅卯辰	巳午未	申酉戌	亥子丑
四季	春季	夏季	秋季	冬季

十二地支與月份

　　六爻預測在應用中，既不用陽曆，也不用陰曆表達，而是以地支來表示月份。稱之為寅月，卯月等。但一般人，不懂得這些。所以，預測的時候，需要把這些轉換成人們通俗的叫法。從實際來看，陽曆更接近六爻中的月。所以，在此我把地支與陽曆的對應關係列出來，以幫助大家學習記憶。

　　寅為二月、卯為三月、辰為四月、巳為五月、午為六月、未為七月、申為八月、酉為九月、戌為十月、亥為十一月、子為十二月、丑為一月。

地支	寅	卯	辰	巳	午	未
陽曆	二月	三月	四月	五月	六月	七月
地支	申	酉	戌	亥	子	丑
陽曆	八月	九月	十月	十一月	十二月	一月

十二地支與十二時辰

　　六爻預測中，每兩個小時為一個時辰。一般用地支來表示。在判斷事情發生的時間上很重要，因此需要熟悉。

子時（23點～1點）、丑時（1點～3點）、寅時（3點～5
點）、卯時（5點～7點）、辰時（7點～9點）、巳時（9點～11
點）、午時（11點～13點）、未時（13點～15點）、申時（15
點～17點）、酉時（17點～19點）、戌時（19點～21點）、亥
時（21點～23點）。

地支十二時辰	對應時間
子時	23點～1點
丑時	1點～3點
寅時	3點～5點
卯時	5點～7點
辰時	7點～9點
巳時	9點～11點
午時	11點～13點
未時	13點～15點
申時	15點～17點
酉時	17點～19點
戌時	19點～21點
亥時	21點～23點

十二地支的六合

　　十二地支中，地支兩兩相合，共有六對，稱為六合。即子與丑合、寅與亥合、卯與戌合、辰與酉合、巳與申合、午與未合。

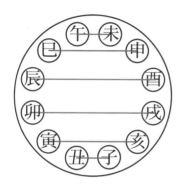

十二地支的六沖

　　十二地支中，地支兩兩相沖，也有六對，稱之為六沖。即子午相沖、丑未相沖、寅申相沖、卯酉相沖、辰戌相沖、巳亥相沖。

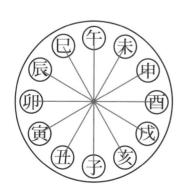

十二地支與動物的對應關係

子鼠、丑牛、寅虎、卯兔、辰龍、巳蛇、午馬、未羊、申猴、酉雞、戌狗、亥豬。

地支	子	丑	寅	卯	辰	巳	午	未	申	酉	戌	亥
動物	鼠	牛	虎	兔	龍	蛇	馬	羊	猴	雞	狗	豬

十二地支的三合

申子辰合水局、巳酉丑合金局、寅午戌合火局、亥卯未合木局。

地支	申子辰	巳酉丑	寅午戌	亥卯未
合局	水局	金局	火局	木局

十二地支的三刑

寅刑巳、巳刑申、申刑寅、丑戌未相刑、子刑卯、卯刑子、辰午酉亥自刑。

以上為十二地支，經常涉及到的概念。要牢記在心。具體的使用方法，後面章節有詳細論述。

5

——————八卦的基礎知識——————

六爻預測，是建立在八卦基礎上展開的。所以，要學好六爻預測必須熟悉八卦的特徵以及各種含義。熟悉這些概念，關係到預測學的入門問題，是學習預測的必修知識。

・八卦的基本含義

宇宙浩瀚而沒有邊際，其中存在的事物，更是紛繁複雜，無法一一列出。一個人，即使窮其一生的時間，也難瞭解宇宙的億萬分之一。加上這些事物，隨著宇宙的發展不停地變化。所以，用一般的知識和智慧，是無法認識這些事物發展方向和本質的。

不過宇宙並不是雜亂無章的，而是有序發展的。雖然變化是絕對的，但宇宙還有相對靜止、穩定的一面。所以，宇宙是可以認識的。人類能夠認識宇宙，是因為宇宙本身，有著極其驚人的規律存在於自然界。中國的先哲非常偉大，他們早就認識了這些規律。而且總結出了，一套完美的宇宙運算體系。這就是八卦預測。古人根據事物的性質不同，用抽象的概念，把宇宙的所有事物，歸納成八種形態，這就是所謂的八卦。

　　八卦，即是乾ㄑㄧㄢˊ、坤ㄎㄨㄣ、震ㄓㄣˋ、巽ㄒㄩㄣˋ、坎ㄎㄢˇ、離ㄌㄧˊ、艮ㄍㄣˋ、兌ㄉㄨㄟˋ。古人用其代表自然界的各種事物。乾代表天，坤代表地，震代表雷，巽代表風，坎代表水，離代表火，艮代表山，兌代表澤。

　　構成八卦最基本的符號，稱之為“爻”。爻分陰陽，陽爻為“▅▅”，陰爻為“▅　▅”。每三個爻，組成一個卦象。以象徵天、地、人三才。每兩個卦重疊，又可以組成一個重卦。上面的卦，稱之為上卦或外卦。下面的卦，稱之為下卦或內卦。重卦共有六十四組，稱為六十四卦。

　　具體地來說，八卦用符號來表示，如下所示。

八卦	乾ㄑㄧㄢˊ qian	坤ㄎㄨㄣ kun	震ㄓㄣˋ zhen	艮ㄍㄣˋ gen	兌ㄉㄨㄟˋ dui	巽ㄒㄩㄣˋ xun	離ㄌㄧˊ li	坎ㄎㄢˇ kan
符號（口訣）	☰ 三連	☷ 六斷	☳ 仰盂	☶ 覆碗	☱ 上缺	☴ 下斷	☲ 中虛	☵ 中滿

▅▅ 陽　　▅　▅ 陰

　　乾、坤、震、巽、坎、離、艮、兌。為記憶方便，古人把八卦符號，組成的特徵，編了一首歌。我們可以借它熟悉八卦。其歌為：“**乾三連，坤六斷，震仰盂，艮覆碗，兌上缺，巽下斷，離中虛，坎中滿。**”

　　八卦，雖然只有八種類型，但它可以對應於宇宙中的萬事萬物。可以說，它是宇宙信息的寶庫。八卦與自然界的各種對應關係，可以慢慢地熟悉後再深入瞭解。這裡只需要把常用的含義記住就行了。

八卦與人事的對應關係

乾為父，坤為母，震為長男，巽為長女，坎為中男，離為中女，艮為少男，兌為少女。

八卦	乾	坤	震	巽	坎	離	艮	兌
人事	父	母	長男	長女	中男	中女	少男	少女

八卦與人體的對應關係

乾為頭，兌為口，震為足，巽為股，離為目，坎為耳，艮為手，坤為腹。

八卦	乾	兌	震	巽	離	坎	艮	坤
人體部位	頭	口	足	股	目	耳	手	腹

八卦與內臟的對應關係

乾為肺、大腸；坤為脾臟、胃；震為肝、膽；巽為肝、膽；坎為腎、膀胱；離為心臟、小腸；艮為脾臟、胃；兌為肺、大腸等。

八卦	人體內臟
乾	肺、大腸
坤	脾臟、胃
震	肝、膽
巽	肝、膽
坎	腎、膀胱
離	心臟、小腸
艮	脾臟、胃
兌	肺、大腸

八卦與方位的對應關係

乾為西北、兌為西方、離為南方、震為東方、巽為東南、坎為北方、艮為東北、坤為西南。

八卦	乾	兌	離	震	巽	坎	艮	坤
方位	西北	西方	南方	東方	東南	北方	東北	西南

八卦與萬事萬物的對應，可以無窮無盡地分下去。在"梅花易數"等預測學中，應用很廣。但在六爻預測中，常用的含義並不多。

八卦的五行屬性

乾兌屬金，坤艮屬土，離屬火，震巽屬木，坎屬水。

八卦	乾、兌	坤、艮	離	震、巽	坎
五行屬性	金	土	火	木	水

・八卦的分宮

在六爻預測中，單獨的卦是不能用來預測的。因為事物分有內外、遠近、緩急等。也就是說事物不是孤立存在的，而用來反映事物變化的卦象，也就不能單一地表現出，事物的趨勢和發展來。所以，需要兩個卦相迭，以象徵內外、遠近等。如此一來，八卦兩兩相疊就演變出了六十四卦。在六爻預測學中，根據六十四卦的變化規律和屬性，分成了八個宮。每宮八個卦，其排列順序固定不變，各有其名稱。

乾宮：第一卦，上卦下卦皆乾，稱為乾為天，也稱為乾宮首卦。第二卦上乾下巽，稱為天風姤，或乾宮一世卦。第三卦上乾下艮，稱為天山遯，或乾宮二世卦。第四卦上乾下坤，稱為天地否，或乾宮三世卦。第五卦上巽下坤，稱風地觀，或乾宮四世卦。第六卦上艮下坤，稱為山地剝，或乾宮五世卦。第七卦上離下坤，稱為火地晉，或乾宮遊魂卦。第八卦上離下乾，稱為火天大有，或乾宮歸魂卦。

兌宮的八個卦為：兌為澤、澤水困、澤地萃、澤山咸、水山蹇、地山謙、雷山小過、雷澤歸妹。

離宮的八個卦為：離為火、火山旅、火風鼎、火水未濟、山水蒙、風水渙、天水訟、天火同人。

震宮的八個卦為：震為雷、雷地豫、雷水解、雷風恆、地風升、水風井、澤風大過、澤雷隨。

巽宮的八個卦為：巽為風、風天小畜、風火家人、風雷益、天雷無妄、火雷噬嗑、山雷頤、山風蠱。

坎宮的八個卦為：坎為水、水澤節、水雷屯、水火既濟、澤火革、雷火豐、地火明夷、地水師。

艮宮的八個卦為：艮為山、山火賁、山天大畜、山澤損、火澤睽、天澤履、風澤中孚、風山漸。

坤宮的八個卦為：坤為地、地雷復、地澤臨、地天泰、雷天大壯、澤天夬、水天需、水地比。

以上每宮的首卦，皆稱之為“八純卦”。每宮的第七卦，稱為“遊魂卦”。第八卦，稱之為“歸魂卦”。每個重卦的五行屬性，皆與其所在卦宮的屬性相同。也就是說，乾宮的八個卦，五行屬性皆為金。坤宮的八個卦，五行屬性皆為土。坎宮的八個卦，五行屬性都為水。餘類推。

6

──八卦的取法與記錄方法──

六爻預測最先涉及到的第一步,是取卦。也稱之為"起卦"。沒有卦就不能進行判斷。所以,首先需要學的是取卦的方法。

六爻預測,一般採用以三枚銅錢,來提取卦象。稱之為"以錢代蓍"法"、"擲錢法"。大約起源於戰國到漢代之間。古人在最初的時候,是用竹子或蓍草取卦的,但這樣的方法很費時間。後來隨著銅錢的出現,就改用投擲錢幣的方法,代替了用竹子或蓍草取卦的方法。大大加快了取卦的速度。

六爻預測,採用銅錢取卦。其方法獨特、簡單,而富有深刻的含義。一枚銅錢分正面和背面,以象徵著陰陽二氣。有字的一面為正,無字的一面為背。三枚銅錢,又象徵著天、地、人三才。就一枚銅錢而言,外形為圓,以象天。內孔為方以象地。來源於乾為天為圓,坤為地為方的天圓地方說。而外緣與內孔中間的部分,稱之為肉,以象徵著具有肉身的人。因此,小小的三枚銅錢中,包含了天地陰陽之理。也反映了道生一、一生二、二生三的宇宙觀。

　　古人在求卦之前，有一套繁瑣的儀式。常常要焚香沐浴，以示對神靈的尊敬，請求神靈給予啟示。但實際上，六爻預測與神靈沒有關係，只是一種潛意識的活動。只要動了預測的念頭，拿上銅錢搖卦即可。但如果求測者，把此當做兒戲，根本就沒有預測的念頭，卦象中，就有可能反映不出，什麼正確的信息。搖卦的時候，可以讓來人搖卦，也可以預測師自己搖卦。無論哪種方法都可以，搖卦只是提取卦象的一種形式。

　　取卦的方法是這樣的。首先，把三枚銅錢，捧在手中，扣嚴兩手，儘量不要讓銅錢在搖的過程中，從手縫中掉出。然後上下搖動，使銅錢在緊扣手中，來回滾動磨擦，產生磁場與心靈的溝通。搖幾下後，隨意把手裡的銅錢，拋撒在桌面上或平底盤中。看三枚銅錢的正反情況。把銅錢的正反情況，記錄下來後，接著把銅錢放回手中再搖。如此搖撒六次，即可得到一個重卦。

　　記錄卦象的結果時，一背二字者為少陽、為單，用一點 "／" 來表示。一字二背者為少陰、為拆，用兩點 "／／" 來表示。三個背面者為老陽、為重，用圈 "○" 來表示。三個字者為老陰、為交，用叉 "×" 來表示。

　　這種記錄卦象的方法叫 "畫卦" 或 "點卦"。點卦時從下往上點。第一次搖的結果，為初爻，第二次搖的結果，為二爻，第三次搖的結果，為三爻。依次排列，最後一次（第六次）為上爻，即第六爻。

　　每個卦，皆由六個爻組成。所以，稱為六爻卦。老陽和老陰在六爻卦中，稱之為“動爻”，是表示該爻位，要發生變化。陽動變陰，陰動變陽。充分反映了物極必反，陽極變陰，陰極變陽的宇宙哲理。變出來的爻，稱做“變爻”。搖出的卦稱為“主卦”。變化後得到的卦，稱為“變卦”或“之卦”。也有的卦沒有動爻，只有主卦。試舉一例說明。

　　第六次搖的結果為兩背一字　　〃（少陰）上爻
　　第五次搖的結果為三個背面　　○（老陽）五爻
　　第四次搖的結果為三個正面　　×（老陰）四爻
　　第三次搖的結果為一背兩字　　／（少陽）三爻
　　第二次搖的結果為兩背一字　　〃（少陰）二爻
　　第一次搖的結果為兩背一字　　〃（少陰）初爻

　　以上搖得的卦“／”和“○”相當於八卦的陽爻“▬”。“〃”和“×”相當於八卦符號的陰爻“▬ ▬”。此卦上坎下艮，為水山蹇卦，因第四爻和第五爻發動，發生了變化，所以這個卦變化後就成了上震下艮為雷山小過卦。水山蹇卦為主卦，雷山小過卦就成了它的之卦（變卦）了。

7

裝卦方法

　　提取到卦後，接下來就是往卦上裝配干支、世應、六親和六神等。在六爻預測學中，稱之為"裝卦"。裝卦之前，首先要對八卦有一個基本的認識。八卦根據陰陽原理，可以分為"陽卦"和"陰卦"兩種類型。乾、震、坎、艮為"陽卦"，坤、巽、離、兌為"陰卦"。一個重卦，分上卦和下卦。由六十四卦組成的八個宮，都有自己的五行屬性。每宮的第一卦稱之為"本宮"或"首卦"、"純卦"。其統領著的另外七個卦，稱之為"飛宮"。"飛宮"的五行屬性，都與自己的本宮相同。每個宮的第七卦，稱為"遊魂卦"。第八卦，稱之為"歸魂卦"。

・干支的裝法

　　給搖出的每個卦的六個爻位，配上天干地支，稱之為"納甲"。在實際預測時，天干，是不參與吉凶判斷的，一般只有在判斷數字的時候才用到，因此，裝卦時常省略去天干，只納入地支。

納甲歌

乾金甲子外壬午，坎水戊寅外戊申。

震木庚子外庚午，艮土丙辰外丙戌。

坤土乙未外癸丑，巽木辛丑外辛未。

離火己卯外己酉，兌金丁巳外丁亥。

這首納甲歌，就是給每個爻位，裝配干支的依據和方法。每卦
都從初爻，納干支。根據八卦，陰陽順逆原理，陽卦順時針方向
（十二支順序，即子、寅、辰、午、申、戌），納陽干支。陰卦
逆時針方向（逆十二支順序，即亥、酉、未、巳、卯、丑），納
陰乾支。

舉例說明，假如搖的是水風井卦。下卦為巽，巽在內卦納辛
丑。巽為陰卦，逆行納陰乾支為辛丑、辛亥、辛酉。隔陽支不
用。上卦為坎，坎為陽卦順行，即為戊申、戊戌、戊子，只納陽
干支，不用陰支。餘卦的納甲法仿此。納好後的卦，排列如下。

六爻　戊子　\\\\
五爻　戊戌　\\
四爻　戊申　\\\\
三爻　辛酉　\\\\
二爻　辛亥　\\\\
初爻　辛丑　\\\\

• 安世應的方法

世應，是六爻預測中，不可少的東西。也是預測事物吉凶的依據之一。世應，是卦的靈魂所在。一個卦，如果沒有世應，就好比一支軍隊，沒有參謀長和指揮官一樣，失去了核心。每個卦的世應位置，是固定不變的，不能安錯。安錯了世應，就很難把握住事物的主次。古時安世應，是在死記住每宮八卦順序的前提下，來進行的。使許多初學的人，在這個階段花費了不少時間。現在，教大家一個不用記六十四卦名稱，也可以安世應。同時，還可以求卦宮的方法。我稱之為 "爻變法安世應尋宮訣"。

爻變法安世應尋宮訣

尋世從初往上輪，陰爻變陽陽變陰。
變至內外相同卦，該爻即為世所臨。
若到五爻卦仍異，轉從四爻向下行。
若到初爻方為止，歸魂世在三爻臨。
內外相同勿須變，六爻安世為八純。
既得內外相同卦，原卦即以此為宮。
若問應爻安何處，世隔兩爻即為應。

這是一種安世應兼尋宮的方法。當得到卦後，要找出這個卦的世爻在哪一爻。可從初爻往上變，遇陽爻變成陰爻，遇到陰爻變成陽爻，直變到內卦和外卦相同。那麼這個最後變得使內外卦相同的爻，就是世爻所臨的爻位。

例、水澤節卦，內外卦不相同，外為坎，內為兌。那我們就從初爻往上變。初爻為陽爻，把它變成陰爻。當變了初爻後，內卦和外卦一樣就成了坎。那麼這個卦的世爻，一定在初爻，並且可以肯定水澤節，屬坎宮。

例、山水蒙卦，內外卦不相同，外卦為艮，內卦為坎。我們從初爻往上變，初爻為陰爻，變成陽爻。二爻為陽爻，變成陰爻。三爻為陰爻，變成陽爻。四爻為陰爻，變成陽爻。當變到第四爻時，內卦和外卦，皆變成了離卦。那麼這個卦的世爻，就為第四爻。而且可以肯定，山水蒙為離宮裡的卦。

如果變到第五爻，內外兩卦仍然不一樣，就轉從第四爻，往回變。第六爻為宗廟，永遠不可變。當變了第四爻後，內外兩卦出現相同。那麼，世爻就在第四爻，並可以肯定，這個卦為遊魂卦。

例、風澤中孚卦，上下兩卦不一樣，上為巽，下為兌。我們從初爻往上變，初爻為陽爻，變成陰爻。二爻為陽爻，變成陰爻。三爻為陰爻，變成陽爻。四爻為陰爻，變成陽爻。五爻為陽爻，變成陰爻。變到第五爻後，上下卦仍不相同，上卦變成了離，下卦變成了艮。那麼，就轉從四爻往下變，四爻為陽，再變回成陰。四爻變後，內外兩卦皆成了艮。這就可以肯定，這個卦世爻在第四爻，而且是艮宮的第七卦，遊魂卦。

如果轉從四爻往下變，變到初爻，上下兩卦才出現相同。那麼這個卦，肯定是歸魂卦，世爻安在第三爻。

例、山風蠱卦，上下兩卦不同，上為艮卦，下為巽卦。我們從初爻往上變，初爻為陰爻，變成陽爻。二爻為陽爻，變成陰爻。三爻為陽爻，變成陰爻。四爻為陰爻，變成陽爻。五爻為陰爻，變成陽。當變至五爻後，外卦變成了乾，內卦變成了震。上下兩卦仍舊不同，那麼就轉從四爻，往回變。四爻為陽爻，變回成陰爻。三爻為陰爻，變回成陽爻。二爻為陰爻，變回成陽爻。初爻為陽爻，變回成陰爻。這時上下兩卦，才變得都一樣，都成了巽卦。因此，我們就可以肯定，山風蠱卦，為巽宮的最後一個卦，歸魂卦。世爻在第三爻。

歸魂卦，還有一個更為簡便的判斷方法。即搖出卦後，首先看是不是歸魂卦。如果不是，再用上述方法，安世應。其簡便求法為，首先改變第五爻的陰陽。如果把第五爻的陰陽一變後，內外卦就成了相同的卦。那麼該卦就是，歸魂卦。比如上面舉過的山風蠱卦，第五爻為陰爻，把它變成陽爻後，內外卦都成了巽卦。那麼就可以知道山風蠱，為巽宮的歸魂卦。把世爻安在第三爻。

如果上下兩卦，本來就相同，就不須變它，它肯定是本宮卦。世爻在第六爻。如乾為天。找到世爻後，應爻就好安了。它與世爻相隔著兩爻。

• 六親的裝配

六親是指兄弟、父母、官鬼、妻財、子孫。這是把人事的六親關係，納入卦中，用來模擬事物之間，生剋制化的。因此，六親可以包含很多意思，不能單從字面上去理解。我們可以把它當作，是一種六爻預測的代號。

每個爻位所納的六親以及變卦中的六親，都是根據該爻所納地支五行與主卦卦宮的五行屬性之間的生剋關係而決定的。

在六爻預測法中，爻中所納地支與卦宮的五行屬性相同的，稱之為"我"，用兄弟來表示。生我者用父母表示。剋我者用官鬼表示。我生者用子孫表示。我剋者用妻財表示。在實際應用中，常常把兄弟簡寫成兄。父母簡寫成父。官鬼簡寫成官或鬼。子孫簡寫成子。妻財簡寫成財。

要排出一個卦的六親，首先要知道，該卦屬於哪一個宮。當我們學了前面講的"爻變法安世應尋宮訣"以後，就可以很容易找到，某卦屬於哪一個卦宮。 找出主卦屬於哪一個宮以後，就可以依據該宮五行屬性與納支五行的生剋關係，配上六親了。

例、水風井卦。屬震宮，其五行屬性為木。水風井卦初爻，為丑土，以宮為"我"，是我剋者，所以配妻財。二爻為亥水，為生我者，配父母。三爻酉金，為剋我者，配官鬼。四爻申金，也為剋我者，配官鬼。五爻戌土，為我剋者，配妻財。六爻子水，為生我者。配父母。此卦配上六親後，列式如下。

```
父母    子水    〃
妻財    戌土    ／世
官鬼    申金    〃
官鬼    酉金    ／
父母    亥水    ／應
妻財    丑土    〃
```

　　如果搖出的卦，既有主卦又有變卦，變卦中的六親和主卦的六親，五行屬性是一致的。主卦中金為父母，變卦中金仍舊是父母。若主卦中金為官鬼，變卦中金也是官鬼。無論變卦變入哪個宮，在裝配六親時，其宮的屬性皆按主卦來確定。

　　例、水澤節卦變水地比卦，主卦水澤節屬坎宮，五行屬性為水。初爻巳火為我剋者，配妻財。二爻卯木，為我生者，配子孫。三爻丑土，為剋我者，配官鬼。四爻申金，為生我者，配父母。五爻戌土，為剋我者，配官鬼。六爻子水，為比和者，配兄弟，內卦兌變坤。初爻和二爻發動。初爻巳火發動。變出未土，為剋我者，配官鬼。二爻卯木發動，變出巳火，為我剋者，配妻財。主卦變卦配六親後，立式如下：

```
兄弟子水    〃       兄弟子水    〃 應
官鬼戌土    ／       官鬼戌土    ／
父母申金    〃 應    父母申金    〃
官鬼丑土    〃       子孫卯木    〃 世
子孫卯木    ○       妻財巳火    〃
妻財巳火    ○ 世    官鬼未土    〃
```

在六爻預測中，一般只重變爻，對本位爻（即動爻）的生剋作用。因此，變卦的世應和其他爻，可省去不寫，只標出變爻即可。例如上面的卦，省略後如下。

兄弟子水　〃
官鬼戌土　／
父母申金　〃　應
官鬼丑土　〃
子孫卯木　○　　　　　妻財巳火
妻財巳火　○　世　　　官鬼未土

‧六神的裝配

六神也叫六獸。是指青龍、朱雀、勾陳、螣蛇、白虎、玄武。其中螣蛇又叫呈蛇，玄武又叫元武。六神，是六爻預測中用來判斷，事物原因和性質的依據。不參與吉凶的判斷。六神本身也具有五行屬性，青龍屬木，朱雀屬火，勾陳和螣蛇屬土，白虎屬金，玄武屬水。但相互之間無須看生剋。六神的裝配是根據預測當日的天干而定。從初爻自下往上，依順序而配以六爻。

其具體方法為，預測當日的天干，如果是甲或乙，甲乙屬木。從初爻配，與天干五行屬性相同的青龍。依次序二爻配朱雀。三爻配勾陳。四爻配螣蛇。五爻配白虎。六爻配玄武。如果是丙丁日預測，初爻從朱雀起配。戊日預測，初爻從勾陳起配。如果是己日，初爻從螣蛇起配，如果是庚辛日，初爻從白虎起配。如果是壬癸日，初爻從玄武起配。

交位 \ 日干	甲乙	丙丁	戊日	己日	庚辛	壬癸
六爻	玄武	青龍	朱雀	勾陳	螣蛇	白虎
五爻	白虎	玄武	青龍	朱雀	勾陳	螣蛇
四爻	螣蛇	白虎	玄武	青龍	朱雀	勾陳
三爻	勾陳	螣蛇	白虎	玄武	青龍	朱雀
二爻	朱雀	勾陳	螣蛇	白虎	玄武	青龍
初爻	青龍	朱雀	勾陳	螣蛇	白虎	玄武

例、子月癸卯日（旬空：辰巳），搖卦得風山漸之山火賁。日干是癸水，從初爻起玄武。依次向上裝六神，立式如下。

白虎		官鬼卯木 ／ 應	
螣蛇	妻財子水	父母巳火 ○	妻財子水
勾陳		兄弟未土 〃	
朱雀		子孫申金 ／ 世	

| 青龍 | 父母午火 | 〃 | |
| 玄武 | 兄弟辰土 | × | 官鬼卯木 |

　　六神也可以簡寫，常常把青龍簡化成龍，朱雀簡化成雀，勾陳簡化成勾，螣蛇簡化成蛇，白虎簡化成虎，玄武簡化成武。

　　以上，對裝卦的方法和要點，進行了論述。只要反覆練習，很快就會記住。為了使大家裝好卦以後，有個可參考的圖表進行對照，現把裝好的六十四卦全圖，列圖如下。

·六十四卦全圖

乾宮八卦屬金

乾為天（六沖）	天風姤	天山遯	天地否（六合）
父母 戌土 ▅▅▅ 世	父母 戌土 ▅▅▅	父母 戌土 ▅▅▅	父母 戌土 ▅▅▅ 應
兄弟 申金 ▅▅▅	兄弟 申金 ▅▅▅	兄弟 申金 ▅▅▅ 應	兄弟 申金 ▅▅▅
官鬼 午火 ▅▅▅	官鬼 午火 ▅▅▅ 應	官鬼 午火 ▅▅▅	官鬼 午火 ▅▅▅
父母 辰土 ▅▅▅ 應	兄弟 酉金 ▅▅▅	兄弟 申金 ▅▅▅	妻財 卯木 ▅ ▅ 世
妻財 寅木 ▅▅▅	子孫 亥水 ▅▅▅	官鬼 午火 ▅▅▅ 世	官鬼 巳火 ▅ ▅
子孫 子水 ▅▅▅	父母 丑土 ▅ ▅ 世	父母 辰土 ▅ ▅	父母 未土 ▅ ▅

風地觀	山地剝	火地晉（游魂）	火天大有（歸魂）
妻財 卯木 ▅▅▅	妻財 寅木 ▅▅▅	官鬼 巳火 ▅▅▅	官鬼 巳火 ▅▅▅ 應
官鬼 巳火 ▅▅▅	子孫 子水 ▅ ▅ 世	父母 未土 ▅ ▅	父母 未土 ▅ ▅
父母 未土 ▅ ▅ 世	父母 戌土 ▅ ▅	兄弟 酉金 ▅▅▅ 世	兄弟 酉金 ▅▅▅
妻財 卯木 ▅ ▅	妻財 卯木 ▅ ▅	妻財 卯木 ▅ ▅	父母 辰土 ▅▅▅ 世
官鬼 巳火 ▅ ▅	官鬼 巳火 ▅ ▅	官鬼 巳火 ▅ ▅	妻財 寅木 ▅▅▅
父母 未土 ▅ ▅ 應	父母 未土 ▅ ▅ 應	父母 未土 ▅ ▅ 應	子孫 子水 ▅▅▅

坤宮八卦屬土

坤為地（六沖）	地雷復（六合）	地澤臨	地天泰（六合）
子孫 酉金 ▅ ▅ 世	子孫 酉金 ▅ ▅	子孫 酉金 ▅ ▅	子孫 酉金 ▅ ▅ 應
妻財 亥水 ▅ ▅	妻財 亥水 ▅ ▅	妻財 亥水 ▅ ▅ 應	妻財 亥水 ▅ ▅
兄弟 丑土 ▅ ▅	兄弟 丑土 ▅ ▅ 應	兄弟 丑土 ▅ ▅	兄弟 丑土 ▅ ▅
官鬼 卯木 ▅ ▅ 應	兄弟 辰土 ▅ ▅	兄弟 丑土 ▅ ▅	兄弟 辰土 ▅▅▅ 世
父母 巳火 ▅ ▅	官鬼 寅木 ▅ ▅	官鬼 卯木 ▅▅▅ 世	官鬼 寅木 ▅▅▅
兄弟 未土 ▅ ▅	妻財 子水 ▅▅▅ 世	父母 巳火 ▅▅▅	妻財 子水 ▅▅▅

雷天大壯（六沖）	澤天夬	水天需（游魂）	水地比（歸魂）
兄弟 戌土 ▅ ▅	兄弟 未土 ▅ ▅	妻財 子水 ▅ ▅	妻財 子水 ▅ ▅ 應
子孫 申金 ▅ ▅	子孫 酉金 ▅▅▅ 世	兄弟 戌土 ▅▅▅	兄弟 戌土 ▅▅▅
父母 午火 ▅▅▅ 世	妻財 亥水 ▅▅▅	子孫 申金 ▅ ▅ 世	子孫 申金 ▅ ▅
兄弟 辰土 ▅▅▅	兄弟 辰土 ▅▅▅	兄弟 辰土 ▅▅▅	官鬼 卯木 ▅ ▅ 世
官鬼 寅木 ▅▅▅	官鬼 寅木 ▅▅▅ 應	官鬼 寅木 ▅▅▅	父母 巳火 ▅ ▅
妻財 子水 ▅▅▅ 應	妻財 子水 ▅▅▅	妻財 子水 ▅▅▅ 應	兄弟 未土 ▅ ▅

震宮八卦屬木

震為雷（六沖）	雷地豫（六合）	雷水解	雷風恒
妻財 戌土 ▅▅ ▅▅ 世	妻財 戌土 ▅▅ ▅▅	妻財 戌土 ▅▅ ▅▅	妻財 戌土 ▅▅ ▅▅ 應
官鬼 申金 ▅▅ ▅▅	官鬼 申金 ▅▅ ▅▅	官鬼 申金 ▅▅ ▅▅ 應	官鬼 申金 ▅▅ ▅▅
子孫 午火 ▅▅▅▅▅	子孫 午火 ▅▅▅▅▅ 應	子孫 午火 ▅▅▅▅▅	子孫 午火 ▅▅▅▅▅
妻財 辰土 ▅▅ ▅▅ 應	兄弟 卯木 ▅▅ ▅▅	子孫 午火 ▅▅ ▅▅	官鬼 酉金 ▅▅▅▅▅ 世
兄弟 寅木 ▅▅ ▅▅	子孫 巳火 ▅▅ ▅▅	妻財 辰土 ▅▅▅▅▅ 世	父母 亥水 ▅▅▅▅▅
父母 子水 ▅▅▅▅▅	妻財 未土 ▅▅ ▅▅ 世	兄弟 寅木 ▅▅ ▅▅	妻財 丑土 ▅▅ ▅▅

地風升	水風井	澤風大過（游魂）	澤雷隨（歸魂）
官鬼 酉金 ▅▅ ▅▅	父母 子水 ▅▅ ▅▅	妻財 未土 ▅▅ ▅▅	妻財 未土 ▅▅ ▅▅ 應
父母 亥水 ▅▅ ▅▅	妻財 戌土 ▅▅▅▅▅ 世	官鬼 酉金 ▅▅▅▅▅	官鬼 酉金 ▅▅▅▅▅
妻財 丑土 ▅▅ ▅▅ 世	官鬼 申金 ▅▅ ▅▅	父母 亥水 ▅▅▅▅▅ 世	父母 亥水 ▅▅▅▅▅
官鬼 酉金 ▅▅▅▅▅	官鬼 酉金 ▅▅▅▅▅	官鬼 酉金 ▅▅▅▅▅	妻財 辰土 ▅▅ ▅▅ 世
父母 亥水 ▅▅▅▅▅	父母 亥水 ▅▅▅▅▅ 應	父母 亥水 ▅▅▅▅▅	兄弟 寅木 ▅▅ ▅▅
妻財 丑土 ▅▅ ▅▅ 應	妻財 丑土 ▅▅ ▅▅	妻財 丑土 ▅▅ ▅▅ 應	父母 子水 ▅▅▅▅▅

巽宮八卦屬木

巽為風（六沖）	風天小畜	風火家人	風雷益
兄弟 卯木 ▅▅▅▅▅ 世	兄弟 卯木 ▅▅▅▅▅	兄弟 卯木 ▅▅▅▅▅	兄弟 卯木 ▅▅▅▅▅ 應
子孫 巳火 ▅▅▅▅▅	子孫 巳火 ▅▅▅▅▅	子孫 巳火 ▅▅▅▅▅ 應	子孫 巳火 ▅▅▅▅▅
妻財 未土 ▅▅ ▅▅	妻財 未土 ▅▅ ▅▅ 應	妻財 未土 ▅▅ ▅▅	妻財 未土 ▅▅ ▅▅
官鬼 酉金 ▅▅▅▅▅ 應	妻財 辰土 ▅▅▅▅▅	父母 亥水 ▅▅▅▅▅	妻財 辰土 ▅▅ ▅▅ 世
父母 亥水 ▅▅▅▅▅	兄弟 寅木 ▅▅▅▅▅	妻財 丑土 ▅▅ ▅▅ 世	兄弟 寅木 ▅▅ ▅▅
妻財 丑土 ▅▅ ▅▅	父母 子水 ▅▅▅▅▅ 世	兄弟 卯木 ▅▅▅▅▅	父母 子水 ▅▅▅▅▅

天雷無妄（六沖）	火雷噬嗑	山雷頤（游魂）	山風蠱（歸魂）
妻財 戌土 ▅▅▅▅▅	子孫 巳火 ▅▅▅▅▅	兄弟 寅木 ▅▅▅▅▅	兄弟 寅木 ▅▅▅▅▅ 應
官鬼 申金 ▅▅▅▅▅	妻財 未土 ▅▅ ▅▅ 世	父母 子水 ▅▅ ▅▅	父母 子水 ▅▅ ▅▅
子孫 午火 ▅▅▅▅▅ 世	官鬼 酉金 ▅▅▅▅▅	妻財 戌土 ▅▅ ▅▅ 世	妻財 戌土 ▅▅ ▅▅
妻財 辰土 ▅▅ ▅▅	妻財 辰土 ▅▅ ▅▅	妻財 辰土 ▅▅ ▅▅	官鬼 酉金 ▅▅▅▅▅ 世
兄弟 寅木 ▅▅ ▅▅	兄弟 寅木 ▅▅ ▅▅ 應	兄弟 寅木 ▅▅ ▅▅	父母 亥水 ▅▅▅▅▅
父母 子水 ▅▅▅▅▅ 應	父母 子水 ▅▅▅▅▅	父母 子水 ▅▅▅▅▅ 應	妻財 丑土 ▅▅ ▅▅

坎宮八卦屬水

坎為水（六沖）	水澤節（六合）	水雷屯	水火既濟
兄弟 子水 ▬▬ 世	兄弟 子水 ▬▬	兄弟 子水 ▬▬	兄弟 子水 ▬▬ 應
官鬼 戌土 ▬▬	官鬼 戌土 ▬▬	官鬼 戌土 ▬▬ 應	官鬼 戌土 ▬▬
父母 申金 ▬▬	父母 申金 ▬▬ 應	父母 申金 ▬▬	父母 申金 ▬▬
妻財 午火 ▬▬ 應	官鬼 丑土 ▬▬	官鬼 辰土 ▬▬	兄弟 亥水 ▬▬ 世
官鬼 辰土 ▬▬	子孫 卯木 ▬▬	子孫 寅木 ▬▬ 世	官鬼 丑土 ▬▬
子孫 寅木 ▬▬	妻財 巳火 ▬▬ 世	兄弟 子水 ▬▬	子孫 卯木 ▬▬

澤火革	雷火豐	地火明夷（游魂）	地水師（歸魂）
官鬼 未土 ▬▬	官鬼 戌土 ▬▬	父母 酉金 ▬▬	父母 酉金 ▬▬ 應
父母 酉金 ▬▬	父母 申金 ▬▬ 世	兄弟 亥水 ▬▬	兄弟 亥水 ▬▬
兄弟 亥水 ▬▬ 世	妻財 午火 ▬▬	官鬼 丑土 ▬▬ 世	官鬼 丑土 ▬▬
兄弟 亥水 ▬▬	兄弟 亥水 ▬▬	兄弟 亥水 ▬▬	妻財 午火 ▬▬ 世
官鬼 丑土 ▬▬	官鬼 丑土 ▬▬ 應	官鬼 丑土 ▬▬	官鬼 辰土 ▬▬
子孫 卯木 ▬▬ 應	子孫 卯木 ▬▬	子孫 卯木 ▬▬ 應	子孫 寅木 ▬▬

離宮八卦屬火

離為火（六沖）	火山旅（六合）	火風鼎	火水未濟
兄弟 巳火 ▬▬ 世	兄弟 巳火 ▬▬	兄弟 巳火 ▬▬	兄弟 巳火 ▬▬ 應
子孫 未土 ▬▬	子孫 未土 ▬▬	子孫 未土 ▬▬ 應	子孫 未土 ▬▬
妻財 酉金 ▬▬	妻財 酉金 ▬▬ 應	妻財 酉金 ▬▬	妻財 酉金 ▬▬
官鬼 亥水 ▬▬ 應	妻財 申金 ▬▬	妻財 酉金 ▬▬	兄弟 午火 ▬▬ 世
子孫 丑土 ▬▬	兄弟 午火 ▬▬	官鬼 亥水 ▬▬ 世	子孫 辰土 ▬▬
父母 卯木 ▬▬	子孫 辰土 ▬▬ 世	子孫 丑土 ▬▬	父母 寅木 ▬▬

山水蒙	風水渙	天水訟（游魂）	天火同人（歸魂）
父母 寅木 ▬▬	父母 卯木 ▬▬	子孫 戌土 ▬▬	子孫 戌土 ▬▬ 應
官鬼 子水 ▬▬	兄弟 巳火 ▬▬ 世	妻財 申金 ▬▬	妻財 申金 ▬▬
子孫 戌土 ▬▬ 世	子孫 未土 ▬▬	兄弟 午火 ▬▬ 世	兄弟 午火 ▬▬
兄弟 午火 ▬▬	兄弟 午火 ▬▬	兄弟 午火 ▬▬	官鬼 亥水 ▬▬ 世
子孫 辰土 ▬▬	子孫 辰土 ▬▬ 應	子孫 辰土 ▬▬	子孫 丑土 ▬▬
父母 寅木 ▬▬ 應	父母 寅木 ▬▬	父母 寅木 ▬▬ 應	父母 卯木 ▬▬

艮宮八卦屬土

艮為山（六沖）
官鬼　寅木　▅▅▅　世
妻財　子水　▅　▅
兄弟　戌土　▅　▅
子孫　申金　▅▅▅　應
父母　午火　▅　▅
兄弟　辰土　▅　▅

山火賁（六合）
官鬼　寅木　▅▅▅
妻財　子水　▅　▅
兄弟　戌土　▅　▅　應
妻財　亥水　▅▅▅
兄弟　丑土　▅　▅
官鬼　卯木　▅▅▅　世

山天大畜
官鬼　寅木　▅▅▅
妻財　子水　▅　▅　應
兄弟　戌土　▅　▅
兄弟　辰土　▅▅▅
官鬼　寅木　▅▅▅　世
妻財　子水　▅▅▅

山澤損
官鬼　寅木　▅▅▅　應
妻財　子水　▅　▅
兄弟　戌土　▅　▅
兄弟　丑土　▅　▅　世
官鬼　卯木　▅▅▅
父母　巳火　▅▅▅

火澤睽
父母　巳火　▅▅▅
兄弟　未土　▅　▅
子孫　酉金　▅▅▅　世
兄弟　丑土　▅　▅
官鬼　卯木　▅▅▅
父母　巳火　▅▅▅　應

天澤履
兄弟　戌土　▅▅▅
子孫　申金　▅▅▅　世
父母　午火　▅▅▅
兄弟　丑土　▅　▅
官鬼　卯木　▅▅▅　應
父母　巳火　▅▅▅

風澤中孚（游魂）
官鬼　卯木　▅▅▅
父母　巳火　▅▅▅
兄弟　未土　▅　▅　世
兄弟　丑土　▅　▅
官鬼　卯木　▅▅▅
父母　巳火　▅▅▅　應

風山漸（歸魂）
官鬼　卯木　▅▅▅　應
父母　巳火　▅▅▅
兄弟　未土　▅　▅
子孫　申金　▅▅▅　世
父母　午火　▅　▅
兄弟　辰土　▅　▅

兌宮八卦屬金

兌為澤（六沖）
父母　未土　▅　▅　世
兄弟　酉金　▅▅▅
子孫　亥水　▅▅▅
父母　丑土　▅　▅　應
妻財　卯木　▅▅▅
官鬼　巳火　▅▅▅

澤水困（六合）
父母　未土　▅　▅
兄弟　酉金　▅▅▅
子孫　亥水　▅▅▅　應
官鬼　午火　▅　▅
父母　辰土　▅▅▅
妻財　寅木　▅　▅　世

澤地萃
父母　未土　▅　▅
兄弟　酉金　▅▅▅　應
子孫　亥水　▅▅▅
妻財　卯木　▅　▅
官鬼　巳火　▅　▅　世
父母　未土　▅　▅

澤山咸
父母　未土　▅　▅　應
兄弟　酉金　▅▅▅
子孫　亥水　▅▅▅
兄弟　申金　▅▅▅　世
官鬼　午火　▅　▅
父母　辰土　▅　▅

水山蹇
子孫　子水　▅　▅
父母　戌土　▅▅▅
兄弟　申金　▅　▅　世
兄弟　申金　▅▅▅
官鬼　午火　▅　▅
父母　辰土　▅　▅　應

地山謙
兄弟　酉金　▅　▅
子孫　亥水　▅　▅　世
父母　丑土　▅　▅
兄弟　申金　▅▅▅
官鬼　午火　▅　▅　應
父母　辰土　▅　▅

雷山小過（游魂）
父母　戌土　▅　▅
兄弟　申金　▅　▅
官鬼　午火　▅▅▅　世
兄弟　申金　▅▅▅
官鬼　午火　▅　▅
父母　辰土　▅　▅　應

雷澤歸妹（歸魂）
父母　戌土　▅　▅　應
兄弟　申金　▅　▅
官鬼　午火　▅▅▅
父母　丑土　▅　▅　世
妻財　卯木　▅▅▅
官鬼　巳火　▅▅▅

——六親、六神、世應的作用——

·六親的含義

一個卦中有好幾個六親。在判斷事物的吉凶時，一般要根據預測內容，選擇一個含有與被測內容，相同意思的六親，來展開卦的推斷。這個被選中的六親，被稱之為用神。六親，是六爻預測，提取用神的依據。同時，也是展開卦象，分析所測事物內容的信息代碼。沒有六親，就無法取用神。無法對所發生的事物，做出具體的判斷。六親，各自代表諸多的含義。只有正確地理解六親的含義，才能把握好用神。才會對吉凶做出正確的判斷。

（1）**父母含義：**代表父母、爺爺、奶奶、外公、外婆、姑媽、姑丈、姨媽、姨丈、舅媽、舅舅、老師、義父、義母、岳父、岳母、長輩、老人、天地、土地、墳墓、城池、圍牆、房舍、建築、工程、自行車、汽車、火車、輪船、飛機等交通工具，雨、雪、雨衣、雨傘、衣服、鞋帽、布匹、頭巾、口罩、報告、文章、文件、書籍、報紙、信件、合同、信息、消息、信號、學校、醫院、頭、面部、胸、背、腹、臀部、病房、被褥、床單、工作單位、官署等。總之，一切庇護我者，就是父母最基本的含義。

（2）**官鬼含義：**代表丈夫、男人、功名、名次、名字、官府、警察、官司、公家、司法部門、上級領導、雷電、霧、煙、鬼神、盜賊、壞人、逃犯、亂黨、災禍、憂愁、官位、工作、升學、職業、主人、疾病、屍體、死者、病灶、病毒、雜念，煩惱等，總之一切管束我者，使我害怕者，就是官鬼的最基本的含義。

（3）**兄弟含義：**代表兄弟、姐妹、朋友、同事、阻隔、競爭、破財、破耗、風雲、門戶、廁所、牆壁、貪財、賭博、搶劫、爭奪、手臂、胳膊、腿、腳、牙、胃、肩、膀胱、飲食不納、消化不良等。總之一切損耗、阻力者，就是兄弟最基本的含義。

（4）**妻財含義：**代表妻子、愛人、女性、戀愛對象、女友、奴僕、保姆、傭人、隨從、雇員、財產、資金、經濟、價格、錢幣、器物、倉庫、糧食、灶、廚房、植物、貨物、嫁妝、俸祿、工資、收入、報酬、費用、道理、髒物、裝載物品、珠寶、首飾、日用品、晴天、毛髮、飲食、血液、呼吸、眼淚、屎尿、汗水、乳汁、鼻涕、津液、腰、肛門等。總之流動的東西，就是妻財最基本的含義。

（5）**子孫含義**：代表兒女、子孫、孩子、嬰兒、晚輩、後代、侄女、侄兒、外甥、良將、僧道、出家人、教徒、士兵、警察、福神、財源、道路、走廊、動物、日、月、星、辰、晴天、飲酒、快樂、娛樂、無憂無慮、醫生、營養、藥品、乳房、五官、小便、咒符、氣功師、巫婆、神漢、食道、呼吸道、氣管、眼、耳、口、鼻、血管、毛孔、腸、生殖器、骨髓等。總之一切使人高興、快樂者，就是子孫最基本的含義。

六親的生剋關係

由於六親，是從五行的生剋關係，演化而來。因此，它們之間和五行一樣，也存在著生剋的關係。

六親的相生

子孫生妻財，妻財生官鬼，官鬼生父母，父母生兄弟，兄弟生子孫。

六親的相剋

子孫剋官鬼，官鬼剋兄弟，兄弟剋妻財，妻財剋父母，父母剋子孫。

・六神的含義

六神，在六爻預測中，雖然不能主宰事物的吉凶，但可用來輔助預測。同時，又是每卦中必不可少的成份。它主要是用來分類、歸納人和事物，性質、特點、程度、原因的依據。在六爻預測中，六神含義取捨恰當與否，關係著預測的深度和準確性。因此必須熟記它。

（1）**青龍的含義：**代表出身名門、高貴、富有、亨通、財帛、吉祥、吉慶、喜悅、酒席、宴會、飲食、走親探友、仁義、慈祥、高雅、端莊、美麗、漂亮、華麗、裝飾、打扮、和睦、心軟、聰明、有禮貌、左側、生育、好色、色情、發痛、發癢等。

（2）**朱雀的含義：**代表印信、文書、文章、公函、獎狀、文件、言辭、信息、消息、電信、唱歌、文字、書籍、以講話為職業、喋喋不休、話多、善言、微笑、巧辯、咕責、口舌、口角、爭吵、生氣、憤怒、詛咒、官非、訴訟、火災、火燭、熾熱、赤黃、狂言亂語、嘈雜、噪音、呻吟、炎症、前方，學習、教育等。

（3）**勾陳的含義：**代表官訟、警察、官署、牢獄、政府機關、公務員、辦公室、田地、田產、建築、房地產、農作物、室內、牽掛、牽連、連累、老實、愚笨、遲鈍、死板、生硬、不熟悉、不輕易表態、中央、中間、腫脹、突出、浮腫、跌撲、癌症等。

（4）**螣蛇的含義：**代表貪婪、虛偽、少信、說話不算數、猜忌、吝嗇、囉嗦、不爽快、缺少、難對付、官司、陰邪、小人暗算、棘手、麻煩、難纏、纏綿難解、抓住不放、驚異、吃驚、意外、驚恐、依附、心亂、少見、驚嚇、不多、臃腫、繩索、細長、捲曲、側面等。

（5）**白虎的含義：**代表果斷、心狠、兇猛、豪爽、怨仇、兇殘、厲害、刑戮之事、脾氣暴躁、威武、威權、刀槍、道路、露骨、不加遮掩、右邊、傷亡、喪事、臨產、血、生育、血災、血光、打架鬥毆、跌打損傷、骨折、車禍、哭泣、手術、病災、醫藥等。

（6）**玄武的含義：**代表暗中、暗昧、偷盜、奸盜、不祥、詐騙、陰謀、狡滑、賭徒、投機、奸詐、陰私、騙子、欺瞞、失脫、不知不覺、廁所、骯髒、後側、黑色、邪氣、風濕、潮濕、鬱悶、淫邪、淫亂、內心、難以啟齒、羞恥等。

‧世應的作用

世爻，是卦的中心點，是卦的靈魂所在。預測自己的運氣、身體、我方情況，一般是以世爻來展開判斷的。世爻，也是預測事物的一個焦點，通常不宜剋用神的六親持世。也不宜旬空、月破（旬空、月破詳見後述）。

應爻，是與世爻相對應的人或場所、事件等。也為與自己關係不密切的人或是與自己對立的人，以及共同發展事業的夥伴、戀愛對方、旅行目的地等。

所有的預測，都需要看世爻，對用神的作用如何。它反映了求測者本人，對所測事物的立場和心態，也表示事物發展的階段信息。為了使讀者容易掌握預測的要點，現在將各個六親持世，常常代表的含義介紹如下。

子孫持世：預測生意、出行、煩惱、出差等，為吉。預測升學、考試、官職、女子婚姻、丈夫疾病等，則不吉。以之為吉，則是無憂無慮、少病少災，高高興興、快樂之象。以之為不吉，則是鬱悶、無精打采、情緒低落之象。

兄弟持世：預測買房、獲獎、文書、信件等之事，為吉。預測生意、財運、男子婚姻、災難等，則不吉。以之為吉，則是講義氣、朋友眾多之象。以之為不吉，則是破財、花錢、沒有女人緣之象。

父母持世：預測升學考試、信件、文書、契約等，為吉。預測孩子疾病、生育，為不吉。以之為吉，則是捷報頻傳、獲獎、財來追我之象。以之為不吉，則是辛苦、勞碌、心情鬱悶等之象。

妻財持世：預測生意、男子婚姻、財運、失物等，為吉，預測父母、長輩、買房、買地等，則不吉。妻財持世，以之為吉，則是財運亨通、失物可覓之象。以之為不吉，則是契約不成，與父母緣份薄之象。

官鬼持世：預測官位、升遷、調工作、女子婚姻、考試升學等，為吉。預測疾病、兄弟安危等，則不吉。官鬼持世以之為吉，乃是得官、得名、前程似錦之象。以之為不吉，則是疾病纏身、苦惱非常、災難臨身之象。

以上，只是從六親持世的角度，簡單對事物進行的判斷。六爻預測，不是簡單地看世爻六親的喜忌，有的忌神持世也好。比如墓庫雖然是忌神，但又為用神墓庫，長生地，或者合用神等，也有應吉的時候。更深層的預測，則要看日月對世爻的影響。以及卦中其他爻，對用神的動靜生剋。然後再結合爻位、六神等，才能做出細緻準確的判斷。

9

────── 取用神的方法 ──────

取出一個卦來以後，六爻預測的第一步，是找用神。用神是展開六爻預測的核心。一切事情的吉凶與發展，都圍繞著用神來分析推理。用神取錯，失之毫釐，差之千里。因此，在預測時，必須問明求測者的目的，或來測者與被測之人的，親緣關係等。這樣才能做到準確無誤。

預測自己的身體、出行的吉凶、比賽或打仗時，我方的勝負，以世爻為用神。看世爻在卦中，受日月生剋的程度，以及與其他爻，對世爻的生剋關係如何。世爻，生多受剋少則吉，世爻，生少受剋多則凶。預測鄰居、以及和自己不太相關的人、仇人、敵人、合作夥伴等時，則以應爻為用神看。

此外其他情況，用神的取法，則可以參考前面六親，所主的含義定奪。

比如預測，父母、爺爺、奶奶等長輩的吉凶時，以父母為用神。預測車船，文書、契約時，也以父母為用神。預測妻子、女友吉凶，則以妻財為用神。預測財運、生意成敗、保姆、雇員等，也以妻財為用神。預測工作好壞、升官、工作變動、升學、領導、丈夫吉凶等，則以官鬼為用神。預測生孩子、孩子的疾病、動物的吉凶等，則以子孫為用神。預測朋友、兄弟、姐妹、親密之同事的安危等，則以兄弟為用神。

例1、丑月己卯日（旬空：申酉），1998年一男子測母親病，得水火既濟之澤雷隨。

勾陳		兄弟子水 〃 應	
朱雀		官鬼戌土 〆	
青龍		父母申金 ×	兄弟亥水
玄武	妻財午火	兄弟亥水 ○ 世	官鬼辰土
白虎		官鬼丑土 〃	
螣蛇		子孫卯木 〆	

〔**判斷**〕查六親含義，母親屬於父母的概念。所以以父母為用神。用神有月來生，日不生，暫時沒有危險。久病怕空，防申年（2004年）出空不吉。

〔**回饋**〕後果然死於2004年。

例2、巳月庚申日（旬空：子丑），我的一位學生找不到身份證
　　了，於是搖卦得坎為水，問能不能找到？

　　　騰蛇　　　　　兄弟子水 〃 世
　　　勾陳　　　　　官鬼戌土 ／
　　　朱雀　　　　　父母申金 〃
　　　青龍　　　　　妻財午火 〃 應
　　　玄武　　　　　官鬼辰土 ／
　　　白虎　　　　　子孫寅木 〃

〔**判斷**〕查六親含義，身份證屬於證件、文書類。所以以父母為
　　用神來分析。父母月剋日扶，父母臨日，旺相而生世。卦中
　　土旺，生用神申金，本日就可以找到。

〔**回饋**〕果然在當日找到。

例3、辰月丙午日（旬空：寅卯），家裡餵養的鸚鵡丟失了，問能
否找回來？得乾為天之水天需。

青龍	父母戌土 ○ 世	子孫子水
玄武	兄弟申金 〳	
白虎	官鬼午火 ○	兄弟申金
螣蛇	父母辰土 〳 應	
勾陳	妻財寅木 〳	
朱雀	子孫子水 〳	

〔**判斷**〕預測動物，查六親含義，屬於子孫爻。所以，以子孫為
用神。子孫子水在初爻，被月剋傷，日不生扶。卦裡父母戌
土發動又來剋，剋神又在世爻，所以找不回來。

〔**回饋**〕後來果然沒有找回。

例4、某男測外出講課有財否？寅月乙丑日（旬空：戌亥），得雷
　　地豫之坤為地。

玄武　　　　　　妻財戌土 〃
白虎　　　　　　官鬼申金 〃
螣蛇　　　　　　子孫午火 ○ 應　　　妻財丑土
勾陳　　　　　　兄弟卯木 〃
朱雀　　　　　　子孫巳火 〃
青龍　父母子水　妻財未土 〃 世

〔**判斷**〕預測財的情況，從六親含義看，妻財代表錢財。所以，
　　　以妻財爻為用神。妻財未土臨世爻，日是土，比扶。應爻
　　　上，子孫動，生世爻之財。應爻在外卦，為外地、他鄉，生
　　　財有力，正是在外得財的資訊。世爻逢沖，只是人奔波辛苦
　　　而已。

〔**回饋**〕隨後，此人遠到千里以外的廣州講課，得財一萬多元。

● 用神兩現

　　所謂用神兩現，是指一個卦中要取做用神的六親，出現了兩個的情況。如測子女，卦中有兩個子孫爻。測父母，卦中有兩個父母爻等。

　　卦中，遇到用神兩現，一般要從兩個六親中，選擇其中的一個，做為判斷的中心點。而另一個，則可以不看，或做為參考。

　　通常採用的方法為，其中有一個發動（指動爻有變）時，取發動之爻。因為動爻為事物變化的發端，動爻所攜帶的信息，要優於靜爻。如果兩個都發動，或都沒有發動，則取臨旬空或月破之爻。如果都不臨空破，則取逢沖，或逢合之爻。如果也不逢沖，也不逢合，則取臨世爻或臨應爻之爻。如果不臨世應爻，則取離世爻或應爻近的六親為用神。如果兩個六親地支，完全相同，又要根據爻位，或所臨六神來取用神。但此也不是死法。若卦中用神，一空一破，或一動一空，又可兼而斷之。兩爻皆可做用神。

例1、寅月戊辰日（旬空：戌亥），女友說近日要來，一男子測女
友何日到？得風火家人之風山漸。

```
朱雀            兄弟卯木  /
青龍            子孫巳火  / 應
玄武            妻財未土  //
白虎   官鬼酉金  父母亥水  /
螣蛇            妻財丑土  // 世
勾陳            兄弟卯木  ○          妻財辰土
```

〔判斷〕預測女友，妻財代表女友。所以，以妻財為用神。卦中
有妻財未土和妻財丑土，都沒有發動，也沒有月破（月沖，
後述）空亡。則以世爻妻財丑土為用神。

用神月剋日扶。卦裡雖然兄弟動來剋，但又化出妻財。所以
女友一定到來。用神安靜應沖，兄弟來剋，入墓就不能剋
了。未是木的墓庫，和用神安靜逢沖的理吻合，所以未日應
該到來。

〔回饋〕果然於未日戌時到達。應戌時者，因為卯木被合，而不
能剋用神。

例2、子月甲申日（旬空：午未），某男測岳父久病吉凶，搖卦得
　　水風井變巽為風。

玄武　　　　　　　父母子水 ×　　　　兄弟卯木
白虎　　　　　　　妻財戌土 ∕ 世
螣蛇　　子孫午火　官鬼申金 ∥
勾陳　　　　　　　官鬼酉金 ∕
朱雀　　兄弟寅木　父母亥水 ∕ 應
青龍　　　　　　　妻財丑土 ∥

〔判斷〕預測岳父吉凶，以父母爻為用神。卦裡父母亥水、子水
　　　　兩現，以發動之爻，父母子水為用神。父母得月扶日生，為
　　　　旺相。但獨發化死地。又是變六沖卦，久病怕沖。

　　　　全局都在子水一個動爻。因為它的發動，使用神化死地，化
　　　　六沖。所以子月即不好。

〔回饋〕隨後，死於子月庚子日。

例3、未月庚子日（旬空：辰巳），一男子預測終身官運如何？得
火地晉之火水未濟。

螣蛇	官鬼巳火 ╱	
勾陳	父母未土 ╱╱	
朱雀	兄弟酉金 ╱ 世	
青龍	妻財卯木 ╱╱	
玄武	官鬼巳火 ×	父母辰土
白虎 子孫子水	父母未土 ╱╱ 應	

〔**判斷**〕預測官運，以官鬼為用神。卦裡官鬼兩現，都是巳火，
都臨空亡。以二爻發動之官鬼巳火，為用神。用神在二爻，
月不生扶，日剋用神。又動空化空，無官之象。

〔**回饋**〕果然40多歲了，還是一個普通的職工，沒有官運。

例4、辰月癸未日（旬空：申酉），一人測父親近病，得澤地萃
卦。

白虎	父母未土 〃
螣蛇	兄弟酉金 ╱ 應
勾陳	子孫亥水 ╱
朱雀	妻財卯木 〃
青龍	官鬼巳火 〃 世
玄武	父母未土 〃

〔判斷〕以父母為用神。卦中父母未土兩現，皆不發動。因是
測病，白虎代表疾病。所以，以臨白虎之爻，父母未土為用
神。用神在第六爻。六爻為頭，白虎主血，乃是頭部血管方
面之病。用神得日月相同五行幫扶，為旺相，有病無妨。

〔回饋〕果因腦血栓病倒。隨後，經過治療平安無事。此取用神
的正確與否，關係到病症部位的判斷。

• 飛神與伏神

　　卦象排出後，有時，卦中沒有需要取做用神的六親。這種現象在六爻預測中稱為"用神不現"。"用神不現"就需找"伏藏"。本宮（即每宮首卦）六親俱全，該宮中所有的卦，都是從本宮演變而來。所以，沒有用神就可以到本宮去找。如此，所得到的用神，就稱之為"伏神"或"伏爻"。本宮用神在第幾爻，用神就會伏在那個爻下。把伏神書寫在主卦前面相應的爻旁邊。伏神上面，主卦中所臨的那一爻，稱之為"飛神"或"飛爻"。

　　"伏神"與"飛神"的生剋關係很重要。也是判斷事物吉凶的依據之一。一般來說，飛來生伏，謂之得長生，主吉。伏去生飛，名曰洩氣，不吉。伏剋飛，名曰出暴，以吉論。飛剋伏，謂之傷身，最凶。

　　用神伏藏，有吉有凶。如果伏神旺相，得日月、動爻、飛爻生扶，或有日月、動爻沖剋飛神者，或飛神休囚、空破、墓絕者，伏而得出，主吉。

　　有時飛神，還用來做為推斷事因的參考依據。假如伏神休囚無氣，受日月動爻飛神沖剋，值月破旬空，沒有元神（生用神之六親）救助者，則凶。求財財不得，求官官不就，求病病難愈。伏神，也喜被日辰及獨發之爻沖出。

例1、丑月丙申日（旬空：辰巳），一女子預測自己兒子開的公司
發展如何？得水火既濟之水天需。

青龍		兄弟子水	〃 應	
玄武		官鬼戌土	〃	
白虎		父母申金	〃	
螣蛇	妻財午火	兄弟亥水	〃 世	
勾陳		官鬼丑土	×	子孫寅木
朱雀		子孫卯木	〃	

〔判斷〕公司發展以經濟效益為前提，所以用財爻為用神。卦中
沒有妻財爻，就到本宮去找。水火既濟，屬於坎宮卦，坎為
水，卦中財在第三爻。所以此卦的妻財，伏藏在第三爻。

用神不得日月生扶，飛神是兄弟爻，剋伏藏的妻財午火。用
神伏藏不得出。公司發展一定不好。

卦中官鬼獨發剋世。公司不但經濟效益不行，還怕將來有官
司發生。尤其是在丁亥年。因為丁亥年，是飛神所值之年。
卦裡官鬼雖然發動，但化回頭剋，變爻克制官鬼而無妨。到
了丁亥年，子孫寅木被合住，不能剋制官鬼。官鬼就會沒有
制約去剋世爻。

〔回饋〕果然公司在丁亥年不行了，被合夥人騙了二百多萬，於
是在子月開始打官司。

例2、卯月甲子日（旬空：戌亥），某女測工作，得風雷益卦。

玄武		兄弟卯木 ╱ 應
白虎		子孫巳火 ╱
螣蛇		妻財未土 ╱╱
勾陳	官鬼酉金	妻財辰土 ╱╱ 世
朱雀		兄弟寅木 ╱╱
青龍		父母子水 ╱

〔**判斷**〕以官鬼為用神，官鬼酉金不上卦。風雷益卦，屬於巽
宮卦。所以到巽為風首卦裡找。首卦官鬼酉金在第三爻。所
以，用神就伏在三爻妻財辰土之下。

此例雖然是飛來生伏。但日月對用神的作用更為重要。月建
沖用神為月破（詳見後述），是一種不利的信息，日辰又不
生扶用神。用神伏藏，乃是找不到工作，沒有工作可做。

〔**回饋**〕她果然是丟失工作，失業在家。

例3、巳月甲午日（旬空：辰巳），我一個學生的孩子發高燒，已
　　　經四天了，打針吃藥都不管用。搖卦得山天大畜，打電話求
　　　我預測。

玄武		官鬼寅木	╱	
白虎		妻財子水	╱╱	應
螣蛇		兄弟戌土	╱╱	
勾陳	子孫申金	兄弟辰土	╱	
朱雀	父母午火	官鬼寅木	╱	世
青龍		妻財子水	╱	

〔判斷〕以子孫為用神。卦裡沒有子孫爻，就在本宮找。得子孫
　　　伏藏在三爻。日月都是火，克制用神，用神非常休囚。火為
　　　炎症，發燒，正符合卦象。

　　　子孫伏藏，也是小孩得病臥床的信息。按衰旺看，一定不
　　　吉。但喜飛神空亡，不能壓住用神。所以，我加以化解。判
　　　斷在子孫出現的申日，孩子就會退燒。

〔回饋〕後來果然在申日退燒。

例4、這是我學生驗證的卦例。子月丁丑日（旬空：申酉），他外
　　出購物回家後，發現鑰匙丟了，進不了家門，很著急。於是
　　找了3枚1角的硬幣，搖卦看，鑰匙還能找到嗎？得水雷屯之
　　風雷益。

青龍		兄弟子水 ×	子孫卯木
玄武		官鬼戌土 　／ 應	
白虎		父母申金 　〃	
螣蛇	妻財午火	官鬼辰土 　〃	
勾陳		子孫寅木 　〃 世	
朱雀		兄弟子水 　／	

〔判斷〕當時是午時，特別著急的情況可以參考時間判斷。

　　預測鑰匙，以財爻為用神。卦裡沒有妻財，到本宮找得，伏
藏在三爻。月沖剋用神，日不幫扶，為休囚。卦裡又有兄弟
發動來剋，按理是找不到了。但此卦用神伏藏，獨發（只有
一個動爻的情況）之爻沖伏藏的爻，一般為吉。又午時與伏
神一致，應該可以找到。

〔回饋〕於是他搭計程車回到原來購物的超市去找。剛進門就有
　　工作人員問他，是不是來找鑰匙的？原來，是他付錢時，隨
　　手把鑰匙放在收銀台了。

• 進神與退神

當卦中之爻動，而化出與自己五行相同的爻，即動爻和變爻。五行相同時，需要辨別，五行之氣的進退。進退有喜有忌，視情況而定。依十二地支排列順序，順時針方向者，為進神。逆時針方向者，為退神。具體來講，進神和退神如下。

化進神者，亥化子、寅化卯、巳化午、申化酉、丑化辰、辰化未、未化戌、戌化丑。

化退神者，子化亥、卯化寅、午化巳、酉化申、辰化丑、丑化戌、戌化未、未化辰。

進神者，表示事物向前發展，逐漸壯大。好像春天之花草欣欣向榮，有源之水，源遠流長。退神者，與進神相反，表示事物從此消退、慢慢減弱，如秋天的花草樹木，開始凋零。

一般來說，用神、元神宜化進神，忌神、仇神宜化退神。用神雖弱，若化進，猶如春天嫩木，會漸漸變得壯實。事物慢慢轉吉。忌神雖旺，若化退，只要用神有生機，說明危機和不利的局面，只是暫時的。危機過後，仍會轉入平靜。

不過這也不是死法。如果是測丟失物品、家人走失、與朋友發生矛盾分手，出現用神化退時，乃是去而復返之象。應以吉論。化進神，反而是物和人，遠離自己之象。應以不吉論。如果用神過於休囚，忌神即使化退，也為不吉。所謂得日月生比，有當令不退之說。推演卦象,全在人之變通,不可死搬硬套。

　　進退之法,雖說如此,但是,也有遇不到的時候。比如亥水和子水,是永遠沒有進退的。因為子水,只能出現在初爻,五爻和六爻。而亥水,則出現在二爻,三爻,四爻,五爻。雖然二者可以出現在五爻,但二者不能因為發動,同時出現在五爻。所以,也就出現了不進退。再比如巳火和午火。巳火,只出現在初爻,五爻和六爻。而午火,則出現在二爻,三爻,四爻。兩者永遠不能相見。所以也出現不了,進神退神的現象,不可不知有此情況。

例1、巳月甲寅日（旬空：子丑），我的一位學生想把自己經營的
　　　飯店轉租出去，看能否成功？得雷火豐之澤火革。

玄武	官鬼戌土 〃	
白虎	父母申金 × 世	父母酉金
螣蛇	妻財午火 ／	
勾陳	兄弟亥水 ／	
朱雀	官鬼丑土 〃 應	
青龍	子孫卯木 ／	

〔判斷〕轉租飯店，屬於房屋的買賣。以父母爻，為用神。父母
　　　持世，現在房子在自己手裡。如果按衰旺判斷，父母申金被
　　　月剋日沖，沒有生扶。用神不是很旺。

　　　但父母發動化進神，乃是飯店遠離自己的意思。可以轉租出
　　　去。如果是化退，反而不好轉租。所以，我判斷飯店一定可
　　　以轉租出去。應爻，為來租飯店的人，臨空亡，租飯店的
　　　人，還沒有出現。己未日，沖實應爻，來生父母。此日租飯
　　　店的人，就會出現。

〔回饋〕果然在己未日，有人來租飯店。經過幾次商量後，把飯
　　　店租走了。

例2、申月戊辰日（旬空：戌亥），一男子預測自己和某女子的戀
愛發展結果，得澤雷隨之震為雷。

```
朱雀              妻財未土 〞應
青龍              官鬼酉金 ○            官鬼申金
玄武    子孫午火   父母亥水 〡
白虎              妻財辰土 〞世
螣蛇              兄弟寅木 〞
勾陳              父母子水 〡
```

〔判斷〕財爻為用神。妻財兩現，一個臨應爻，一個臨世爻，又
都不空不破。所以，取臨日辰土，為用神。用神臨日為旺，
本是吉象。但不宜官鬼酉金，在五爻發動，來合世上妻財。
卦名隨，有附屬，隨從之意。說明自己不是女友的第一任男
友。也表示自己遷就於女友，隨其任性。官鬼為男子，動來
合用神，表示有男人來勾引女友。官鬼在五爻，五爻為尊貴
之爻。表示該男子，在女友心中很重要。官鬼動而化退來
合。退有返回之意。結合隨卦的特點，判斷勾引女友的是女
友以前的男友。她的男友和女友分手後，又回來找她。官鬼
合用神而動化退神。退為退去，勾上女友離自己遠去。

〔回饋〕實際正是這樣，他和一個菲律賓籍女子交往一年多，但
在兩個月前，女友的前男友突然回來找她，女友說她從來就
沒有喜歡過求測人，和求測人分手又找以前的男友去了。

例3、午月己巳日（旬空：戌亥），某男子預測公司財運如何？得
　　兌為澤之澤雷隨。

勾陳	父母未土 〃 世		
朱雀	兄弟酉金 ／		
青龍	子孫亥水 ／		
玄武	父母丑土 〃 應		
白虎	妻財卯木 ○	妻財寅木	
螣蛇	官鬼巳火 ／		

〔**判斷**〕預測財運，以妻財為用神。妻財卯木動，而化出妻財寅
　　木，為退神。日月都是火，不生扶用神。用神休囚動，又化
　　退。財運不好。公司發展不利。

〔**回饋**〕實際情況，公司經濟周轉不靈，搖搖欲墜。

⑩

── 元神、忌神、仇神 ──

　　卦之中，用神最為重要。用神的吉凶，是被測事物的吉凶。用神的吉凶取決於日月，以及卦中生剋用神的爻，對用神的作用。

・元神

　　生用神者，稱之為元神。元神宜旺相，宜日月生扶，或臨日月，宜動化回頭生，化進神。不宜休囚空破，動化空絕（絕的取法後述）、化退。同時又需用神有根。若用神休囚空破，被日月剋制，元神再旺也難以生扶它。如無根之枯木，生扶不起。

　　元神在以下六種情況時，有生扶用神的力量：

一、元神得日或月的五行比扶時，為有力、旺相，可以生用
　　神。

二、元神發動，得變爻生之，即動化回頭生。或動化進神時，
　　可以生用神。

三、元神得日或月生扶，為旺相。或得日月長生（後述），為
　　有氣。可以生用神。

四、元神和忌神，同時發動，為連續相生。可以生用神。

五、元神被月建合，為合旺。可以生用神。

六、元神雖然空亡，或動而化空。但元神旺時，可以生用神。

元神在以下七種情況時，沒有力量生用神：

一、元神休囚，又不發動，為安靜時，不可以生用神。

二、元神雖發動，但休囚無力。被它爻克制時，不可生用
　　神。

三、元神休囚，動而化退時，不可以生用神。

四、元神休囚，動而化絕，或遇絕時，不可以生用神。

五、元神休囚，入墓時，不可以生用神。

六、元神月破、日破，為靜爻時，不可以生用神。

七、元神休囚，動而化合，或被日辰以及其他動爻，合住時，
　　不可以生用神。

例1、未月壬戌日（旬空：子丑）。一男子測手機丟失能否找到？
得天風姤之乾為天。

白虎		父母戌土　╱
螣蛇		兄弟申金　╱
勾陳		官鬼午火　╱　應
朱雀		兄弟酉金　╱
青龍	妻財寅木	子孫亥水　╱
玄武		父母丑土　×　世　　子孫子水

〔判斷〕以妻財為用神。妻財寅木不得日、月生扶，為休囚。用
　　　神不上卦，伏藏在子孫亥水之下。用神伏藏，表示東西不見
　　　了。雖然，飛來生伏，但元神子孫亥水被日月剋，又得世爻
　　　發動來剋，根本沒有力量生用神。所以，很難找回。

〔回饋〕隨後，果然沒有找回。

例2、丑月壬寅日（旬空：辰巳），一女子測女兒考大學如何？得
　　　天山遯。

白虎　　　　　　父母戌土　╱
螣蛇　　　　　　兄弟申金　╱　應
勾陳　　　　　　官鬼午火　╱
朱雀　　　　　　兄弟申金　╱
青龍　妻財寅木　官鬼午火　╱╱　世
玄武　子孫子水　父母辰土　╱╱

〔**判斷**〕考大學以官鬼為用神。卦裡官鬼兩現，以世上官鬼午
　　火為用神。官鬼持世，臨青龍為吉。日辰就是元神，來生用
　　神。一定可以考上。

〔**回饋**〕隨後，果然考上了大學。

例3、丙戌年乙未月乙卯日（旬空：子丑），某男測什麼時候能有
　　　孩子？得風天小畜之風火家人。

```
玄武            兄弟卯木 ／
白虎            子孫巳火 ／
螣蛇            妻財未土 〞應
勾陳    官鬼酉金 妻財辰土 ／
朱雀            兄弟寅木 ○            妻財丑土
青龍            父母子水 ／世
```

〔判斷〕以子孫爻為用神。子孫巳火得日生為旺相。卦中元神獨
　　　　發，得日比扶生用神有力。一定會有自己的孩子。子孫巳火
　　　　安靜，靜而應沖巳亥沖。同時元神獨發，又應合寅亥合。二
　　　　者應期信息一致。所以判斷次年，也就是丁亥年，會生下自
　　　　己的孩子。

〔回饋〕隨後，果然在丁亥年生下一男孩。

• 忌神

　　凡卦中剋用神者為，忌神。忌神是不利於用神的因素。因此，忌神宜休囚空破、宜動而化空、化破、化絕、化退。如果忌神旺相，得日月、動爻生扶，又發動於卦中，就為大凶。如果卦中有元神同時發動，凶象可解。但是，用神自身的衰旺，為第一條件。用神原本休囚至極，元神發動也沒有用。

　　忌神在下列六種情況下，可以剋用神：
一、忌神得日月生扶時，可以剋用神。
二、忌神得日或月的五行比扶時，可以剋用神。
三、忌神動而化進神，可以剋用神。
四、忌神動而得變爻所生時，可以剋用神。
五、忌神和仇神同動時，可以剋用神。
六、日或月為忌神的長生之地時，可以剋用神。

　　忌神有下列七種情況時，不可以剋用神：
一、忌神休囚，為靜爻時，不可以剋用神。
二、忌神同時被日月剋制時，不可以剋用神。
三、忌神休囚，月破、空亡時，不可以剋用神。
四、忌神休囚，動而化退時，不可以剋用神。
五、忌神休囚，遇絕地或動而化絕時，不可以剋用神。
六、忌神休囚，入墓時，不可以剋用神。
七、忌神和元神同時發動時，不可以剋用神。

　　看卦不能墨守成規，要看卦的變化。上面只是做為參考。

例1、未月甲寅日（旬空：子丑），某男求測自己考副廳級幹部如何？得火風鼎之離為火。

玄武		兄弟巳火 ╱	
白虎		子孫未土 ╱╱ 應	
螣蛇		妻財酉金 ╱	
勾陳		妻財酉金 ╱	
朱雀		官鬼亥水 ○ 世	子孫丑土
青龍	父母卯木	子孫丑土 ✕	父母卯木

〔**判斷**〕以官鬼為用神。官鬼持世，月剋日不生扶，為休囚。卦
　　　　中忌神丑土發動來剋，用神又動，化回頭剋。按上述規矩來
　　　　看，子孫空破，又被日剋，化回頭剋，沒有力量剋用神。但
　　　　用神本來就休囚，招架不了兩層子孫來剋。所以還是不吉。

〔**回饋**〕最後沒有考上。

例2、戌月丙子日（旬空：申酉），一人測兒子入學考試結果，得
　　澤水困之坎為水。

青龍	父母未土 〃	
玄武	兄弟酉金 〆	
白虎	子孫亥水 ○ 應	兄弟申金
螣蛇	官鬼午火 〃	
勾陳	父母辰土 〆	
朱雀	妻財寅木 〃 世	

〔**判斷**〕以官鬼為用神。官鬼午火不得月生，被日剋傷。卦裡
　　子孫忌神發動，得日比扶。又化回頭生，有力量剋用神。所
　　以，考不上。

〔**回饋**〕隨後，果然沒有考上。

例3、亥月己未日（旬空：子丑），一人測兒子感冒什麼時候好？
　　　得天火同人之水火既濟。

勾陳	子孫戌土 ○ 應	官鬼子水
朱雀	妻財申金 〳	
青龍	兄弟午火 ○	妻財申金
玄武	官鬼亥水 〳 世	
白虎	子孫丑土 〴	
螣蛇	父母卯木 〳	

〔判斷〕以子孫為用神。卦裡子孫兩現，以發動之爻，子孫戌土
　　　為用神。子孫戌土，雖然月不來生扶，但有日上未土幫扶，
　　　為旺相。卦裡忌神卯木，雖然月來生扶旺相。但靜而不動。
　　　元神又在卦裡生用神。所以雖然感冒了，但沒有問題。

　　　用神動而化空，近病喜用神空亡或者動而化空。出空即癒。
　　　又因元神被日合住，貪合忘生。子日沖開而生用神，也應子
　　　日。

〔回饋〕隨後，果然在甲子日好了。

• 仇神

　　卦中生忌神剋元神者，謂之仇神。仇神和忌神一樣，也是不利於用神的因素之一。因此，宜安靜不動，休囚空破，不宜旺相發動。

例1、未月癸巳日（旬空：午未），某男測，與女友的發展如何？得山地剝之火地晉。

```
白虎            妻財寅木 ／
螣蛇  兄弟申金  子孫子水 〃 世
勾陳            父母戌土 ×        兄弟酉金
朱雀            妻財卯木 〃
青龍            官鬼巳火 〃 應
玄武            父母未土 〃
```

〔判斷〕以妻財為用神，卦中妻財兩現，都不空亡月破。也沒有發動。以被動爻所合之爻為用神。用神妻財卯木，不得日月生扶，為休囚。元神被月剋傷。仇神獨發，剋元神，必然不能長久。

〔回饋〕用神安靜，防酉年沖剋。後果然在酉年分手。

例2、辰月丙午日（旬空：寅卯），一女子測家裡的老貓病了，吉凶如何？得雷澤歸妹之雷水解。

青龍		父母戌土 〃 應
玄武		兄弟申金 〃
白虎	子孫亥水	官鬼午火 ／
螣蛇		父母丑土 〃 世
勾陳		妻財卯木 ／
朱雀		官鬼巳火 ○　　　妻財寅木

〔**判斷**〕預測動物，以子孫為用神。子孫亥水不上卦，伏在四爻官鬼午火之下。官鬼為疾病，說明已經被病壓的不能動了。月剋子孫，日不生扶，為休囚。更不吉者，仇神發動，又是用神絕地，凶多吉少，近日就很危險。次日未日剋制用神當防。

〔**回饋**〕果然，於次日淩晨丑時死去。

例3、午月乙丑日（旬空：戌亥），公司一老同事久病住院，為了
　　驗證卦例，測其吉凶。搖得風雷益之風火家人。

玄武		兄弟卯木　／　應	
白虎		子孫巳火　／	
螣蛇		妻財未土　〃	
勾陳	官鬼酉金	妻財辰土　×　世	父母亥水
朱雀		兄弟寅木　〃	
青龍		父母子水　／	

〔判斷〕雖然是公司同事，但因為關係一般，又是為了驗證卦
　　例，所以以應爻為用神。應爻卯木，不得日月生扶。仇神發
　　動剋元神。四爻未土暗動，使用神入墓，不吉，用神臨卯
　　木，卯日危險。

〔回饋〕果然，死在了丁卯日。

爻的衰旺

六爻卦中，每一個爻的休囚、旺相決定著，所測之事的吉凶和成敗。而爻的衰旺，又取決於日、月、動爻的影響。其中日月的影響最大，日月如天，能生剋卦中的任何一個爻和變爻。而卦中之爻，即使是剋日月的五行，也不能作用於日月。

月建掌一月之權，是六爻預測的提綱。月建入爻可以代表本月，也可以表示時間比較長。爻之衰弱者，月建能生之、助之、合之。爻之強旺者，月建能沖之、剋之、刑之。凡卦中，有利於用神之爻，宜月建幫扶，不利於用神之爻，宜月建制服之。卦中有變爻克制動爻者，月建能制服變爻。卦中，有動爻克制靜爻者，月建能制服動爻。用神伏藏，被飛爻壓住者，月建能沖剋飛神，生助伏神。爻逢月合，謂之合旺，以旺相看。爻逢月沖，謂之月破，以休囚看。

例1、午月壬午日（旬空：申酉），一男子預測工作，能不能保
　　住？得雷水解。

白虎		妻財戌土	〃	
螣蛇		官鬼申金	〃	應
勾陳		子孫午火	／	
朱雀		子孫午火	〃	
青龍		妻財辰土	／	世
玄武	父母子水	兄弟寅木	〃	

〔**判斷**〕以官鬼為用神。官鬼申金，臨於應爻。應為他人工作，
　　去留的生殺大權，操縱在別人手裡。世爻生官鬼，自己還想
　　繼續工作。但是月剋用神，日又添加一剋，用神毫無生機，
　　工作很難保住。今官鬼空亡不受剋。申月出空，就是工作丟
　　失之時。

〔**回饋**〕隨後，果然在申月被公司裁員。

例2、寅月庚辰日（旬空：申酉），我的一個日本學生自己測坐飛機到東京吉凶，得澤風大過之澤山咸。

螣蛇	妻財未土 〃	
勾陳	官鬼酉金 〡	
朱雀 子孫午火	父母亥水 〡 世	
青龍	官鬼酉金 〡	
玄武 兄弟寅木	父母亥水 ○	子孫午火
白虎	妻財丑土 〃 應	

〔**判斷**〕他自己一看此卦，父母亥水不得月來生扶，日又來剋，又入墓於日。二爻父母亥水發動，與世爻形成自刑，覺得卦不好。而出門之事勢在必行，所以打電話要問我。

我當時判斷，世爻與月建相合為旺相。入墓於日是自己被困，飛機要晚點的信息。二爻父母亥水發動，不要以自刑來看。因為在六爻預測中，刑只是用來辨別意思的，一般不主吉凶。所以這裡的亥水發動，是助旺了世爻。

父母為車船等交通工具，在這個卦裡就表示飛機。所以，我判斷他出行，會遇到航班延誤，改乘別的飛機。

〔**回饋**〕結果，正是因為所乘飛機有故障延誤，而改乘了另一架飛機。

・月建

六爻預測，是用十二地支來表示月份的。稱之為，月建。六爻預測中，所指的月份，既不是陰曆也不是陽曆。而是以節令為分界線，把一年分成十二個月。每個節令就是當月的開始。相比之下，西曆最接近六爻中所指的月。故把西曆和六爻月份的對應關係，敘述如下。

西曆的一月對應於丑月，二月對應於寅月，三月對應於卯月，四月對應於辰月，五月對應於巳月，六月對應於午月，七月對應於未月，八月對應於申月，九月對應於酉月，十月對應於戌月，十一月對應於亥月，十二月對應於子月。

西曆月份	六爻月份
一月	丑月
二月	寅月
三月	卯月
四月	辰月
五月	巳月
六月	午月
七月	未月
八月	申月
九月	酉月
十月	戌月
十一月	亥月
十二月	子月

六爻預測中，一年的開始是從立春算起的。每個節令，對應於每個月的開始。具體對應關係如下。

立春為寅月的開始，驚蟄為卯月的開始，清明為辰月的開始，立夏為巳月的開始，芒種為午月的開始，小暑為未月的開始，立秋為申月的開始，白露為酉月的開始，寒露為戌月的開始，立冬為亥月的開始，大雪為子月的開始，小寒為丑月的開始。

六爻月份	對應節氣
寅月	立春
卯月	驚蟄
辰月	清明
巳月	立夏
午月	芒種
未月	小暑
申月	立秋
酉月	白露
戌月	寒露
亥月	立冬
子月	大雪
丑月	小寒

交節令的時間很重要。節令前為上個月，一交節令後，就成了下一個月，一分鐘也不能含糊。具體的交節令時間，可以從萬年曆上查得。

・月破

卦中之爻，逢月建沖之，稱為月破。即寅月申破，卯月酉破，辰月戌破，巳月亥破，午月子破，未月丑破，申月寅破，酉月卯破，戌月辰破，亥月巳破，子月午破，丑月未破。

月破之爻，休囚不動。或空而遇絕，入墓則力量變小，起不上作用，用神逢之則凶，忌神逢之則吉。若月破之爻，旺相發動，或遇生扶，則為有力。可以發生作用。用神逢之為吉。忌神逢之則為凶。月破之爻，眼下雖破，出了當月則不破。後遇與月破地支相同的日辰，或月建以及年，為實破。與月破相合的地支，所對應的日、月與年到來時，為合破。實破、合破往往是，判斷事物吉凶發生時間的依據。近應日時，遠應年月。預測時務必留心。

例1、丑月辛酉日（旬空：子丑），某男預測自己財運如何？得兌為澤。

螣蛇	父母未土 〃 世
勾陳	兄弟酉金 /
朱雀	子孫亥水 /
青龍	父母丑土 〃 應
玄武	妻財卯木 /
白虎	官鬼巳火 /

〔判斷〕以財爻為用神。妻財卯木不得日月生扶，日又沖剋為休囚。世爻為財庫，是存錢的信息。但是財庫被月沖破，乃是賺不了錢。財臨玄武投機之財，被日剋壞。所以，我判斷他財運不好，把省吃儉用的錢，買彩券了，而結果什麼也得不到。

〔回饋〕結果正是這樣。

例2、戌月壬申日（旬空：戌亥），一男子預測他買的一隻股票會
　　升否？得風天小畜之風雷益。

白虎		兄弟卯木 〆	
螣蛇		子孫巳火 〆	
勾陳		妻財未土 〃 應	
朱雀	官鬼酉金	妻財辰土 ○	妻財辰土
青龍		兄弟寅木 ○	兄弟寅木
玄武		父母子水 〆 世	

〔判斷〕以妻財為用神。卦裡妻財兩現。以發動之爻妻財辰土，
　　為用神。月建沖破妻財辰土，日不幫扶。又是伏吟（後述，
　　即動爻與變爻相同），二爻兄弟剋財，必然下跌虧損。

〔回饋〕子月回饋，股票已經虧損一半。

• 日辰的作用

時間，每時每刻都在流逝，永遠不會再回來。但是從易學的角度來看，宇宙是具有一定法則和規律的。每六十天就會重複一次。古人很早就發現了這一規律。用十天干與十二地支，組合成六十花甲，表示這種週期性的規律。因此，在六爻預測中，每天的日辰都非常重要。對於判斷事物的吉凶起著不可缺少的作用。

日辰，為六爻之主宰。一月三十天，日日有日辰主事。六十花甲，循環往復，周而復始，輪流值日。日辰與月建一樣，也可以作用於卦中的任何一爻。

月令，只在本月內起作用。一交節令，便由下個月建司令。而日辰，則四時俱旺，操生殺之權。卦中之爻，被月建剋傷，但得日辰生扶，即為平分秋色，不旺不衰。爻逢月破，日辰臨之，即為實破。日辰合之，就為合破。旺相之靜爻，日辰沖之，為暗動。休囚之爻，日辰沖之，為日破。旬空之爻，日辰可以沖實。逢合之爻，日辰可沖開。逢沖之爻，日辰可合住。爻之衰弱者，日辰能生扶拱合。爻之強旺者，日辰能剋之、沖之、刑之、絕之、墓之。動爻若休囚逢日沖，則會被沖散。爻若旺相發動，日辰沖之，其動愈烈。日合和月合不同，月合為旺。日合在沒有月破的情況下，為絆住。

總之，爻之旺者，得日辰生扶，如錦上添花。爻之衰者，被日辰克制，則如雪上加霜。用神、元神宜日辰生扶。忌神、仇神則喜日辰剋之、損之。

例1、巳月癸卯日（旬空：辰巳），一老者預測自己財運如何？得
　　風火家人之風山漸。

白虎　　　　　兄弟卯木　／
螣蛇　　　　　子孫巳火　／　應
勾陳　　　　　妻財未土　〃
朱雀　官鬼酉金　父母亥水　／
青龍　　　　　妻財丑土　〃　世
玄武　　　　　兄弟卯木　○　　　　妻財辰土

〔**判斷**〕以妻財為用神，卦裡妻財兩現。以臨世爻妻財丑土，為
　　用神。用神得月生扶為旺相。但又被日剋傷，一生一剋，平
　　分秋色。不能區別用神之強弱。此時再看卦的變化。初爻兄
　　弟卯木發動，又來剋妻財。增一剋神，剋多生少，必然財運
　　不好。

〔**回饋**〕果然一年財運不好，災禍連連。

例2、巳月甲辰日（旬空：寅卯），家裡小狗生病，便血、嘔吐不止，測小狗吉凶，得水地比之雷地豫。

玄武	妻財子水 〃 應	
白虎	兄弟戌土 ○	子孫申金
螣蛇	子孫申金 ×	父母午火
勾陳	官鬼卯木 〃 世	
朱雀	父母巳火 〃	
青龍	兄弟未土 〃	

〔判斷〕以子孫為用神。子孫申金月剋日生，生剋相抵。但月剋中帶合，增其一力量。子孫動而化出午火，回頭剋，減其一力量。不過五爻戌土為元神，發動來生，又增其一力量。綜合分析，生的力量，大於剋的力量。所以小狗的病可以好。

什麼時候好？未日合住變爻，剋子孫力量將減弱，開始好轉，待子日沖去午火，當得痊癒。

〔回饋〕果然未日開始減輕，子日痊癒。

例3、丑月甲寅日（旬空：子丑），我的一位學生被人邀請外出預
　　測，中間的介紹人，已經把機票都買好了，勢在必行。他搖
　　卦測外出如何？得地山謙之雷山小過。

　　玄武　　　　　　兄弟酉金　〃
　　白虎　　　　　　子孫亥水　〃 世
　　螣蛇　　　　　　父母丑土　×　　　　官鬼午火
　　勾陳　　　　　　兄弟申金　〳
　　朱雀　妻財卯木　官鬼午火　〃 應
　　青龍　　　　　　父母辰土　〃

〔判斷〕世爻逢日合住，又有丑土動，來克制，日合為絆住。將
　　有預料之外的事發生，不能前行。

〔回饋〕結果第二天得知，邀請他去預測的對方，說是因為要出
　　國，終止前行。

• 空亡

　　六爻預測中，每天的日辰，在干支相配時，每個旬內（十天）都有兩位地支，沒有天干相配，稱之為旬空。

　　預測疾病，用神遇旬空。近病，實空、沖空之日、月病癒。久病，實空、沖空之日、月為凶。卦中遇元神旬空發動，沖空、實空之日、月病癒。忌神旬空發動，實空、沖空之日、月逢凶。

　　旬空之爻，若是旺相靜爻，有日、月、動爻生扶，則為有用。休囚死絕者，則為無用。用神怕休囚空破，沒有生扶。忌神喜休囚空破，靜而不動。飛神喜旬空、受剋、逢沖。

空亡表

	甲子旬	甲戌旬	甲申旬	甲午旬	甲辰旬	甲寅旬
甲	甲子	甲戌	甲申	甲午	甲辰	甲寅
乙	乙丑	乙亥	乙酉	乙未	乙巳	乙卯
丙	丙寅	丙子	丙戌	丙申	丙午	丙辰
丁	丁卯	丁丑	丁亥	丁酉	丁未	丁巳
戊	戊辰	戊寅	戊子	戊戌	戊申	戊午
己	己巳	己卯	己丑	己亥	己酉	己未
庚	庚午	庚辰	庚寅	庚子	庚戌	庚申
辛	辛未	辛巳	辛卯	辛丑	辛亥	辛酉
壬	壬申	壬午	壬辰	壬寅	壬子	壬戌
癸	癸酉	癸未	癸巳	癸卯	癸丑	癸亥
空亡	戌亥	申酉	午未	辰巳	寅卯	子丑

例1、巳月庚子日（旬空：辰巳），一婦女求測兒子公司的發展如何？得兌為澤之澤地萃。

螣蛇	父母未土 〃世	
勾陳	兄弟酉金 〡	
朱雀	子孫亥水 〡	
青龍	父母丑土 〃應	
玄武	妻財卯木 ○	官鬼巳火
白虎	官鬼巳火 ○	父母未土

〔**判斷**〕公司的發展，是靠經濟支撐的。公司賺了錢，也就說明公司發展很好。所以，以妻財為用神。妻財卯木，不得月建生扶，得日生，為旺相。初看公司發展很好。但是，用神動而化空，公司的財力慢慢就會走向衰退。

六沖卦，公司起伏大，不能持久。財化空在官鬼，臨玄武主詐騙之象，怕有人從中欺騙，影響公司的運轉。

〔**回饋**〕後來，果然被合夥人欺騙。剛開始盈利，但到了後期，投資進去的錢，被合夥人轉移，損失巨大。

例2、酉月庚子日（旬空：辰巳），我老家一男子測母親久病，得
　　　風澤中孚之風水渙。

臑蛇　　　　　　官鬼卯木 ╱
勾陳　妻財子水　父母巳火 ╱
朱雀　　　　　　兄弟未土 ╱╱ 世
青龍　子孫申金　兄弟丑土 ╱╱
玄武　　　　　　官鬼卯木 ╱
白虎　　　　　　父母巳火 ○ 應　　　　官鬼寅木

〔判斷〕以父母為用神，卦中父母兩現。以初爻發動之父母巳
　　　火，為用神。用神不得月建生扶，被日辰克制為休囚。用神
　　　空亡，久病逢空則死，雖然化出寅木來生，因為用神休囚無
　　　氣，生也無益。至亥月沖實用神，是其應期。

〔回饋〕後果然死在亥月。

·爻的過旺與過衰

任何東西都不能太過，陰陽講的就是平衡和中庸之道，所謂物極必反。古人在這方面早有論述："太過者，損之斯成"，"子雖福德，多反無功"，"兄若太過，反不剋財"等等，都是有關太過的理論。

過旺的卦有以下幾個規律：

（1）日、月一定是同時對這個爻，產生生扶拱比的作用。日、月中，如果有其中一個，不生扶比助者，該爻再旺也不是。

（2）卦中用神、元神兩現，或是又有動爻化出。有元神來生，或者是動化回頭生等。也有的卦是靜卦，日、月同時生扶用神，而卦裡元神、用神多現。

過旺的情況分以下幾種類型：

（1）用神過旺。這種情況需要用神有制，或墓庫收藏為吉。有生無剋，則為凶。這裡有這樣幾點要注意，用神雖然非常旺，但動來化破、化空則不是過旺。

（2）元神過旺。這個和用神過旺的道理一樣。可參考用神的情況。

（3）忌神過旺。這個和用神過旺相反。用神休囚無根，忌神旺到極點，反而為吉。用神有根則不是。用神弱極的卦，可以歸在這個裡面。此時，反而喜用神，動而化空化破。

例1、我學生的一個朋友被警察抓走了，打電話問自己什麼時候可以出來？午月辛丑日（旬空：辰巳），我的學生搖卦得風天小畜變風水渙。

螣蛇		兄弟卯木 ／		
勾陳		子孫巳火 ／		
朱雀		妻財未土 ／／ 應		
青龍	官鬼酉金	妻財辰土 ○		子孫午火
玄武		兄弟寅木 ／		
白虎		父母子水 ○ 世		兄弟寅木

〔判斷〕因為是他本人求測。所以，雖然卦是我的學生搖的，但還是以世爻，為用神。我的學生把握不準這個卦。又打電話問我，我判斷說，是辰日出來。

〔回饋〕果然應驗。

他問我為什麼這樣斷？這個卦，我是這樣理解判斷的：

世爻月破日剋，沒有一點氣，為無根。忌神財爻，卦裡兩現。妻財辰土動來剋。如果按一般的五行生剋判斷，剋多無生，一定沒有機會被放出來。但這樣判斷就錯了。

這個卦忌神過旺，反而剋多為吉。看看忌神財爻，是不是過旺。財爻兩現，得月生日扶，動化回頭生。卦裡又有子孫，雖然不動，也可以增加財爻的力量。但辰土空亡，暫時不能剋世爻。辰日出空，忌神產生作用，世爻被剋為吉。所以判斷這天出來。

例2、申月己酉日（旬空：寅卯），一人測攬工程能否成功？得澤
　　風大過之水山蹇。

勾陳		妻財未土	〃		
朱雀		官鬼酉金	╱		
青龍	子孫午火	父母亥水	○ 世	官鬼申金	
玄武		官鬼酉金	╱		
白虎	兄弟寅木	父母亥水	○	子孫午火	
螣蛇		妻財丑土	〃 應		

〔判斷〕以父母為用神。卦中父母兩現，地支相同又都發動。
　　　以臨世爻的父母亥水，為用神。父母亥水得日月生扶，為旺
　　　相，本吉。但不宜動化回頭生。二爻父母亥水動，來比扶。
　　　元神又在卦裡兩現，此為過旺，物極必反。所以工程不能到
　　　手。

〔回饋〕果然沒有攬到手。

例3、 丑月庚辰日（旬空：申酉），一位開藥店的朋友測其母病，問本月危險否？得山雷頤變山地剝卦。

```
騰蛇              兄弟寅木 ╱
勾陳   子孫巳火   父母子水 ╱╱
朱雀              妻財戌土 ╱╱世
青龍   官鬼酉金   妻財辰土 ╱╱
玄武              兄弟寅木 ╱╱
白虎              父母子水 ○ 應       妻財未土
```

〔**判斷**〕以父母爻為用神。卦中父母子水兩現。以應上發動父母子水，為用神。父母入墓於日，為住院的信息。用神入墓於財。財主飲食，為病人不思飲食。

用神被日月克制。卦裡忌神兩現。戌土暗動來剋。用神又動，化出忌神回頭剋。一共有五重忌神。初看是忌神過旺，但細看不是。

因為用神得月建相合，為有氣，用神有了根，有根就不能這樣論了。再者用神動，而化破，一般也不以忌神過旺論。用神化破，無力回頭剋。實破之時則凶。用神臨水而被剋，水為腎。所以，是腎病。

〔**回饋**〕後來，他母親果然在當月的未日去世。

• 無情現象

六爻預測中，還有一種表示不吉的現象就是卦裡出現無情的情況。所謂無情，就是用神發動不生世爻，而是去生應爻。這樣的情況，即使用神旺相也為不吉。為什麼呢？因為，應為他人，是用神有情他人，而無情於我。所以，無情的卦，喜應爻空破。或者喜應爻，動而化空化破。不過無情的卦，主要是用來預測得失的事情時才論的。預測疾病、出行等不在此範圍。

無情的卦，一定是要用神發動，生應爻才是。如果應爻也同時發動，又生回到世爻上來，反而可以化解掉無情，不以無情論了。用神靜，而生應則不是。用神臨應爻，有動爻去生也不是。還有就是用神臨世爻，發動成三合局，雖然也生應爻，一般也不以無情論。如果不臨世爻，成三合局生應者，仍舊以無情論。

例1、辰月丁丑日（旬空：申酉），一男子預測財運，得離為火之
　　山火賁。

青龍	兄弟巳火 ╱ 世	
玄武	子孫未土 ╱╱	
白虎	妻財酉金 ○	子孫戌土
螣蛇	官鬼亥水 ╱ 應	
勾陳	子孫丑土 ╱╱	
朱雀	父母卯木 ╱	

〔判斷〕以妻財為用神。卦中妻財酉金發動，雖然空亡化月破，
　　　但得日月生扶為旺相。子孫未土又暗動來生，元神兩現。可
　　　以說，用神非常有力。但我判斷，他財運不好，終身難有自
　　　己的財。無論賺多少，最後，錢都流入了別人的腰包。就是
　　　因為財爻動，而生了應爻。出現無情。

〔回饋〕實際上，此人開了兩個飯店和一個洗煤廠。但是因為是
　　　靠高利貸發展起來的，所以，一有錢就被高利貸要走。最後
　　　自己所剩無幾。

例2、寅月壬戌日（旬空：子丑），一男子測升遷如何？得火地晉
　　之火澤睽。

白虎		官鬼巳火 　/	
螣蛇		父母未土 　//	
勾陳		兄弟酉金 　/ 世	
朱雀		妻財卯木 　//	
青龍		官鬼巳火 　×	妻財卯木
玄武	子孫子水	父母未土 　× 應	官鬼巳火

〔判斷〕以官鬼爻為用神。卦中官鬼兩現。以發動之爻官鬼巳
火，為用神。用神得月生扶，本為吉象。但不宜剋世生應。
此為無情。本來應以凶斷，幸得應爻發動。官動生應，應爻
動來生世。此卦的落腳點，最後又到了世爻上。變無情為有
情，應該可以升遷。

〔回饋〕果然得到了一個很重要的職務。

12

── 五行生滅的十二種狀態 ──

世界上所有的事物，都包含有五行。都在五行的制約下，從始到終變化著。像人一樣具有生命，要經歷生死。所以，宇宙中存在著的所有事物，都是無常的，沒有永恆。正因為五行具有生死。所以，宇宙的所有事物才會有生滅。

五行的生滅，是按照一定的規律，循環往復地不斷運動著。只要有陰陽存在，五行的作用就不會停止。五行從生到滅，共有十二種狀態，對應於十二地支。依次序為長生、沐浴、冠帶、臨官、帝旺、衰、病、死、墓、絕、胎、養。這十二種狀態，深刻地反映了事物從產生到發展、再到新生命開始的宇宙輪迴規律。因為十二種狀態，是以長生為起點的。所以這一現象也被稱之為"長生十二宮"。

五行生滅的十二種狀態，古人認為只有長生、帝旺、墓、絕，對事物的吉凶產生作用。其實這是對五行生滅，十二種狀態的錯誤理解。用神的吉凶，主要是從日月和卦中的動靜生剋來看的。而五行生滅的十二種狀態，則是從象的角度反映了，事物的變化狀態而已。其真正的用途是在辨意。在六爻的高層次預測中，應用範圍很廣，必須熟練掌握。尤其是在獨發卦裡，往往可以超越五行的生剋，而反映事物的吉凶。

十二地支與五行生滅的十二種狀態對應關係如下：

十二宮 五行	長生	沐浴	冠帶	臨官	帝旺	衰	病	死	墓	絕	胎	養
金	巳	午	未	申	酉	戌	亥	子	丑	寅	卯	辰
木	亥	子	丑	寅	卯	辰	巳	午	未	申	酉	戌
水	申	酉	戌	亥	子	丑	寅	卯	辰	巳	午	未
火	寅	卯	辰	巳	午	未	申	酉	戌	亥	子	丑
土	申	酉	戌	亥	子	丑	寅	卯	辰	巳	午	未

長生者：為五行生滅十二狀態的起點。含有生長、產生、發生等含義。如物之根本、人之生母、水之源泉，危險之時的救星。卦中用神衰，而遇長生則吉。猶枯木逢春、久旱得雨。長生在月令，謂長生於月。在日辰，謂長生於日。動而化出者，謂動化長生。

金長生於巳。巳屬火，為剋金之五行，卻為何說金長生在巳？此源於"金逢火煅方成器皿"。一切礦物沒有經過火冶煉，不成金屬之理。然金雖長生在巳，畢竟有剋的意思。從五行角度看，論剋不論生。從長生角度看，可提取一定的意思用於判斷。全在靈活變通。

依五行生剋之理而言，土生金。然五行生滅十二狀態中，卻言土長生在申。是五行生剋之理不對，還是弄錯了?自古到今是一個未解決的疑點。其實，土長生於申，得源於申為坤位，土寄宮於西南（申位）之說。

總之，寅申巳亥，為五行之長生之地。稱為四生之地。火長生在寅，水長生在申，木長生在亥，皆合五行之理。唯有土、金長生特殊。因此，應用時，務必留心。

長生用於辨象，主要意思有幫助、依靠、靠山、哺育、源泉、根源、原始、甦醒、獲救、救助、產生、尋找、得到、發生、吃飯等。

例1、巳月己亥日（旬空：辰巳），我的一位日本學生，測妻子什麼時候能夠懷孕？得澤火革之水火既濟。

勾陳		官鬼未土　〃	
朱雀		父母酉金　ˊ	
青龍		兄弟亥水　○ 世	父母申金
玄武	妻財午火	兄弟亥水　ˊ	
白虎		官鬼丑土　〃	
螣蛇		子孫卯木　ˊ 應	

〔**判斷**〕以子孫為用神。子孫不得月建生扶，但得日辰來生為旺相。卦中元神獨發，臨青龍長生子孫。青龍主生育，長生主得到。所以，一定會有自己的孩子。

雖然亥水月破，但日辰實破無妨。我囑其妻子，以胡蘿蔔、大米加白糖熬粥喝，補養身體。許之酉月必得。酉月者，子孫靜而逢沖之月。

〔**回饋**〕果然於酉月懷孕。

沐浴者：猶如嬰兒出生後洗禮，花草樹木發芽得雨滋潤。但在六爻預測中遇之，以正常的五行生剋來論。沐浴不主吉凶，只用於取象。

用於取象，主要意思有洗澡、入水、裸體、淫亂、淫褻、脫衣、恩澤、好處、有利、暴露、光禿禿、光溜、光滑、享受、坦誠、大小便、睡覺、破敗、難看、無恥、滋潤、照顧等。

例1、卯月丁酉日（旬空：辰巳），一日本人求我，測其住房風水。得澤雷隨。

青龍		妻財未土	〃 應
玄武		官鬼酉金	／
白虎	子孫午火	父母亥水	／
螣蛇		妻財辰土	〃 世
勾陳		兄弟寅木	〃
朱雀		父母子水	／

〔**判斷**〕我斷其因修下水管道和浴室花了不少錢，房子是在靠近鬧市區的路邊。道路不好，修補過好幾次。

此卦妻財持世。乃是已到手的錢，空而被月建剋傷。是把手中的錢花去。兄弟臨勾陳在二爻，旺而剋財爻。二爻為宅爻，勾陳為修造。定是因修造或改造房子而花錢。

妻財辰土為水庫，可理解為裝水的東西。臨螣蛇，螣蛇主細長彎曲的東西，辰土可理解為下水管道。又辰土見日為沐浴之地。沐浴為洗澡。洗澡地方的水庫為浴池，故而斷之。

卦在震宮，震為鬧市。又父母臨朱雀，一父母臨白虎，朱雀主嘈雜，白虎主道路，所以斷其住房在鬧市路邊。五爻為路，月破乃是道路被損之象。但日辰實破，又是修補之象。

〔**回饋**〕結果判斷十分正確。

冠帶者：乃沐浴洗禮之後，穿衣戴帽。長大成人後，舉行成人儀式，加冠紮帶以示長成。六爻預測中遇之，以正常的五行生剋之理而論。不主吉凶，只用於取象。

用於取象，主要意思有穿衣、整裝、和衣、打扮、包裝、裝飾、衣服、升級、榮譽、戴帽、入伍、遮蓋、外表、高貴等。

例1、子月庚辰日（旬空：申酉），我的一學生，測他同學得肝病
　　轉腹水，吉凶如何？得巽為風之風天小畜。

　　　騰蛇　兄弟卯木　／　世
　　　勾陳　子孫巳火　／
　　　朱雀　妻財未土　〃
　　　青龍　官鬼酉金　／　應
　　　玄武　父母亥水　／
　　　白虎　妻財丑土　×　　　　　父母子水

〔判斷〕以兄弟爻為用神。兄弟持世，說明他很關心他的同學。
　　　用神得月生扶，本為旺相。但久病不宜六沖卦，逢沖必死。
　　　元神入墓在日。仇神獨發又剋元神。必然不吉。

　　　兄弟為木，在巽宮，巽為肝。元神水被丑土來剋，丑又為
　　　肝，得月上子水合旺，肝腹水的信息很明顯。丑土為用神冠
　　　帶之地，臨初爻見土，乃是入土之壽衣。臨白虎，白虎又主
　　　死亡。其信息更加強烈。丑土得月合而剋元神，當月就有危
　　　險。化出月建，也主當月不好。

〔回饋〕隨後於甲申日，用神臨絕地之日而死。

臨官者：猶人長成後出仕為官。遇之，以正常的五行生剋論。

　　用於取象，主要意思有公家的、官府、有病、災禍、有男人在身邊、離死不遠、巴結當官的、阿諛奉承、出仕、當官、拍馬屁、有官運、有地位、公務員、自力更生、自我努力、成長、快要成功、國營、危險等。

例1、乙酉年酉月丙辰日（旬空：子丑），一男子預測做廢品回收
　　　如何？得巽為風之風山漸。

　　青龍　兄弟卯木 ／ 世
　　玄武　子孫巳火 ／
　　白虎　妻財未土 ∥
　　螣蛇　官鬼酉金 ／ 應
　　勾陳　父母亥水 ○　　　　　子孫午火
　　朱雀　妻財丑土 ∥

〔判斷〕目的在於利潤。所以，以妻財為用神。卦裡妻財兩現。
　　　以初爻空亡妻財丑土，為用神。妻財雖得日辰比扶，但不宜
　　　六沖卦。必主不順。

　　　用神臨初爻而空。初爻表事物的開端，一開始不好幹，利潤
　　　很少。世爻被月上官鬼沖破。又父母亥水，在二爻臨勾陳發
　　　動。二爻為場地環境。勾陳主衙門。官鬼為執法者、警察
　　　等。財爻臨官發動，收購廢品有警察來查，還有牢獄之災。

　　　財空入墓於日，丙戌年沖開，又比扶財爻，還有利潤可言。
　　　丁亥年，卦裡父母臨宅爻發動，必然要更換地方。動而剋財
　　　爻元神。搞不好，則無法繼續經營。

〔回饋〕此人開始經營利潤不大。後來收購別人偷來的東西，雖
　　　有利潤，但被警察追查好幾次。丁亥年因為周圍拆遷，往收
　　　購站送貨的路被堵，無法經營。於亥月終止了回收工作。

　　帝旺者：猶如人在鼎盛之時，花草樹木在茂盛之期。以正常的五行生剋論。

　　用於取象，主要意思有榮發、發達、得意、精神、興奮、神氣、有力、雄壯、高大、擅長、強大、輝煌、欣欣向榮、騰達、有權、極限、高潮、頂點等。

例1、亥月壬辰日（旬空：午未），一男子測官運如何？得地雷復
　　　之地澤臨。

白虎		子孫酉金 〃		
螣蛇		妻財亥水 〃		
勾陳		兄弟丑土 〃 應		
朱雀		兄弟辰土 〃		
青龍	父母巳火	官鬼寅木 ×		官鬼卯木
玄武		妻財子水 ／ 世		

〔**判斷**〕以官鬼為用神。用神得月建生扶為旺相。動而化進神，
　　　　也是化帝旺。臨青龍主喜慶，官運如日中天。

〔**回饋**〕實際上此人一年內連升兩級。

衰者：是指事物處於衰敗的狀態。預測時，以正常的五行生剋之理論之。

如果用於取象，主要的意思有無力、軟弱、衰弱、弱小、不景氣、弱智、敗落、力小、倒楣、退縮、沒靠山、弱點、膽小、虛弱、矮小、無能、沒本事、不學無術、高不成低不就、不敢反抗等。

例1、亥月甲寅日（旬空：子丑），一婦女測兒子的婚姻會長久嗎？得澤風大過之天風姤。

玄武		妻財未土 ×	妻財戌土
白虎		官鬼酉金 ╱	
螣蛇	子孫午火	父母亥水 ╱ 世	
勾陳		官鬼酉金 ╱	
朱雀	兄弟寅木	父母亥水 ╱	
青龍		妻財丑土 ╳ 應	

〔判斷〕妻財為用神。妻財兩現，以發動之爻妻財未土為用神。用神休囚在六爻。六爻為退休的爻位，說明媳婦年紀不小了。

子孫代表此婦女的兒子。臨蛇伏藏，伏藏有躲避的意思，螣蛇主害怕。表示膽小，見這女人有點害怕。妻財化進神，合子孫。媳婦和他兒子的關係很好。化子孫墓庫來合，表示帶孕結婚的。

未土對於子孫來說，為子孫的衰地。可以表示她兒子，在這個媳婦面前，只能是個小孩一樣。媳婦年齡大於她兒子。

用神發動，動而應逢合。當在壬午年結婚。卦裡財爻兩現，將來她兒子，會有新的女人出現。丑土空亡，推斷在2009的己丑年。

〔**回饋**〕除了將來的推斷，其他全部應驗。媳婦比她兒子大八
　　歲。因為兩人同居懷孕，才不得已於02年結婚。女人是個醋
　　罈子，不允許她兒子和其他女人往來。現在她兒子有點怕老
　　婆。

　　病者：是指事物已處於生病的狀態，即將走向滅亡。病的含義預測疾病時，有時可以用來判斷病症。但吉凶方面，以正常的五行生剋論之。

　　如果用於取象，主要的意思有疾病、病灶、瘟神、討厭、憎恨、仇人、仇視、不足之處、缺點、欠缺、毛病、弱點、漏洞、把柄、要害、心病、腐敗、問題等。

例1、卯月丁酉日（旬空：辰巳），一老者預測運氣如何？得地澤臨之坤為地。

青龍	子孫酉金 〃	
玄武	妻財亥水 〃 應	
白虎	兄弟丑土 〃	
螣蛇	兄弟丑土 〃	
勾陳	官鬼卯木 ○ 世	父母巳火
朱雀	父母巳火 ○	兄弟未土

〔**判斷**〕預測運氣是綜合性的判斷。本人的吉凶安危為第一。先以世爻為用神，看其吉凶。世爻雖得月建比扶，但被日辰剋傷，不吉。世爻發動化出病地，必然有傷病之災。世爻臨月化病地，本月就有疾病。

世爻臨勾陳，主緩慢。病地在二爻化出，初爻又是病地。初爻為腳，二爻為腿，此月一定有腿腳方面的疾病。問之，果然正在腿疼。

因為病在父母，父母為車，還要注意車禍。巳火空亡，出空當防。

〔**回饋**〕結果巳月發生車禍住院。

死者：是指事物處於寂滅，滅亡的狀態，毫無生機。預測中，最忌死地單獨發動。測病時，須參用神衰旺用之。測病忌用神逢死地。金遇子，為死地。木遇午，為死地。火遇酉，為死地。水和土遇卯，為死地。死地多為凶象。

如果用於取象，主要意思有死亡、鑽牛角尖、不靈活、不能變通、滯留、終結、完蛋、認死理、一條道走到黑、沒有餘地、不景氣、無生氣、無活力、呆板、笨拙、想不開、心胸狹窄、無退路、寂靜、安靜、可怕等。

例1、辰月丙子日（旬空：申酉），一男子測搞期貨如何？得地澤臨之地雷復。

青龍	子孫酉金　〃
玄武	妻財亥水　〃　應
白虎	兄弟丑土　〃
螣蛇	兄弟丑土　〃
勾陳	官鬼卯木　○　世　　　官鬼寅木
朱雀	父母巳火　／

〔**判斷**〕以盈利為目的。所以以妻財為用神。妻財亥水月剋日扶，衰旺難分。世上官鬼卯木獨發。獨發之爻，為用神死地。搞期貨死路一條。

〔**回饋**〕此人不聽，還是搞了期貨，結果破財500萬。

墓者：也稱為庫，墓庫，為收藏、封閉、埋藏之意。猶人死後，埋於墓中。在六爻預測中，應用最多，非常應驗。

用神入墓，旺相無妨。最怕休囚空破。也忌世爻臨官鬼入墓，謂隨鬼入墓，主凶。五行之墓，較難辨者。丑為金庫。辰為土庫。丑屬土、土生金，卻為何又言金庫在丑，用神遇之是論生，還是論墓庫，最不易區別。一般來說，從五行生剋角度講，論丑土生金。從五行生滅十二狀態的角度來講，論墓，一卦之中，常常也有兩種意思皆用，需參看用神吉凶，取其義而斷。

土庫在辰，也是六爻中較特殊的情況。辰為土，既有幫比土之意，又有墓庫之意。從五行角度講，為幫扶之意。從五行生滅十二狀態的角度講，為墓庫之意。在預測時，須根據用神吉凶，靈活而斷。

如果用於取象，主要意思有包容、收藏、埋藏、關閉、收拾、存放、管理、管制、屬於、控制、操縱、指揮、包含、囊括、陷阱、不自由、入迷、受管束、隱藏、保護、護衛、圍攔、倉庫、權限、昏沉、糊塗、黑暗、不流暢、不暢通、結束、阻力、堵塞等。

例1、亥月癸未日（旬空：申酉），一男子求測財運。得水地比之坤為地。

白虎	妻財子水 〃 應	
螣蛇	兄弟戌土 ○	妻財亥水
勾陳	子孫申金 〃	
朱雀	官鬼卯木 〃 世	
青龍	父母巳火 〃	
玄武	兄弟未土 〃	

〔判斷〕以妻財為用神。妻財子水得月建比扶，日剋，衰旺難分。兄弟戌土發動，又加一剋。本主不吉，但動而化出財爻，轉凶為吉。因為動爻，不能剋變出之財。兄弟動而化財，有合夥求財之意。

五爻為領導、老闆。動而與世爻相合，合有聯合之意。所以我判斷有個領導或者老闆，要和他合夥掙錢。但是世爻入墓於日。入墓，為失去思維之象。引申為思維搖擺不定，猶豫再三。

〔回饋〕他驚嘆！預測完全吻合實際情況。

例2、子月庚辰日（旬空：申酉），我的學生測項鏈丟失，可以找
　　　到嗎？得水火既濟之澤火革。

螣蛇		兄弟子水 〃 應	
勾陳		官鬼戌土 ╱	
朱雀		父母申金 ×	兄弟亥水
青龍	妻財午火	兄弟亥水 ╱ 世	
玄武		官鬼丑土 〃	
白虎		子孫卯木 ╱	

〔**判斷**〕以妻財為用神。妻財午火不上卦，伏在三爻兄弟亥水之
　　　下。月沖剋，破而休囚。日辰又不來幫扶。反而沖動五爻戌
　　　土，引起暗動，使用神入墓。更是不吉之象。

　　　妻財入墓於五爻。入墓主不見、掩埋。五爻為道路，說明丟
　　　失於路上。父母獨發，化兄弟忌神。獨發表示原因，父母為
　　　車，應當是乘車而在路上丟失。飛剋伏神，兄弟持世，恐怕
　　　難以找回。

〔**回饋**〕果然是乘計程車的時候，丟失在車上了，之後沒有找
　　　回。

絕者：是指卦中爻逢絕地而言。如金遇寅、木遇申、水遇巳、火遇亥，土遇巳等。用神休囚遇絕地，猶人入險惡、絕境。如果無救助，很難有生還之機。用神，有氣臨絕地，遇生扶，乃為絕處逢生。若再遇忌神發動，有氣也終成凶。然土雖絕在巳，仍有生扶之意。只要用神有氣，勿以凶看。若休囚空破，遇絕地，方不生用神。

如果用於取象，主要意思有無退路、危險、絕地、絕境、懸崖、分手、斷絕、背水一戰、失望、心灰意冷、死心、無可救藥、無能為力、無情、冷酷、不通融、停止、消失、無影無蹤等。

例1、亥月庚子日（旬空：辰巳），我的一位學生問，和自己已經
　　　領結婚證的女友將來如何？得山澤損之山水蒙。

螣蛇	官鬼寅木　╱　應	
勾陳	妻財子水　〃	
朱雀	兄弟戌土　〃	
青龍　子孫申金	兄弟丑土　〃　世	
玄武	官鬼卯木　╱	
白虎	父母巳火　○	官鬼寅木

〔判斷〕以妻財為用神。財得日月比扶為旺相。合世爻本是吉
　　　象。但不宜父母巳火，獨發來絕用神。父母為文書，代表結
　　　婚證。今發動絕用神。絕主分離，必然悔婚。

　　　用神在五爻，五爻為家長之爻位。說明此女霸道，想在家裡
　　　一手遮天。合世爻，把本人管住。世爻臨青龍，本人心地善
　　　良。今巳火空破，沒有力量絕妻財，出月不吉。

〔回饋〕隨後果然於子月離婚。

胎者：指事物滅絕以後，又開始孕育新的生命。一般在初級預測中也應用不多。只有在測懷孕、生小孩時，作為參考。與子孫爻兼而斷之。一般情況下皆以正常的五行生剋論。

如果用於取象，主要意思有懷胎、醞釀、初步打算、計畫、形成、先天的、與生俱來的、天生的、本性難移、初級、勾連、牽掛、操心、想法、幼稚、弱小、年齡小、起步等。

例1、2001年酉月丁丑日　（旬空：申酉）　凌晨子時，夜已經很深
　　　了。從遙遠的美國來的楊先生，求測他在美國參加的一個展
　　　覽如何？問能有多少訂單？利潤如何？得水火既濟。

青龍　　　　　　　兄弟子水　〃 應
玄武　　　　　　　官鬼戌土　／
白虎　　　　　　　父母申金　〃
螣蛇　妻財午火　兄弟亥水　／　世
勾陳　　　　　　　官鬼丑土　〃
朱雀　　　　　　　子孫卯木　／

〔判斷〕訂單看父母，利潤看妻財。父母申金，雖然有月扶日
　　　生。但臨空亡，又入墓於日。我判斷此次展覽沒有訂單。妻
　　　財午火不上卦，日月不生。又是兄弟持世。元神卯木，被月
　　　沖破，無力生財。也是無財之象。

　　　子孫卯木是父母胎地，正好是財的元神。初爻為心事。胎地
　　　為打算、計畫。按他的計畫，是想靠這次展覽發大財。父母
　　　沖破子孫不能生財，一定是訂單的原因，打破他的計畫不能
　　　如願以償。

　　　誰知道他聽了我的判斷後，說我預測的不對。他是搞軟體發
　　　展的，他們的產品，每次在展覽會上訂戶很多，不可能沒有
　　　訂單。只是多少的問題而已，但我依舊堅持我的觀點。

〔**回饋**〕結果此日美國發生著名的 "9‧11" 事件。不但展覽被取消了，就連飛回美國的航班也被取消。他被迫滯留在中國。

　　養者：胎已形成，漸漸吸收營養，走向成熟，準備出生。初級預測中很少用，遇之，按正常的五行生剋論之。

　　如果用於取象，主要意思有出生、生長、寄託、收養、休養、療養、休息、依靠、營養、滋養、扶助、懷疑、不放心、不踏實、心虛、操心、過繼、培養、養育、弱小、扶持等。

例1、巳月己巳日（旬空：戌亥），某男子測與某女，關係如何？
　　得乾為天之澤天夬。

勾陳	父母戌土 ○ 世	父母未土
朱雀	兄弟申金 ╱	
青龍	官鬼午火 ╱	
玄武	父母辰土 ╱ 應	
白虎	妻財寅木 ╱	
螣蛇	子孫子水 ╱	

〔**判斷**〕以財爻為用神。財爻寅木休囚。元神又絕於日月。卦得
　　　　六沖，沖即為散。此為二人分手之象。

　　　　世爻為財爻養地。此女為他所養情人。世爻動而化退，乃有
　　　　退悔之心。不想再與該女繼續發展。世爻空亡，心無定見，
　　　　猶豫不決。財剋世爻，此女有心來找。然元神遇絕，用神休
　　　　囚不動，不敢來。用神臨白虎，白虎主哭泣。此女正在家哭
　　　　泣。子孫為快樂之神，父母當頭發動剋之。子孫又在絕地，
　　　　說明和此女在一起沒有快樂。

〔**回饋**〕此人告知，幾天前和自己原來交往的女友分手，因和她
　　　　在一起沒有一絲快樂。說要和她分手，她哭了，她央求繼續
　　　　往來。但他沒有理會，幾天過了，那女人也沒找上門來。

⑬

──── 爻的動靜與生剋 ────

六爻預測，一切是圍繞用神展開。看日、月以及卦中的其他爻，對用神的作用，而進行判斷的。在此說明一下，動爻與靜爻之間的力量以及生剋關係。

老陰和老陽表示爻位有變化，稱之為"動爻"。少陰和少陽表示爻位沒有變化，稱之為"靜爻"。卦中出現動爻時，一般來說，動爻可以生剋靜爻。而靜爻則不可以生剋動爻。即使靜爻旺相，動爻休囚也不可以。如果動爻休囚，不能作用於它爻時，等星移斗轉，動爻變旺時，就可以作用於靜爻了。這就是為什麼，預測師可以從卦中判斷出，事情發生時間的原因。

另外動爻的變化，稱之為"發動"。發動之後，必然會產生"變爻"，日月既可以作用於動爻。同時，也可以作用於變爻。變爻生動爻，稱之為"回頭生"。變爻剋動爻，稱之為"回頭剋"。

沒有動爻的卦稱之"靜卦"。靜卦之中的各個爻之間，旺相之爻可生休囚之爻，也可克制休囚之爻。旺相之爻，如健壯力大之人，既可幫人又可制人。旺相之爻旬空時，到下一旬出空，就可以產生作用。六爻預測中，常常利用這些現象，來判斷事物發生的時間。

例1、卯月庚寅日（旬空：午未），一男子測財運如何？得澤雷隨。

螣蛇		妻財未土 〃 應
勾陳		官鬼酉金 ╱
朱雀	子孫午火	父母亥水 ╱
青龍		妻財辰土 〃 世
玄武		兄弟寅木 〃
白虎		父母子水 ╱

〔判斷〕以妻財為用神。卦中妻財兩現。以空亡之財未土，為用神。用神被日月剋傷，為休囚。卦中沒有動爻，忌神兄弟寅木，得日月比扶。旺而剋用神。財運極差。兄弟臨玄武，玄武主投機、賭博。所以，尤其不能靠賭博投機之事發財。

〔回饋〕實際上財運不好。又借錢買股票，玩賭博機。結果負債累累。

例2、寅月丙戌日（旬空：午未），一人給店鋪管理會，提出降低
　　租金，對方會給予回覆嗎？得火雷噬嗑之山雷頤。

青龍	子孫巳火 ／	
玄武	妻財未土 〃 世	
白虎	官鬼酉金 ○	妻財戌土
螣蛇	妻財辰土 〃	
勾陳	兄弟寅木 〃 應	
朱雀	父母子水 ／	

〔判斷〕事情成敗都在其次。測卦的主要問題，是看對方的答
覆。書面答覆也罷，電話答覆也罷，都以父母為用神。

父母子水，月不生日剋，為休囚。本來沒有希望，但是元
神獨發來生。父母臨朱雀主消息。旺相之爻，可以生休囚
之爻。所以，一定會有答覆。卦為噬嗑，有咀嚼之象，很像
開口說話。延伸意思就是電話。酉金發動，看酉日來電話答
覆。

〔回饋〕隨後，果然於丁酉日晚打來電話。

例3、亥月辛卯日（旬空：午未），一男子測，女兒考高中如何？
得山地剝之山澤損。

螣蛇		妻財寅木	丨		
勾陳	兄弟申金	子孫子水	〃 世		
朱雀		父母戌土	〃		
青龍		妻財卯木	〃		
玄武		官鬼巳火	× 應	妻財卯木	
白虎		父母未土	×	官鬼巳火	

〔**判斷**〕以官鬼為用神。官鬼巳火，月剋日生，衰旺不能分清。
卦裡用神發動，化出卯木。此為化回頭生，用神旺相之力大
增，生多剋少。所以一定可以考上。

〔**回饋**〕果然考上了高中。

隔山化爻

隔山化爻，是六爻預測中，一個鮮為人知的概念。也是術家秘密內傳，不願外泄的一個心法。隔山化爻一般只用於辨意思，而不定吉凶。

所謂隔山化爻，乃是指某動爻的變爻，和另一動爻的六親相同，即為隔山化爻。這個變爻，與另一動爻相同的六親，稱之為隔爻。動爻為事情之開端。隔爻為事情的原因、情由。隔爻所化出的變爻，為事情發展的趨勢與結果。

根據隔爻與動爻的上下位置，又分為順逆兩種。隔爻在上者為順隔，反之為逆隔。順隔，主事情發展順利，關節一環扣一環。逆隔則為主觀性的，中途有阻力、波折。不過大家切記，隔山化爻。只用來辨別意思。吉凶以用神的衰旺為準則。為了使大家，能更好地理解掌握這一用法，現舉例如下：

例1、辰月己酉日（旬空：寅卯），我友暢先生說，有一個人問病
　　況，因不便前來，遂讓病人搖了一卦。拿來讓我分析。得火
　　地晉之澤地萃。

勾陳　　　　　　　官鬼巳火 ○　　　父母未土
朱雀　　　　　　　父母未土 ×　　　兄弟酉金
青龍　　　　　　　兄弟酉金 ╱ 世
玄武　　　　　　　妻財卯木 ╱╱
白虎　　　　　　　官鬼巳火 ╱╱
螣蛇　　子孫子水　父母未土 ╱╱ 應

〔判斷〕以世爻為用神。世爻臨日又得月建生合。卦中火土發
　　動，連續相生為過旺。此病不好。

　　卦屬乾宮，乾主頭。官在六爻動，而生助元神父母未土。六
爻為頭，也主病在頭部。細看此卦，六爻官鬼巳火動，化父母未
土。五爻父母未土，化兄弟酉金，此為隔山化爻。此卦隔爻為父
母。父母未土臨五爻，五爻比頭部（六爻）稍低，為脖子。是脖
子上有問題。父母未土為財庫，財主血液。財爻空亡，是脖子部
位，血液不流通造成的。官鬼臨勾陳，勾陳主腫脹。因巳火為未
土元神，後盾力量。故斷主要是有腫塊或增生造成的。

　　官鬼爻巳火。隔父母未土化，兄弟酉金，等於官化兄。官化兄
為手腳之傷，在外卦多主手臂。故斷因脖子上的病，影響了手臂

和手。世爻兄弟酉金臨青龍。青龍主痛,斷其上臂痛得很厲害。此隔山化爻為逆隔,故此病灶很麻煩,不好治療。五爻陰爻發動,病灶正在向內部發展。

〔回饋〕暢先生告訴我,這是他的一位朋友搖的卦。由於脖子頸椎增生,手臂都不靈活了。每天痛得難以忍受。因增生在頸椎內側,而無法做手術,現正到處亂求醫呢。

例2、午月辛亥日（旬空：寅卯），我單位孟先生，測近日財運如何？得風山漸之火水未濟。

螣蛇		官鬼卯木　╱　應	
勾陳	妻財子水	父母巳火　○	兄弟未土
朱雀		兄弟未土　×	子孫酉金
青龍		子孫申金　○　世	父母午火
玄武		父母午火　×	兄弟辰土
白虎		兄弟辰土　〃	

〔**判斷**〕以財爻為用神。財爻子水不上卦，伏於五爻之下。且為月破，飛爻發動絕之。又卦中兄弟旺相發動，子孫世爻動，化回頭剋。無財之象。

　　子孫申金持世，申金為隔爻，動而去生財，必為以中間人的身份去求財。五爻父母巳火動，而化兄弟未土，兄弟未土又動，而化子孫酉金。此為隔山化爻。而兄弟未土動，化子孫酉金，子孫申金動，而化父母午火也，為隔山化爻。子孫申金動，而化父母午火，父母午火動，而化兄弟辰土，這又是一層隔山化爻。且皆為逆隔。求財見隔山化爻，本為隔著人求財。此卦三層隔山化爻，故斷此次求財，中間人隔了好幾層，中間人太多，求不到財。

　　應爻空亡，對方猶豫。財不上卦，不見錢的影子，此事難成。

〔**回饋**〕果然完全符合實際情況。

例3、辰月乙卯日（旬空：子丑），河南易友在網上，問合夥求財如何？得火風鼎之澤風大過。

玄武		兄弟巳火 ○	子孫未土
白虎		子孫未土 × 應	妻財酉金
螣蛇		妻財酉金 ╱	
勾陳		妻財酉金 ╱	
朱雀		官鬼亥水 ╱ 世	
青龍	父母卯木	子孫丑土 ╱╱	

〔**判斷**〕以財爻為用神。卦中財爻兩現，得月生日沖。暗動生世，為吉。兄弟雖動，但元神同動，成連續相生。有財可得。

　　外卦兄弟巳火動，化子孫未土。子孫未土動，化妻財酉金，此為隔山化爻。在六爻預測中，兄動化財，為合夥求財的標誌。此卦隔著隔爻，子孫未土化財。可以斷定不是兩個人合夥，而是中間還隔著一個人。未土為父母墓庫，父母為文書，中間人是個與管文書、手續有關的人。

〔**回饋**〕他回饋，果然是中間還有一個人，非要白占一股不可。因為他的哥哥，在政府部門工作，正是管辦理手續的。求財結果如何，因無回饋，不得而知。

暗動與日破

　　暗動，是六爻預測中非常重要的現象之一。每個卦都需要仔細查看，如果疏漏查看不到，有時候會影響到，用神吉凶的判斷。暗動有兩種情況，一種是日沖引起的暗動。一種是爻沖引起的暗動。通過長期實踐，兩種情況都是應驗的。我現在詳細地把這兩種情況介紹如下。

　　（一）日沖引起的暗動。古人對這個問題，描述的比較簡單："靜爻休囚，日辰沖之曰日破。靜爻旺相，日辰沖之為暗動。"但是通過大量的實踐來看，日破的爻很少。只有個別爻是日破，大部分情況下為暗動。而且發現暗動之爻，由於月建以及其他動爻，對被沖之爻的作用，暗動有衰旺的區別。

　　（1）被沖之爻得月生、比、拱扶者，為最旺的暗動。也就是說，這種情況月建，一定是暗動之爻的元神。或者和暗動之爻是五行一樣的（月沖除外，月沖日再沖，為月破日破）。這樣的暗動非常有力，對其他爻的作用很大。

　　（2）其次是月合之爻，被日沖也是暗動。被月合日沖，引起暗動的爻，分三種情況。一是月生合該爻，日沖引起的暗動。這樣的暗動和上面（1）的力量一樣，也是非常大的。二是月不生也不剋，只是月合日沖引起的暗動。這樣的爻，比剛才的爻力量要小些。三是月建剋中帶合的爻，被日沖引起的暗動。這樣的暗動，在月合裡面最弱。

（3）接下來就是月建長生之爻，被日沖引起的暗動。月建長生的同時也生這個爻。日再沖之，毫無疑問是暗動。即使月建對這個爻，是長生中帶剋，也會因為日辰來沖，引起暗動。比如巳月酉金遇到卯日。申金遇到寅日等。雖然月是剋金的五行，但因為有長生這層關係，也不以日破論。應看成是暗動。

（4）再其次，月既不生扶比扶該爻，但也不剋該爻，遇到日沖時，也是暗動。比如亥月申爻，遇到寅日，申就是暗動。卯月子爻遇到午日，子水也是暗動。

（5）還有一種爻，月不生比，但得動爻來生。或者月剋該爻，但得卦中動爻來生。逢日沖之，也可以成為暗動。但月沖日沖的情況，不是暗動，為月破日破。

那麼什麼是日破呢？就是月剋該爻，同時，月又不是長生，也不是合的關係。如果是這樣的情況下，遇到日沖時才是日破。或者像（4）的情形，月不生扶比扶該爻，而卦中又有動爻來剋，日沖該爻時，該爻就成了日破。

伏藏的爻即使旺象，日沖也不是暗動。為沖出。因為暗動，只是針對主卦中，出現的靜爻而言。所以，伏神沒有暗動。變爻沒有暗動。動爻沒有暗動。動爻本來就是動的，旺而被日沖時，叫做沖之愈動。比一般的動爻，生剋力量更大。而動爻十分休囚，被日沖時，叫做沖散。沒有生剋其他爻的權利了。

（二）再有一種暗動的爻，不是日沖引起的。而是因為另外一個動爻的變化引起的。這樣的暗動,需要有幾個條件。首先,這個卦一定是一爻獨發。如果卦裡有兩個動爻,就不會有爻沖引起的暗動。其次,需要發動的爻要旺相。只有旺相,才有力量沖動安靜的爻。這個動爻不能空破、逢日合與變爻合它。因為一旦被合,貪合忘沖,該爻被絆住,就不能使其他爻暗動了。再一個條件,就是被動爻所沖的爻,一定要旺相、或者有氣。這個就好比一個人,在幫另外一個人往起站立,扶他的人要有力量,而被扶的人也要有點力氣才行。如果是一個病入膏肓的人,連翻身的力氣都沒有,要讓人扶他站起來是很困難的。這樣的暗動,應事多在逢合之日。

例1、酉月己卯日（旬空：申酉），一人測兒子病，得地火明夷。

　　勾陳　　　　　父母酉金　〃
　　朱雀　　　　　兄弟亥水　〃
　　青龍　　　　　官鬼丑土　〃　世
　　玄武　妻財午火　兄弟亥水　／
　　白虎　　　　　官鬼丑土　〃
　　螣蛇　　　　　子孫卯木　／　應

〔**判斷**〕以子孫爻為用神。子孫卯木被月沖為月破，但得日實
　　破，衰旺不能分辨。六爻父母酉金被日沖，因為酉金得月扶
　　旺相，日沖就是暗動。父母酉金暗動剋子孫，就是判斷疾病
　　顯示部位的依據。

　　子孫臨螣蛇，主怪異。日和子孫一樣，可以把日當子孫看。
　　日沖引起忌神暗動，說明疾病主要來源於自己。六爻為頭，
　　是思維出了問題。金以空的形式來剋。金空則鳴，說明耳朵
　　裡有聲音，有幻聽的毛病。

〔**回饋**〕實際上神經錯亂，正是有聲音在指揮他，身不由己。

例2、未月乙未日（旬空：辰巳），某男測兒子考大學如何？得水火既濟之澤雷隨。

玄武		兄弟子水 〃 應	
白虎		官鬼戌土 /	
螣蛇		父母申金 ×	兄弟亥水
勾陳	妻財午火	兄弟亥水 ○ 世	官鬼辰土
朱雀		官鬼丑土 〃	
青龍		子孫卯木 /	

〔**判斷**〕以官鬼為用神。卦中官鬼兩現。以月破之爻官鬼丑土為用神。此卦雖然文書父母旺相，動而生世爻。但預測考大學以官鬼為重，父母為輕。用神被月沖破，又被日沖，又成了日破。不能成暗動連續相生。世爻又化空亡，一定考不上。

〔**回饋**〕後果然沒有考上。他兒子考了400多分，但錄取分數則為530分，相距甚遠。

例3、午月壬子日（旬空：寅卯），某男預測與人合夥開的店前景
　　　如何？得坤為地之水地比。

白虎	子孫酉金 〃 世	
螣蛇	妻財亥水 ×	兄弟戌土
勾陳	兄弟丑土 〃	
朱雀	官鬼卯木 〃 應	
青龍	父母巳火 〃	
玄武	兄弟未土 〃	

〔判斷〕以妻財為用神。卦裡妻財亥水，月不生，得日比扶為旺
　　　相。但不宜動化回頭剋。一定難以往好的方向發展。合夥不
　　　宜六沖卦。六沖為不和之象。應爻為合夥人，臨空亡。合夥
　　　人無心一起發展事業。

　　　妻財亥水獨發，沖二爻父母巳火。父母巳火，得月比扶旺
　　　相。所以形成暗動。二爻為店面，父母也主店鋪。暗動必然
　　　有搬遷變動之象。

〔回饋〕實際上，果真是合夥人見店沒有起色，不想合夥了，而
　　　此人則想自己經營。但是天不助人。因為房東要收回店鋪，
　　　只得搬遷，搬遷後更不好，最後只好關閉。

例4、午月乙酉日（旬空：午未），我的一位學生問，某公司欠她公司的錢，要了幾次也沒有要回來，問是否可以要回？搖卦得地火明夷。

玄武		父母酉金 〃	
白虎		兄弟亥水 〃	
螣蛇		官鬼丑土 〃	世
勾陳	妻財午火	兄弟亥水 〳	
朱雀		官鬼丑土 〃	
青龍		子孫卯木 〳	應

〔判斷〕以妻財為用神。妻財雖然不上卦。但得月建比扶為旺相。財爻空、伏藏，是沒有得到錢的信息。

應爻卯木，月不生扶也不比扶，但沒有被月剋傷，逢日來沖，為暗動。應爻暗動生財，此財一定能要到手。應爻生財，是對方給錢之象。應爻的暗動是由日沖引起的。所以，對方不會主動給錢，需索取才能回來。

財爻伏兄弟亥水之下。癸巳日沖去飛神，在這天可以要回錢。

〔回饋〕後來果然在這天要到了錢。此例卯木在午月不旺，也成暗動。

⑭

──六合、三合局的作用──

六沖

　　六沖者：子與丑合，寅與亥合，卯與戌合，辰與酉合，巳與申合，午與未合。

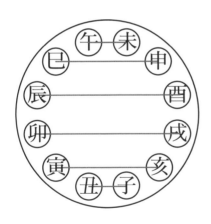

地支六合圖

相合的情況有六種：

　　一、**日月合爻**。月合卦爻謂之合旺，很少用來判斷應期。日合卦爻，則有吉有凶。有生中帶合者，有尅中帶合者，有刑中帶合者，吉凶須審用神。預測疾病，近病不宜見合。用神逢合，或病重而死，或成久病難以醫治。因為合為疾病纏綿不去之象。如有他爻衝開，謂合處逢沖，則為吉。否則目前雖癒，日後必會復發，或留下後遺症，難以除根。如果是久病，反宜用神逢合，逢合乃為把命留住，有病必癒。如果是預測出行，動而逢合必有事絆住。預測行人、走失，用神動而逢合，逢沖之時可回。靜而逢日合，當日可回。預測婚姻，多為貪戀，有外遇的資訊。

二、爻與爻合。 卦中用神被動爻合住。吉凶的斷法與日合同斷。若元神發動而被動爻合住者，用神若吉，沖開被合、所合之爻則吉。若是忌神發動被合，用神不吉，沖開合爻，忌神即如脫韁野馬，剋傷用神。

三、動爻與變爻相合。 即某爻發動，變出之爻與動爻相合。

四、卦逢六合，或卦變六合。

例、水澤節，或者水天需變水澤節等。

五、六沖卦變六合卦。

例、離為火變山火賁。雷天大壯變雷地豫等。

六、六合卦變六合卦。

例、天地否變雷地豫等。

所謂六合卦，如天地否，山火賁等。初爻與四爻相合，二爻

與五爻相合，三爻與上爻相合。預測生育，六合為難產。其餘諸
事皆吉。爻之動而逢合者，謂之絆住。合有會合，相見、纏綿，
絆住，挽留、留住、停留、相好，和合、拖累、牽掛、癒合、和
好、補充、填充、合作、覆蓋、重疊、疊壓、折疊、連接等諸多
含義。因所測之事不同，而吉凶應驗不一。須細細察看，當以用
神為主，次看卦爻相合。

例1、午月己未日（旬空：子丑），我在2001年到西藏旅遊，因
　　為高原反應，晚上睡不著，身體不適。於是測什麼時候好？
　　得天山遯之澤地萃。

勾陳		父母戌土 ○	父母未土
朱雀		兄弟申金 ╱ 應	
青龍		官鬼午火 ╱	
玄武		兄弟申金 ○	妻財卯木
白虎	妻財寅木	官鬼午火 ╱╱ 世	
螣蛇	子孫子水	父母辰土 ╱╱	

〔**判斷**〕以世爻為用神。世爻得月比扶為旺相，有病無妨。

　　財為飲食，財不上卦。沒有食欲，三爻兄弟發動化財，強迫
　　自己吃東西。世爻入墓在六爻，六爻為頭，勾陳主憋脹，說
　　明頭昏腦脹。入墓在勾陳所臨的爻。勾陳主遲緩、懶惰。又
　　世爻被日合住，日合為絆住，表示身體不想動彈。

　　世爻被合，近病不宜，需沖開才能好。所以我判斷自己將在
　　子日好轉。

〔**回饋**〕隨後果然在子日好了，這才又向海拔更高的地方進發。

例2、戌月戊午日（旬空：子丑），某男測與女友發展如何？得雷天大壯之雷風恆。

朱雀	兄弟戌土　〃	
青龍	子孫申金　〃	
玄武	父母午火　／　世	
白虎	兄弟辰土　／	
螣蛇	官鬼寅木　／	
勾陳	妻財子水　○　應	兄弟丑土

〔**判斷**〕以妻財子水為用神。妻財臨應，應為夫妻爻位，用神得位，自己喜歡對方，真心當她是女朋友。但是用神被月剋，日沖為休囚，主難成。主卦又是六沖卦，六沖主散，兩人必定分手。

妻財子水空，主女友不是真心相處。動合空亡兄弟丑土。應動他人有變，合為貪戀，兄弟為競爭對手。就是女友又喜歡上了另外一個人。臨勾陳，勾陳為陳舊。所以判斷這個男人，是她以前的戀人。動化合化空，她將跟隨別人遠去。

〔**回饋**〕實際上，正是女友以前的男友找了回來，就和此人分手了。

例3、戌月丙申日（旬空：辰巳），某男測母親夢見一條蛇有什麼
　　徵兆？搖卦得水火既濟之風天小畜。

青龍		兄弟子水 × 應	子孫卯木
玄武		官鬼戌土 /	
白虎		父母申金 〃	
螣蛇	妻財午火	兄弟亥水 / 世	
勾陳		官鬼丑土 ×	子孫寅木
朱雀		子孫卯木 /	

〔判斷〕沒有特定的用神，以世爻為中心看吉凶。從卦裡的爻位
　　變化取信息判斷。

此卦有這樣幾個特點。世爻在三爻臨螣蛇，三爻為床，螣蛇
主夢，也主不安之象。所以，此夢表示自己將有不安之事臨
身。二爻官鬼動而剋世爻，二爻為宅，禍從家中出。官鬼臨
勾陳剋世爻，官鬼為官事官非，勾陳為牢獄，當防有入獄之
事發生。好在官化回頭剋，事情有解。

應上兄弟子水發動，臨青龍動合二爻。兄弟為朋友，臨青龍
主好色，合二爻宅爻，近日將有朋友來借宿、投宿。與官鬼
動合，兄弟又主破費，剋財而合住官鬼，使官鬼貪合忘剋世
爻。花錢可以解決問題。

〔**回饋**〕當晚亥時，此人的一個朋友帶一女子前來借宿。因為那個女子為歌廳小姐，又因為自己屋子裡還有同居的女子，就拒絕了。誰知道朋友走後，和那個歌廳小姐發生爭執，被巡邏民警碰到。朋友謊稱此女是他的女友，剛從朋友家出來。巡警為了證實此事，就帶二人返回了此人的家。正好趕上此人，也和另外一個女人同居在一起。因為沒有結婚，屬於非法同居，要帶他們到派出所。出於無奈，私下給了巡警一些錢了事。

三合局

三合者：申子辰合水局，巳酉丑合金局、寅午戌合火局、亥卯未合木局。

地支三合局圖

三合局各取五行之長生、帝旺、墓庫三者會合而成局。以局中中間地支的五行為合局的五行屬性。合局的力量要遠遠大於五行單支的力量。同時，合局還具有共同、一起、幫助、合作、聚集等含義。

日月、動爻、變爻、暗動之爻，皆可參與合局。靜爻則不可。

若卦中有兩個動爻，其中一個動爻為"四正神"，即局中中間地支時，可借日月合局。若三合局只有兩個地支（其中一個必須為合局中間的地支），又沒有日月湊合成局，則為半局，應期可選三合局中，所缺的另一個地支。等日後補湊成三合局，謂之"虛一待用"。若三合局中有一旬空，或逢破者，待填實之日月而成局。有一爻入墓者，待沖開之日、月應事。

請看以下組合：

例1、戌月丙申日（旬空：辰巳），得水雷屯之風火家人。

青龍	兄弟子水 ×	子孫卯木
玄武	官鬼戌土 ╱ 應	
白虎	父母申金 ╱╱	
螣蛇　妻財午火	官鬼辰土 ×	兄弟亥水
勾陳	子孫寅木 ╱╱ 世	
朱雀	兄弟子水 ╱	

卦中子水和辰土發動，可以借日辰申金湊合成三合局。

例2、午月丁未日（旬空：寅卯），得雷水解之火澤睽。

青龍	妻財戌土 ×	子孫巳火
玄武	官鬼申金 ╱╱ 應	
白虎	子孫午火 ╱	
螣蛇	子孫午火 ╱╱	
勾陳	妻財辰土 ╱ 世	
朱雀　父母子水	兄弟寅木 ×	子孫巳火

卦中寅木和戌土發動，雖然月是午火，但因為中間的地支沒有在卦中發動。所以不成三合局。

例3、未月戊子日（旬空：午未），得雷風恆之雷澤歸妹。

朱雀		妻財戌土 〃 應	
青龍		官鬼申金 〃	
玄武		子孫午火 ∕	
白虎		官鬼酉金 ○ 世	妻財丑土
螣蛇	兄弟寅木	父母亥水 ∕	
勾陳		妻財丑土 ×	子孫巳火

卦中妻財丑土和官鬼酉金發動，可以借丑土的變爻巳火湊合成三合局。

例4、子月己未日（旬空：子丑），得地澤臨之山水蒙。

勾陳		子孫酉金 ×	官鬼寅木
朱雀		妻財亥水 〃 應	
青龍		兄弟丑土 〃	
玄武		兄弟丑土 〃	
白虎		官鬼卯木 ∕ 世	
螣蛇		父母巳火 ○	官鬼寅木

卦裡父母巳火和子孫酉金發動了，因為日辰沖丑土形成暗動。可以借此暗動成三合局。

例5、子月己未日（旬空：子丑），得澤山咸之風山漸。

勾陳	父母未土 × 應	妻財卯木
朱雀	兄弟酉金 ╱	
青龍	子孫亥水 ○	父母未土
玄武	兄弟申金 ╱ 世	
白虎　妻財卯木	官鬼午火 〃	
螣蛇	父母辰土 〃	

此卦亥水和父母未土發動，又可以借父母未土的變爻，形成了亥卯未。但因為三合局中間的地支在變卦，沒有出現在卦中。所以三合局沒有多大意義，不當三合局看，

接著再舉幾個實際應驗於三合局的卦例：

例1、亥月辛酉日（旬空：子丑），我的一位學生，測他妻子做流
產手術順利否？得火水未濟之坤為地。

螣蛇		兄弟巳火 ○ 應	妻財酉金
勾陳		子孫未土 〃	
朱雀		妻財酉金 ○	子孫丑土
青龍	官鬼亥水	兄弟午火 〃 世	
玄武		子孫辰土 ○	兄弟巳火
白虎		父母寅木 〃	

〔判斷〕以妻財為用神。妻財酉金發動化出丑土，六爻兄弟巳
火發動，組成三合財局。財臨日比扶，又得子孫辰土動來生
合，為旺相，所以順利。

〔回饋〕果然很順利地做了手術。雖然丑土空亡，而不影響三合
局的組成。

例2、酉月辛卯日（旬空：午未），我旅泊山東，一男子測事業發展如何？得地澤臨之火澤睽。

螣蛇	子孫酉金 ×	父母巳火
勾陳	妻財亥水 〃 應	
朱雀	兄弟丑土 ×	子孫酉金
青龍	兄弟丑土 〃	
玄武	官鬼卯木 〳 世	
白虎	父母巳火 〳	

〔判斷〕事業發展包括工作和財運。所以，以財官為主分析判斷。此卦官鬼持世，被月沖破，但又有日辰實破。說明工作有時候順利，有時候不順利。

官鬼持世，說明其本人有一定的管理權利。子孫發動成三合局，沖剋世爻上的官鬼。三合局表示多方面。所以，在工作上有來自各方面的壓力。

子孫三合成局，生財爻。說明本人是一個掙錢的多面手。但是財在應爻，子孫生的是應爻之財。所以，再能幹也是給別人掙錢。子孫發動剋官鬼，有離開現在公司的想法。

〔回饋〕實際上正是這樣。

15

——— 六沖的作用 ———

六沖

六沖者：子午相沖，丑未相沖，寅申相沖，卯酉相沖，辰戌相沖，巳亥相沖。

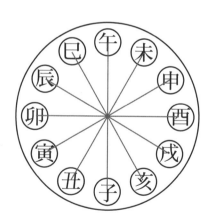

地支六沖圖

六沖有六種情況：

一、卦逢六沖。共十卦，即乾為天，坤為地，兌為澤，巽為風，震為雷，坎為水，離為火，艮為山，雷天大壯，天雷無妄。

二、六合卦變六沖卦。如天地否變天雷無妄。

三、六沖卦變六沖卦。如乾為天變坤為地。

四、日月沖爻。可以參看月破和暗動章節。

五、爻與爻沖。

六、動爻變沖。可以參看後面的反吟章節。

　　沖有沖散，沖開、衝動之義。預測疾病，如果近病，則宜逢沖。謂之把病沖散。如果是久病，遇沖則不吉。謂之把病人沖垮。其中卦變六沖，六沖變六沖最凶。爻與爻沖、日沖爻，六合變六沖次之。動變六沖、月沖爻又次之。又月沖為月破，變沖為反吟，日沖則需分辨暗動與日破。預測諸事，不宜用神變沖，被月沖。預測打官司，生孩子則喜六沖卦。

　　六沖，除過表面上的作用外，還有深層的含義。還主衝動、沖散、分離、起伏、動盪、不安、亂撞、撞見、拆散、插入、穿入、對峙、打架、衝突、打鬥、鬧矛盾、不和、挑撥、波動、不整齊等意思。

例1、辰月壬辰日（旬空：午未），我的一位學生，在做刑警，他
　　們得到消息有人聚眾賭博。於是搖卦，測能否抓住賭徒？得
　　天雷無妄之山火賁。

白虎	妻財戌土 ／	
螣蛇	官鬼申金 ○	父母子水
勾陳	子孫午火 ○ 世	妻財戌土
朱雀	妻財辰土 ×	父母亥水
青龍	兄弟寅木 〃	
玄武	父母子水 ／ 應	

〔判斷〕從警察的角度看，以官鬼為用神。世爻為警察。子孫持
　　世，嚴陣以待。鬼臨螣蛇，賭博者為驚弓之鳥。

　　但是子孫不得日月生扶，動而化破。官鬼得日月生扶，世爻
　　無力剋用神。又是六沖卦，六沖對面不相逢。說明抓不住賭
　　博者。

〔回饋〕結果，可能是有人走漏了風聲，賭博者逃走了。沒有抓
　　住。

例2、辰月乙酉日（旬空：午未），某男測身體，得乾為天之火天
大有。

玄武	父母戌土 ╱ 世	
白虎	兄弟申金 ○	父母未土
螣蛇	官鬼午火 ╱	
勾陳	父母辰土 ╱ 應	
朱雀	妻財寅木 ╱	
青龍	子孫子水 ╱	

〔判斷〕以世爻為用神。六沖卦，乃是身體不穩定的信息。世
爻月破在六爻。六爻為頭，乾卦又表示頭。被沖破，沖為搖
晃，表示頭暈。

元神官鬼午火，在四爻臨螣蛇空亡。四爻為心臟，螣蛇主心
煩，空亡表示心不能靜，組合起來就是心慌。

五爻白虎臨金獨發，獨發有表示原因的作用。乾為金，主骨
骼，金也主骨骼。白虎主病，沖破世爻的辰土，入卦臨到了
三爻。三爻為腿，就是腿上骨頭有問題。

〔回饋〕實際上此人頭暈，心慌，股骨頭壞死。

例3、辰月丙子日（旬空：申酉），某男測自己的病，得雷水解之
　　　火水未濟。

青龍		妻財戌土　×		子孫巳火
玄武		官鬼申金　〃 應		
白虎		子孫午火　／		
螣蛇		子孫午火　〃		
勾陳		妻財辰土　／ 世		
朱雀	父母子水	兄弟寅木　〃		

〔判斷〕以世爻為用神。世爻得月比扶為旺相。但是六爻戌土獨
　　　發來沖世爻。沖為搖晃、動盪，受到衝擊。六爻為頭，一定
　　　是頭暈。元神代表思維，入墓主腦子不清楚。元神入墓也主
　　　頭暈。

　　　財在外卦發動。尤其是土為財時，主嘔吐。獨發卦，獨發的
　　　爻可以做應期。動而應逢合，卯與戌土合。所以，判斷在卯
　　　月開始得病。

〔回饋〕實際上，卯月開始出現頭暈、嘔吐。後檢查才發現是腦
　　　子裡長了瘤。

⑯

─────── 三刑的吉凶 ───────

三刑

三刑者，共有四組。寅巳申為一組，子卯為一組，丑戌未為一組，辰午酉亥為一組。

寅巳申	恃勢之刑
子與卯	無禮之刑
丑戌未	無恩之刑
辰午酉亥	自刑

其中寅巳申之三刑，稱為恃勢之刑。三個地支中只要有兩個地支相見，就有刑的意思在裡面。但三者全見更驗。因寅巳申分別為火、金、水的長生點。遇之多因居功自傲、飛揚跋扈而招來禍端，或因有後臺撐腰，不可一世而落於不利之地，或因念及自己對別人有恩，而與人為難等。

　　子與卯之刑，稱為無禮之刑。多主意料之外的、說不清理由的、非出自本意而造成危害。

　　丑戌未之刑，稱為無恩之刑。因三者五行皆為同性，猶如兄弟絕情沒有恩義，同室操戈。多主恩將仇報、以德抱怨、同事親戚之間發生矛盾，或受朋友之害。

　　辰午酉亥為自刑。辰見辰、午見午、酉見酉、亥見亥或辰午酉亥相見為自刑。自刑多為自作自受、因果報應、自找倒楣、搬起石頭砸自己的腳，聰明反被聰明誤。

　　六爻預測以用神生剋為重，三刑為輕。三刑須附和用神而兼斷，只憑三刑千萬不可以斷吉凶。寅刑巳，生中帶刑。辰午酉亥，在卦中以及日月中出現，有幫比之作用。辰土化出辰土者，則為伏吟，多以不吉論。

　　三刑多主不好的一面。但三刑以吉凶為輕，辨義為重。三刑有受刑、刑事、刑名、犯刑、指責、刁難、受罪、受傷、傷害、牽連、拖累、添亂、添麻煩、痛苦、憎恨、破壞、鬧矛盾、口舌、倒楣、鬥爭、找麻煩、相殘、謀害、嫉妒、作怪、難受、陰險等意思。根據相互之間的生剋關係，月破、空亡，以及所臨的六神等靈活而多變。

例1、申月庚申日（旬空：子丑），一在銀行工作的女士，測自己工作什麼時候可以調離？得風地觀。

螣蛇		妻財卯木 ╱
勾陳	兄弟申金	官鬼巳火 ╱
朱雀		父母未土 ╱╱ 世
青龍		妻財卯木 ╱╱
玄武		官鬼巳火 ╱╱
白虎	子孫子水	父母未土 ╱╱ 應

〔判斷〕以官鬼為用神。官鬼巳火兩現，可以去的地方有幾個。官得月合為旺，可以調動成功。但又被日合住，表示暫時不能。

日月合中帶刑。說明工作上有麻煩，受處分才要調動。刑合為兄弟，兄弟主朋友，表示是朋友帶來的麻煩。合應衝開。亥月可以調動成功。

〔回饋〕果然是因為一個朋友的帳戶，在銀行被凍結需要錢。她就用自己的卡，透支給朋友。結果到時間沒有還上。做為在銀行工作的人員，不應該犯這樣的錯誤。所以，就被處分了。於是她不再想在這個地方，繼續上班。後來在亥月調動到其他地方了。

例2、酉月甲寅日（旬空：子丑），我的一位學生來太原找我學
　　習，他拿出一個卦問我，說是他臨來之前朋友委託他問的，
　　看弟弟流年運氣，得天風姤。

玄武		父母戌土　／
白虎		兄弟申金　／
螣蛇		官鬼午火　／　應
勾陳		兄弟酉金　／
朱雀	妻財寅木	子孫亥水　／
青龍		父母丑土　〃　世

〔判斷〕我看卦後馬上斷定，這個人的弟弟，因為經濟問題被抓
　　起來了。他問為什麼，判斷是因為經濟問題被抓了？我說看
　　兄弟流年，以兄弟為用神。兄弟見日上寅木，為三刑。官鬼
　　臨螣蛇，旺相剋兄弟。螣蛇為捆綁之相。日為財。所以因為
　　經濟問題被抓。

〔回饋〕實際上正是如此。

例3、酉月丙辰日（旬空：子丑），測狗病得很厲害，能好嗎？得
　　兌為澤之天澤履。

青龍	父母未土 × 世	父母戌土
玄武	兄弟酉金 ／	
白虎	子孫亥水 ／	
螣蛇	父母丑土 〃 應	
勾陳	妻財卯木 ／	
朱雀	官鬼巳火 ／	

〔**判斷**〕以子孫為用神。子孫亥水月生日剋，不能分辨吉凶。再
　　看卦裡，忌神父母未土獨發，化進神來剋。凶多吉少。

　　用神入墓，怕出墓逢沖。次日出墓，逢沖就是死期。用神為
　　亥水。月酉金，日辰土，自刑少一午火，又午火與獨發爻相
　　合，也是應期規律。所以斷狗活不過次日午時。

〔**回饋**〕後狗果然在次日午時死了。

17

反吟與伏吟

反吟

反吟又稱為返吟。在六爻預測中，應驗率很高，不可忽視。反吟有兩種情況，一是卦變反吟，一是爻變反吟。

卦變反吟者，如乾變坤、坤變乾、離變坎、坎變離、艮變兌、兌變艮、震變巽、地風升變風地觀等。先天八卦對沖的方位和後天八卦對沖方位互化，就可以形成卦變反吟。卦變反吟沒有爻變反吟應驗率高。

爻變反吟，有內外卦，皆變反吟者。也有內反外不反，或外反內不反者。具體以地支的形式來表示，就是動爻與變爻，為對沖關係。

反吟多主事情反覆，舉事艱難，不能一步到位，不穩定、不安寧、更換、徘徊、猶豫不定、七上八下、扭動、歪曲、翻動、回頭、回馬槍、後悔、反悔、波動、起伏、顛簸、跳躍、搖晃、搖擺不定、出爾反爾、自食其言、不守信譽、心煩意亂、思緒萬千、捲土重來、輪迴等。反吟卦表示不好的情況居多，但也有最後結果為吉的。

例1、酉月甲辰日（旬空：寅卯），一人求測姐姐的病，得地風升
之巽為風。

玄武		官鬼酉金 ×	兄弟卯木
白虎		父母亥水 ×	子孫巳火
螣蛇	子孫午火	妻財丑土 〃世	
勾陳		官鬼酉金 /	
朱雀	兄弟寅木	父母亥水 /	
青龍		妻財丑土 〃應	

〔判斷〕以兄弟為用神。兄弟寅木不上卦，又臨空亡。被月剋
傷，日不幫扶，說明病情嚴重。外卦反吟，反覆發作。忌神
在六爻發動，六爻為手，也主頭。官鬼兄弟互化，主手腳有
問題。外卦多主手，反吟，主手來回擺動。也主心性無常，
腦子一會清楚，一會不清楚。官鬼在三爻，臨勾陳旺相。官
鬼為病，三爻為子宮，勾陳主腫瘤。所以，有子宮肌瘤。

〔回饋〕實際上，其姐姐得了轉化症，是屬歇斯底里症中的一
種，手來回擺動不停，同時又有子宮肌瘤。

例2、午月辛酉日（旬空：子丑），一人測牙疼何時好？得風山漸之地火明夷。

螣蛇		官鬼卯木 ○ 應	子孫酉金
勾陳	妻財子水	父母巳火 ○	妻財亥水
朱雀		兄弟未土 〃	
青龍		子孫申金 ／ 世	
玄武		父母午火 〃	
白虎		兄弟辰土 ×	官鬼卯木

〔**判斷**〕以世爻為用神。月上火來剋金，火主炎症，是上火引起的牙疼。五爻忌神臨勾陳來剋。勾陳主腫脹，說明牙床發腫。

外卦反吟，反覆之象。說明牙疼已經不是第一次了，常常發作。忌神合世而臨勾陳，合主纏綿，勾陳為舊，是老毛病。

癸亥日沖去忌神，一定好轉。

〔**回饋**〕隨後果然於壬戌日見好，癸亥日痊癒。

伏吟

　　所謂伏吟，是指爻在卦中發動，變出之爻與動爻相同。如乾變震，天風姤變雷風恆等。伏吟也多主不吉。

　　伏吟表示事物停滯不前、難受、呻吟、痛在深處、有苦說不出、心理沉悶、鬱鬱寡歡、內部變動、內部移動、囉嗦、口吃、腹鳴、啼哭、悲傷、痛心、自言自語、說胡話、說夢話、自責、徘徊不前、原地踏步等。吉凶以用神衰旺為主。伏吟只是附和用神而斷。

例1、未月丙辰日（旬空：子丑），一男子測辦理採煤證，得澤雷隨之火天大有。

青龍		妻財未土 × 應	子孫巳火
玄武		官鬼酉金 ○	妻財未土
白虎	子孫午火	父母亥水 ／	
螣蛇		妻財辰土 × 世	妻財辰土
勾陳		兄弟寅木 ×	兄弟寅木
朱雀		父母子水 ／	

〔判斷〕辦理採煤證以父母為用神。父母子水在初爻空亡，又被日月剋傷。初爻為開始，被剋無根。說明一開始就受到阻

力。世爻為父母墓庫，動而收藏用神，表示想得到採煤證。但是內卦伏吟，表示事情被拖延。遲遲不能見到結果，心裡很是煩惱。

應動剋父母。應為辦證的地方，對方以各種藉口不給辦理。五爻官鬼酉金動，來生父母，五爻為官、為領導的爻位。表示有個長官答應給辦理。但生父母爻的同時，又合世爻的財。此人目的在於想要卦主的錢。

子水空亡，忌神在日月以及卦裡共有六重，屬於弱極。要子月出空被剋才有可能拿到。

〔回饋〕後來，一直沒有見到此人，所以沒有回饋。但當時的情況判斷和實際一樣，遞交手續已經一個多月了，就是遲遲不給辦理。有個長官，拿了他許多錢，答應辦理，但一直沒有進展。

例2、酉月壬子日（旬空：寅卯），一女子預測工作，得風雷益之
地天泰。

白虎		兄弟卯木 ○ 應	官鬼酉金
騰蛇		子孫巳火 ○	父母亥水
勾陳		妻財未土 〃	
朱雀	官鬼酉金	妻財辰土 × 世	妻財辰土
青龍		兄弟寅木 ×	兄弟寅木
玄武		父母子水 ╱	

〔判斷〕以官鬼為用神。官鬼酉金不上卦，伏藏在世爻辰土之
下。得月比扶，為旺相本為吉。但是內卦伏吟，外卦反吟，
說明工作並不順利。伏吟主因工作心裡非常苦惱，心情不愉
快。反吟主工作不穩定來回變動。

〔回饋〕實際上，此女剛找到工作沒有做幾天，就被迫辭掉了。
於是又繼續找新的工作，但遲遲不能落實。

18

遊魂卦和歸魂卦

遊魂卦

遊魂卦，是指每宮的第七卦。六十四卦中，遊魂卦有，火地晉、水天需、澤風大過、山雷頤、地火明夷、天水訟、風澤中孚、雷山小過、共八個卦。

遊魂卦在預測中，是不能主事情成敗吉凶的，而是附和於用神，用來提取信息，更加細化判斷的。如果用得巧妙，可以使預測達到一定的深度，往往出現驚人的斷語。

遊魂卦，根據所測的事情不同，其意思也有所變化。多主不穩定、心緒不寧、精神狀態不佳、發呆、魂不守舍、昏迷、邊緣、分離、外出、遠去、心不在焉、樂不思蜀、留戀忘返、東遊西轉、興趣轉移、見異思遷、常不回家、逃跑、不服管教、移情別戀、膽小、迷戀、記憶力減退、如醉如癡、身在曹營心在漢、猶豫不決、向外發展等含義。

例1、午月丙辰日（旬空：子丑），一女子測，在其表哥處投標工程，從中得利否？得風澤中孚之山澤損。

青龍		官鬼卯木 ／	
玄武	妻財子水	父母巳火 ○	妻財子水
白虎		兄弟未土 〃世	
螣蛇	子孫申金	兄弟丑土 〃	
勾陳		官鬼卯木 ／	
朱雀		父母巳火 ／ 應	

〔判斷〕投標工程看父母。得利看財爻。妻財子水不上卦，空而月破，又入墓於日，見不到財的影子。父母巳火發動，動而化空化月破，也是得不到工程的信息。遊魂卦主外，表哥的工程不想承包給家裡人和親戚朋友。

〔回饋〕果然沒有標到工程，而是給了外人。

例2、午月乙丑日（旬空：戌亥），公司一退休人員得病了。聽聞此事，我測其吉凶如何？得巽為風之澤風大過。

玄武	兄弟卯木 ○ 世	妻財未土
白虎	子孫巳火 ╱	
螣蛇	妻財未土 ×	父母亥水
勾陳	官鬼酉金 ╱ 應	
朱雀	父母亥水 ╱	
青龍	妻財丑土 ╱╱	

〔**判斷**〕因為關係疏遠，以應爻為用神。應得月剋日生，生剋力量平衡。用神入墓於日，為住院的信息。應臨三爻在巽宮。三爻為肝膽。巽也主肝膽。是肝膽方面的疾病。用臨勾陳，勾陳主腫脹，綜合分析是肝腫大。

因為已經病了很長時間。所以按久病看。久病六沖不吉。外卦亥卯未三合成局，又來沖用神也不吉。變卦為游魂卦，病人精神狀態已經不行了。用神值酉金，防酉月見凶。

〔**回饋**〕果然因肝腫大死於酉月癸丑日。

歸魂卦

歸魂卦，是指每宮的第八卦，即最後一卦。六十四卦中歸魂卦有火天大有、水地比、澤雷隨、山風蠱、地水師、天火同人、風山漸、雷澤歸妹，共八卦。

歸魂卦與遊魂卦性質相反。但應用上與遊魂卦一樣，主要是用來提取意思。無論是主卦，還是變卦，都可以用來提取含義。需要根據預測內容的不同，靈活多變。

歸魂卦有回歸、回家、思念、想家、不願意出門、閉門在家、行走不遠、回心轉意、恢復正常、高漲、回落、吸引力、向心力、收斂、總結、返回、懶惰、保守、收縮、本性等含義。

例1、申月庚申日（旬空：子丑），某人求測到外地做生意如何？
　　　得地水師之地天泰。

螣蛇	父母酉金 〃 應	
勾陳	兄弟亥水 〃	
朱雀	官鬼丑土 〃	
青龍	妻財午火 × 世	官鬼辰土
玄武	官鬼辰土 〃	
白虎	子孫寅木 ×	兄弟子水

〔**判斷**〕以妻財為用神。妻財午火持世，但不得日月生扶，為
　　　休囚。更不吉者，元神子孫月破日破，又化空亡，無力生用
　　　神。說明運氣不好，外出必然無財可得。主卦歸魂卦，主
　　　內。所以好出門不如歹在家，還是在家好。

〔**回饋**〕此人本來做生意就連續賠錢，於是想外出發展。結果外
　　　出，不但沒有得財，反而又破財不少。

**例2、酉月庚寅日（旬空：午未），某女測兒子何時恢復精神？得
雷澤歸妹之震為雷。**

螣蛇　　　　　　父母戌土 〃 應
勾陳　　　　　　兄弟申金 〃
朱雀　子孫亥水　官鬼午火 〃
青龍　　　　　　父母丑土 〃 世
玄武　　　　　　妻財卯木 ○　　　　妻財寅木
白虎　　　　　　官鬼巳火 〃

〔**判斷**〕以子孫為用神。子孫亥水不上卦，伏在四爻官鬼午火之
下。月生日不剋，為旺相。子孫伏在官鬼之下，說明孩子長
期受疾病困擾。日辰合住用神，日合為絆住，為不動之象。
說明孩子不想動，用神伏藏也是躺下不動之意。歸魂卦，待
在家裡不外出。

二爻卯木發動，為子孫死地。子孫臨朱雀主講話。二爻為
宅，死在宅爻。表示孩子在家裡不多說話，沉默寡言。好在
飛神空亡，壓不住用神。經過治療一定有改觀。

〔**回饋**〕實際情況一切如卦所斷，最後結果沒有回饋。

19

──────爻位的作用──────

爻位在六爻預測中，起著非常重要的作用。從前面列舉的卦例中，大家一定已經感覺出來了，它是判斷事物性質、原因、方位、部位等的依據之一。六爻預測學，之所以有別於其他預測學，就是因為這種預測學，給每個爻位賦予了特定的含義。使它成為獨特的、以爻位提取信息的唯一預測學。

爻位用於測病，就會把爻位，當成一個人體一樣，去"掃描"它。依據爻位，結合五行、六親、六神等判斷疾病。如果是預測人的長相、外觀，也可以仿照測病的方法。把卦當做一個人，從上到下加以分析判斷。

如果是判斷局部，又可以把六個爻位，當成一個人體的局部圖，等於把局部放大加以判斷。如果是判斷風水，又可以把卦的六個爻，看成是一個環境的分佈圖。這也是六爻預測學，為什麼可以判斷得很細的原因之一。在此把六爻預測中，應驗率較高的爻位含義歸納如下：

初爻具有的含義：

人物：民眾、市民、小學生、孩子、奴隸、老百姓、職員、雇員、部下、科員等。

人體：腳、香港腳（腳氣）、腳後跟、腳脖子、腳趾等。

場所：農村、鄉下、幼稚園、水井、地基、溝渠、河流、橋、鄰居等。

服飾：鞋、襪子等。

二爻具有的含義：

人物：科長、股長、處長、公務員、夫妻、胎兒等。

人體：腿、膝、肛門、肝膽、生殖器、膀胱、大腸、直腸、子宮等。

場所：鄉鎮、社區、家、房子、廚房、院子、房間、娘家等。

服飾：褲子、護膝、褲襠等。

三爻具有的含義：

人物：處長、副廳長、主任、廠長、中學生、兄弟、姐妹等。

人體：腰、肚臍、腹部、臀部、脾胃、肝膽、腎、膀胱、子宮等。

場所：市政府、城市、門、床、臥室、玄關等。

服飾：內褲、褲叉、裙子、腰裙、圍裙等。

四爻具有的含義：

人物：市長、廳長、處長、助理、人事領導、高中生、母親、
叔叔、嬸嬸、舅舅等。

人體：胸、背、乳房、心口、心臟、脾胃、肺等。

場所：大門、窗戶、廁所、浴室、大城市、省政府、高校等。

服飾：上衣、內衣、服裝、胸飾等。

五爻具有的含義：

人物：首相、主席、總理、領導、經理、上司、家長、帝王、
人口等。

人體：五官、脖子、臂、胸、背、手、肺、咽喉、心臟、氣
管、食道、胸腔等。

場所：道路、首都、一流大學、中心、旅店等。

服飾：外衣、胸罩、圍巾、眼鏡、口罩、項飾等。

六爻具有的含義：

人物：退休人員、老人、祖先、神、佛、天使等。

人體：頭、頭髮、面部、臉頰、兩鬢、手、大腦、腦神經、頭骨、肩膀等。

場所：國外、邊境、邊疆、遠方、宗廟、祠堂、棟樑、牆垣、屋頂、鄰居，祖墳等。

服飾：頭巾、帽子、蓋頭、頭飾、髮飾等。

　　爻位的意思還有很多。對於初學者來說，能靈活應用以上的爻位就足夠了。雖然在此講述了爻位的用法，但有一點必需記住，六爻預測，是圍繞用神來判斷的。千萬不可以捨棄用神，而只用爻位來判斷。如果是那樣，預測就會抓不住要點，偏離正道了。爻位在預測疾病，和風水方面用的非常廣，必須熟悉才行。

例1、戊月戊戌日（旬空：辰巳），某女測父親久病如何？得地雷
復之山地剝。

朱雀		子孫酉金 ×		官鬼寅木
青龍		妻財亥水 〃		
玄武		兄弟丑土 〃 應		
白虎		兄弟辰土 〃		
螣蛇	父母巳火	官鬼寅木 〃		
勾陳		妻財子水 ○ 世		兄弟未土

〔**判斷**〕以父母為用神。父母巳火不上卦，伏藏在二爻之下。用
神不得日月生扶。又入墓於日月。忌神發動剋用神。仇神發
動生忌神。用神空亡，沒有一點生機，久病怕空，不吉。

父母在二爻空亡被剋。二爻為腸子。臨螣蛇，螣蛇為彎曲之
象，也是腸子。入墓主不動堵塞。忌神臨勾陳來剋。勾陳又
為絆住，為腸梗塞。

今用神伏藏而空亡。伏藏應沖，空亡也應沖。次年丁亥當不
吉。

〔**回饋**〕果然於丁亥年子月而死。

例2、午月壬申日（旬空：戌亥），某公司經理打電話來問近日吉
　　凶？得地天泰之地山謙。

```
白虎              子孫酉金  〃 應
騰蛇              妻財亥水  〃
勾陳              兄弟丑土  〃
朱雀              兄弟辰土  ／ 世
青龍    父母巳火   官鬼寅木  ○         父母午火
玄武              妻財子水  ○         兄弟辰土
```

〔**判斷**〕以世爻為用神。世爻臨朱雀，官鬼動而剋世，朱雀主官
　　　司口舌，官剋世有官災，所以近日必有官非。

　　忌神動，化月建，必是月內之事。初爻子水動，而生官鬼，
　　初爻為部下之爻位，又為財，斷其不是因為部下，就是因為
　　經濟錢財之事，將有牢獄之災。

〔**回饋**〕他說因為部下練某功法而被抓。怕自己也受影響。酉
　　　時斷卦，戌時此人以及部下十多人，被警察抓去，涉嫌詐騙
　　　六億，成為當年山西特大新聞。

　　應當日者，日與初爻及變爻申子辰，三合局生官鬼，應戌時
　　者，世爻逢沖之時。

例3、亥月丙辰日（旬空：子丑），得山澤損之火澤睽。

青龍	官鬼寅木 ╱ 應	
玄武	妻財子水 ╱╱	
白虎	兄弟戌土 ×	子孫酉金
螣蛇　子孫申金	兄弟丑土 ╱╱ 世	
勾陳	官鬼卯木 ╱	
朱雀	父母巳火 ╱	

〔判斷〕此例是我到日本講學的時候，一個日本女子，求測風
　　　水的卦。預測風水，沒有特定的用神，以吉凶為主，所以
　　　世爻為第一用神，其次為妻財，官鬼，子孫等。妻財代表
　　　財運。官鬼代表官運。子孫代表子女等等。父母為房子，
　　　宜生合世爻。再根據爻位六神等判斷細節。

　　　先看吉凶。世爻得日比扶旺相。但臨空亡螣蛇。世爻空亡，
　　　心不安穩。螣蛇，又主坐臥不安。三爻為床，臨螣蛇主夢，
　　　睡覺不踏實。

　　　初爻元神月破。初爻為腳，月破主腳上破裂起皮。因為被水
　　　沖破。水主濕氣，所以，判斷是腳氣。兄弟發動在卦中，財
　　　空被剋。花錢快，存不主錢。

　　　看環境細節。父母主房子，父母巳火月破，從遠處看房子就

像有裂縫一樣。世爻代表自己居住的房間。三爻又是臥室，信息更強。火主光線。月破入墓於動爻戌土，生世爻力量小，說明光線不足。被水沖破，水主濕氣，說明房子有點潮濕。

應爻與二爻五行相同。二爻為宅，此為應飛入宅。表示房子不是自己的，是租來的。四爻戌土動合二爻，合為累加。二爻為房子，就是房子上加房子，這樣就是樓房的信息。宅爻逢合應衝開，父母入墓也應沖墓。所以，房子是在2000年修建的。因為2000年為庚辰，沖戌土。

五爻為道路，入墓在日辰。入墓表示堵塞，判斷附近的路很窄。子水臨玄武合世爻。世爻為住地，水為河流、溝渠，空表示不流水。所以，判斷附近有溝渠，但沒有水流。

〔回饋〕以上判斷一切正如實際情況。

㉔

應期

所謂應期，是指被預測事情吉凶發生的時間。應期分為兩類，一種為過去應期，一種為未來應期。比如預測婚姻，判斷求測者以前的結婚時間，或者是談戀愛時間，而預測疾病，判斷病人得病的時間，就為過去應期。判斷未來事情，將要發生的時間，就為未來應期。

　　準確地判斷出，事情發生的時間，可以幫助求測人，對預測樹立信心。同時也可以讓預測師，能夠核實卦的信息準確與否，更好地把握住卦的吉凶判斷。

　　應期是預測中的一個難點，不是100％的，但大部分有規律可尋。應期的遠近，要根據所測事情的不同靈活判斷。遠則以年、月判斷。近則以日、時判斷。

　　判斷應期常見的規律，可以歸納總結成以下幾種情況。但有的卦應期，同時符合幾種規律，如果是這樣，就更容易把握了。

1、用神安靜，以用神所臨地支，代表的年、月、日、時，為應期。或以沖用神所臨地支的時間，為應期。

例1、亥日乙亥日（旬空：申酉），一位老先生自測病，得風火家人變風山漸。

```
玄武            兄弟卯木  ／
白虎            子孫巳火  ／  應
螣蛇            妻財未土  〃
勾陳   官鬼酉金  父母亥水  ／
朱雀            妻財丑土  〃  世
青龍            兄弟卯木  ○        妻財辰土
```

〔判斷〕以世為用神。世爻不得日月生扶。忌神獨發，剋世為凶。獨發為用神死地，必死無疑。用神弱而安靜，最怕被沖。

〔回饋〕隨後死於癸未日，乃應靜而逢沖。

例2、午月乙丑日（旬空：戌亥），公司一退休人員得病了，聽聞
　　此事，我測其吉凶如何？得巽為風之澤風大過。

玄武	兄弟卯木 ○ 世	妻財未土
白虎	子孫巳火 ∕	
螣蛇	妻財未土 ×	父母亥水
勾陳	官鬼酉金 ∕ 應	
朱雀	父母亥水 ∕	
青龍	妻財丑土 ∥	

〔判斷〕因為關係疏遠，以應爻為用神。應得月剋日生，生剋力
　　量平衡。因為已經病了很長時間，所以，按久病看。久病六
　　沖不吉。外卦亥卯未，三合成局又來沖用神也不吉。用神值
　　酉金，防酉月見凶。

〔回饋〕隨後死於酉月，應了靜而逢值。

2、用神發動，以用神所臨地支，代表的年、月、日、時，為應期。或以合用神所臨地支的時間，為應期。

例1、辰月乙亥日（旬空：申酉），某男的朋友說是本日要來，測幾點來？得雷山小過變雷地豫。

玄武		父母戌土 〃
白虎		兄弟申金 〃
螣蛇	子孫亥水	官鬼午火 ／ 世
勾陳		兄弟申金 ○　　妻財卯木
朱雀	妻財卯木	官鬼午火 〃
青龍		父母辰土 〃 應

〔**判斷**〕以兄弟為用神。用神兩現，以發動之爻，兄弟申金為用。動而逢值、逢合。又因空亡應實空，申時到。

〔**回饋**〕果於申時到。

例2、亥月甲寅日（旬空：子丑），一婦女測兒子的婚姻會長久
　　嗎？得澤風大過之天風姤。

玄武		妻財未土 ×	妻財戌土
白虎		官鬼酉金 ╱	
螣蛇	子孫午火	父母亥水 ╱ 世	
勾陳		官鬼酉金 ╱	
朱雀	兄弟寅木	父母亥水 ╱	
青龍		妻財丑土 ╲╲ 應	

〔**判斷**〕以妻財為用神。妻財卦中兩現，以發動之爻為用神。用
　　神發動，我判斷她兒子是在壬午年結婚的。

〔**回饋**〕果然應驗。此即應了動而逢合之年。

3、用神或忌神過旺，根據吉凶的情況，應期的判斷也不一樣。用神過旺，斷其吉。一般以用神入墓為應期。斷其凶，一般以生用神的時間為應期。忌神過旺時則相反。忌神入墓或受剋時為凶。受生時反而為吉。

例1、卯月乙卯日（旬空：子丑），某女測父病，得水天需變地雷復。

玄武		妻財子水 〃	
白虎		兄弟戌土 ○	妻財亥水
螣蛇		子孫申金 〃世	
勾陳		兄弟辰土 ○	兄弟辰土
朱雀	父母巳火	官鬼寅木 ○	官鬼寅木
青龍		妻財子水 〃 應	

〔判斷〕以父母為用神。卦中日月生用神。飛神又動來生用神。用神有生無剋。用神太旺。

〔回饋〕後於丁卯日而死，乃用神過旺，逢生而凶。

例2、申月己卯日（旬空：申酉），一人測壽命，得山澤損變地雷
　　復。

勾陳		官鬼寅木 ○ 應	子孫酉金
朱雀		妻財子水 〃	
青龍		兄弟戌土 〃	
玄武	子孫申金	兄弟丑土 〃 世	
白虎		官鬼卯木 ○	官鬼寅木
螣蛇		父母巳火 〃	

〔**判斷**〕以世爻為用神。世爻不得月生，被日剋傷，卦中又有兩
　　　　重木動而剋世。忌神重重，防忌神入墓之年。

〔**回饋**〕子年測，隨後死於未年。

4、元神發動，有時以元神所臨地支為應期，或合元神地支的時間
　　為應期。元神月破、空亡，則實空、實破，沖空，合破之時為
　　應期。

例1、戌月壬寅日（旬空：辰巳），測郵寄的書何時到？得坎為水
　　變兌為澤。

```
白虎          兄弟子水 〃 世
螣蛇          官鬼戌土 ／
勾陳          父母申金 ×           兄弟亥水
朱雀          妻財午火 〃 應
青龍          官鬼辰土 ／
玄武          子孫寅木 ×           妻財巳火
```

〔**判斷**〕以父母為用神。用神得月生扶為旺。但元神官鬼辰土月
　　破、空亡，甲辰日出空、實破，甲辰日可到，

〔**回饋**〕果於甲辰日到。

例2、子月壬辰日（旬空：午未），一人牙疼，測什麼時候好？得
　　火地晉之火澤睽。

白虎	官鬼巳火 〆	
騰蛇	父母未土 〃	
勾陳	兄弟酉金 〆 世	
朱雀	妻財卯木 〃	
青龍	官鬼巳火 ×	妻財卯木
玄武 子孫子水	父母未土 × 應	官鬼巳火

〔判斷〕以世爻為用神。世爻得日生扶為旺相。雖然卦裡忌神官
　　鬼發動來剋，但元神父母未土也發動，成連續相生無妨。只
　　是元神空亡，必待出空才能好了。

〔回饋〕隨後果然於乙未日好了。

5、忌神發動，如果應凶，則以忌神所臨地支，為應期。或合忌神
地支的時間，為應期。如果應吉，則以合忌神的時間，為應
期。或者沖去忌神的時間，為應期。個別也有忌神入墓的時
候，為應期。

例1、巳月辛巳日（旬空：申酉），一人測父病。得水風井變地風
升卦。

騰蛇　　　　　　父母子水 〃
勾陳　　　　　　妻財戌土 ○ 世　　　父母亥水
朱雀　子孫午火　官鬼申金 〃
青龍　　　　　　官鬼酉金 〃
玄武　兄弟寅木　父母亥水 〃 應
白虎　　　　　　妻財丑土 〃

〔判斷〕以父母為用神。用神月破日破，元神又空，忌神發動不
吉。

〔回饋〕隨後死於戌日，乃應忌神所值之日。

例2、酉月庚子日（旬空：辰巳），文書何時發出？得天水訟之火
澤睽。

騰蛇		子孫戌土 〳	
勾陳		妻財申金 ○	子孫未土
朱雀		兄弟午火 〳 世	
青龍	官鬼亥水	兄弟午火 〃	
玄武		子孫辰土 〳	
白虎		父母寅木 × 應	兄弟巳火

〔判斷〕以父母為用神。父母寅木得日生扶。動而生世爻，文書
可得。只是動而化空，又有忌神申金動來克制，不能得。可
以以巳火出空，同時合住忌神申金，為應期。也可以以沖去
申金，為應期。寅木先到，所以，以寅日為應期。

〔回饋〕果然寅日得文書。

6、用神休囚，遇絕時，根據吉凶，應期不一樣。斷其吉，以用神長生時，為應期，或以元神所臨地支，為應期。斷其凶，以用神入墓、逢沖、受剋時，為應期，也有用神衰極，逢長生之時，為凶的。

例1、辰月乙酉日（旬空：午未），某女測夫何日回？得水天需變風天小畜。

玄武	妻財子水 ×	官鬼卯木
白虎	兄弟戌土 ╱	
螣蛇	子孫申金 ╱╱ 世	
勾陳	兄弟辰土 ╱	
朱雀 父母巳火	官鬼寅木 ╱	
青龍	妻財子水 ╱ 應	

〔**判斷**〕以官鬼為用神。官鬼不得月建生扶，被日剋傷為休囚。卦中雖有元神動而生之，但仍有些弱。亥日用神得長生，亥日可回。

〔**回饋**〕隨後於亥日亥時回。

例2、午月丁丑日（旬空：申酉），某男測妻子生孩子，得水火既
　　濟卦。

青龍		兄弟子水 〃 應
玄武		官鬼戌土 �*/*
白虎		父母申金 〃
螣蛇	妻財午火	兄弟亥水 / 世
勾陳		官鬼丑土 〃
朱雀		子孫卯木 /

〔**判斷**〕以子孫為用神。子孫卯木休囚。休囚逢長生，亥月生。

〔**回饋**〕隨後於亥月生一男孩。

7、用神入墓，或以沖墓之時為應期，或以沖用神之時為應期。

例1、酉月丁丑日（旬空：申酉），某女占單位同事病，得地天泰
　　變雷澤歸妹。

```
青龍            子孫酉金 〃 應
玄武            妻財亥水 〃
白虎            兄弟丑土 ×        父母午火
螣蛇            兄弟辰土 ○ 世      兄弟丑土
勾陳    父母巳火 官鬼寅木 ∕
朱雀            妻財子水 ∕
```

〔**判斷**〕以應爻為用神。用神子孫酉金入墓於日和動爻兄弟丑
　　土。

〔**回饋**〕後卒於次年卯月，應用神入墓逢沖之月，也應空而沖實
　　之月。

例2、申月戊辰日（戌亥），妻占夫近病，得天火同人變離為火。

朱雀	子孫戌土	╱ 應	
青龍	妻財申金	○	子孫未土
玄武	兄弟午火	╱	
白虎	官鬼亥水	╱ 世	
螣蛇	子孫丑土	╱╱	
勾陳	父母卯木	╱	

〔判斷〕以官鬼為用神。用神官鬼亥水入日墓。

〔回饋〕於巳日癒。乃應用神出墓逢沖之日。

8、用神逢合，或以沖用神時，為應期，或以沖合用神的地支，為應期。

例1、辰月辛酉日（旬空：子丑），一人測辦許可證，得天澤履變風澤中孚。

螣蛇		兄弟戌土 〳	
勾陳	妻財子水	子孫申金 〳 世	
朱雀		父母午火 ○	兄弟未土
青龍		兄弟丑土 〴	
玄武		官鬼卯木 〳 應	
白虎		父母巳火 〳	

〔判斷〕以父母為用神。父母動而與變爻作合。子、丑日衝開，可辦下來。但用神不旺。子日沖中帶剋，丑日方成。

〔回饋〕隨後於乙丑日辦下來。

9、元神動而逢合，則以沖元神時，為應期，或以沖合元神的地支，為應期。忌神逢合，則以沖忌神，或沖合忌神的地支，為應期。

例1、未月甲午日（旬空：辰巳），測孩子病，得天澤履變風澤中孚。

```
玄武              兄弟戌土  ╱
白虎   妻財子水   子孫申金  ╱  世
螣蛇              父母午火  ○           兄弟未土
勾陳              兄弟丑土  ╱╱
朱雀              官鬼卯木  ╱  應
青龍              父母巳火  ╱
```

〔**判斷**〕以子孫為用神。月生日剋衰旺相當。但不宜忌神獨發。今忌神動而化合，丑日沖開合神，用神入墓必危。

〔**回饋**〕隨後死於丑日。

10、用神、忌神、月破，則以合用神、忌神之時，為應期。或以
用神、忌神所臨地支，代表的年、月、日、時，為應期。或
以預測時的下個月，為應期。結果為凶的時候，個別也有
應，當月者。也有應，沖用神之時者。

例1、某裝潢公司徐先生測其斷指為哪年所斷?辰月癸巳日（旬
空：午未），得坎為水變風水渙。

白虎	兄弟子水 × 世	子孫卯木
螣蛇	官鬼戌土 /	
勾陳	父母申金 〃	
朱雀	妻財午火 〃 應	
青龍	官鬼辰土 /	
玄武	子孫寅木 〃	

〔判斷〕測傷災，以剋世爻者為用神。卦中官鬼戌土和辰土兩
現，又皆為靜爻。但戌土被月建沖破，故取月破之爻戌土為
用。甲戌年（一九九四年）為官鬼戌土，實破之年。定於甲
戌年斷的手指。

〔回饋〕果如所測。

例2、巳月己酉日（旬空：寅卯），某男測妻子生孩子。得澤地萃變澤山咸。

勾陳		父母未土　〃應	
朱雀		兄弟酉金　／	
青龍		子孫亥水　／	
玄武		兄弟申金　○ 世	妻財卯木
白虎	妻財卯木	官鬼午火　〃	
螣蛇		父母辰土　〃	

〔**判斷**〕以子孫為用神。子孫月破，亥月實破，亥月生。

〔**回饋**〕隨後於亥月生一男孩。

例3、午月乙酉日（旬空：午未），從日本寄的書何日到？得天雷
無妄。

玄武	妻財戌土 ╱	
白虎	官鬼申金 ╱	
螣蛇	子孫午火 ╱	世
勾陳	妻財辰土 ╱╱	
朱雀	兄弟寅木 ╱╱	
青龍	父母子水 ╱	應

〔**判斷**〕以父母為用神。父母子水得日生扶為旺。沖剋世爻，乃
物來就我之象。今用神月破，世爻又空。斷必在甲午旬中的
庚子日或辛丑日到。

〔**回饋**〕果於辛丑日到，應合破。

11、用神、忌神、元神空亡，則以其所臨地支代表的年、月、
　　日、時為應期，或以沖空亡的地支為應期。

例1、辰月己丑日（旬空：午未），某男測子久病吉凶。得雷風恆
　　變雷山小過。

勾陳		妻財戌土	〃 應	
朱雀		官鬼申金	〃	
青龍		子孫午火	〆	
玄武		官鬼酉金	〆 世	
白虎	兄弟寅木	父母亥水	○	子孫午火
螣蛇		妻財丑土	〃	

〔**判斷**〕以子孫為用神。用神不得日月生扶。忌神亥水獨發不
　　吉。用神空亡。兒子是久病，久病逢空則死。又午在避空之
　　地，不受亥水之剋。午月出空，必然受剋為凶。

〔**回饋**〕隨後果死於午月。

例2、申月戊辰日（旬空：戌亥），某女預測丈夫近病，得天火同
人之離為火。

朱雀	子孫戌土	╱ 應	
青龍	妻財申金	○	子孫未土
玄武	兄弟午火	╱	
白虎	官鬼亥水	╱ 世	
螣蛇	子孫丑土	╱╱	
勾陳	父母卯木	╱	

〔判斷〕以官鬼為用神。用神得月生日剋，吉凶難定。卦裡又有
元神發動，生多剋少吉凶就很明顯了。今用神空，又入墓於
日。空可以應沖，也可以應實空。入墓應沖出，元神獨發可
以應獨發逢合。三者皆應巳日。所以第二天一定好。

〔回饋〕果然在第二天好了。

12、 用神動化回頭剋。但卦中顯示吉時，以忌神被剋之時，為應期。或沖去忌神之時，或合住忌神之時，為應期。

例1、寅月壬申日（旬空：戌亥），測近日財運如何？得山火賁變山雷頤。

白虎		官鬼寅木 ╱	
螣蛇		妻財子水 ╱╱	
勾陳		兄弟戌土 ╱╱ 應	
朱雀	子孫申金	妻財亥水 ○	兄弟辰土
青龍	父母午火	兄弟丑土 ╱╱	
玄武		官鬼卯木 ╱ 世	

〔判斷〕以妻財為用神。卦中妻財兩現，以發動之爻妻財亥水，為用神。用神得月合旺，又得日生扶。動而生世，乃是近日得財之象。但用神動而入墓於變爻，又動化回頭剋。次日變爻被合，不剋用神。巳時用神從墓庫中沖出，有財可進。戌日沖去變爻也有財可進。

〔回饋〕隨後果於次日巳時，和戌日巳時，分別進財。

例2、丑月甲戌日（旬空：申酉），測哪天有雨？得震為雷之雷地豫。

玄武	妻財戌土 〃 世	
白虎	官鬼申金 〃	
螣蛇	子孫午火 ／	
勾陳	妻財辰土 〃 應	
朱雀	兄弟寅木 〃	
青龍	父母子水 ○	妻財未土

〔**判斷**〕以父母為用神。父母子水發動，近日必然要下雨。但是化出未土，回頭剋，待丑日沖去變爻，就會下雨。

〔**回饋**〕果然應驗。

例3、子月丙寅日（旬空：戌亥），預測哪天下雪？得澤山咸之澤
火革。

青龍		父母未土 〃 應	
玄武		兄弟酉金 /	
白虎		子孫亥水 /	
螣蛇		兄弟申金 / 世	
勾陳	妻財卯木	官鬼午火 〃	
朱雀		父母辰土 ×	妻財卯木

〔**判斷**〕以父母為用神。父母辰土發動，近日一定下雪。但父母
動，化回頭剋，必待酉日沖去卯木，才會下雪。

〔**回饋**〕結果酉日沒有下雪，到丙戌日才下。應了合住變爻。

13、用神、忌神發動化進神，以化進神的動爻所臨地支，為應
期。或以合化進神所臨地支的時間，為應期。如果有一地支
相合，則以衝開，為應期。空亡，則以實空，沖空，為應
期。月破，則以合破、實破，為應期。

例1、丑月癸卯日（旬空：辰巳），一人測妻子病，得地澤臨變地
天泰。

白虎　　　　　子孫酉金　〃
螣蛇　　　　　妻財亥水　〃應
勾陳　　　　　兄弟丑土　〃
朱雀　　　　　兄弟丑土　×　　　　兄弟辰土
青龍　　　　　官鬼卯木　／世
玄武　　　　　父母巳火　／

〔判斷〕以妻財為用神。此卦用神被月剋傷。忌神動而化進，用
神有剋無生，為不吉。但進神空亡，次日出空，必凶。

〔回饋〕後妻於甲辰日而亡，同時也應用神入墓。

例2、丑月戊子日（旬空：午未），某男測夢見自己身上有一身血，於是下河洗掉。問吉凶如何？得風雷益之風澤中孚。

朱雀		兄弟卯木	ノ	應	
青龍		子孫巳火	ノ		
玄武		妻財未土	〃		
白虎	官鬼酉金	妻財辰土	〃	世	
螣蛇		兄弟寅木	×		兄弟卯木
勾陳		父母子水	ノ		

〔**判斷**〕以世爻為用神。忌神兄弟發動，化進神，剋世爻之財。世爻與財爻同時被剋，破財而傷身。

〔**回饋**〕結果在寅月，有強盜入室搶走財物，自己也被木棍打傷，應了動爻所值。

14、用神、忌神化退，則以退神即變爻所臨地支，為應期，或以
沖變爻的地支，為應期，或以合動爻的地支，為應期。遇
空、遇破，仿照進神的應期法則。

例1、寅月乙亥日（旬空：申酉），某男因岳母臥病拖累五年，很
是苦惱，測岳母何時解脫。得天水訟變澤水困。

玄武		子孫戌土 ○		子孫未土
白虎		妻財申金 ╱		
螣蛇		兄弟午火 ╱ 世		
勾陳	官鬼亥水	兄弟午火 ╲╲		
朱雀		子孫辰土 ╱		
青龍		父母寅木 ╲╲ 應		

〔判斷〕以父母為用神。但此人為此事苦惱。卦中子孫獨發。
子孫為解憂之神，卻動而化退。卯月合住戌土不退，喜上心
頭。我斷其岳母卯月將沒。

〔回饋〕果然應驗。

例2、戌月癸未日（申酉），某男自占久病，得乾為天變澤天夬。

白虎	父母戌土 ○ 世	父母未土
螣蛇	兄弟申金 〃	
勾陳	官鬼午火 〃	
朱雀	父母辰土 〃 應	
青龍	妻財寅木 〃	
玄武	子孫子水 〃	

〔**判斷**〕測自己的病，以世爻為用神。此卦用神世爻動而化退。

〔**回饋**〕此人後死於丑月乃應沖退神之月。

例3、午月丁未日（旬空：寅卯），測弟弟被訴訟吉凶如何？得澤
水困之雷風。

青龍	父母未土 〃	
玄武	兄弟酉金 ○	兄弟申金
白虎	子孫亥水 〃 應	
螣蛇	官鬼午火 ×	兄弟酉金
勾陳	父母辰土 〃	
朱雀	妻財寅木 〃 世	

〔判斷〕以兄弟為用神。月剋日生，吉凶難定。但官鬼午火又
動來剋用神，剋多生少必然不好。用神動化退神，防申年不
利。

〔回饋〕果然在本年入獄，申年被處決。應了退神變爻。

15、用神伏藏，則以用神所臨地支，為應期。或以沖伏神的時間，為應期。或以沖飛神的時間，為應期。

例1、辰月乙酉日（旬空：午未），一女子測夫出走何日回？得火山旅變艮為山。

玄武		兄弟巳火 ／	
白虎		子孫未土 〃	
螣蛇		妻財酉金 ○ 應	子孫戌土
勾陳	官鬼亥水	妻財申金 ／	
朱雀		兄弟午火 〃	
青龍	父母卯木	子孫辰土 〃 世	

〔**判斷**〕以官鬼為用神。官鬼亥水伏藏在三爻妻財申金之下，伏藏應出現。

〔**回饋**〕隨後於亥日亥時回。

例2、辰月丁巳日（旬空：子丑），測下人逃走？得水山蹇。

青龍		子孫子水 〃
玄武		父母戌土 ／
白虎		兄弟申金 〃 世
螣蛇		兄弟申金 ／
勾陳	妻財卯木	官鬼午火 〃
朱雀		父母辰土 〃 應

〔判斷〕以妻財為用神。妻財卯木不上卦，伏在官鬼午火之下。世爻得月生扶旺相剋用神，必然可以抓住。但因為飛神午火剋制世爻。所以需待子日，沖去飛神午火，用神露出而可以抓住。

〔回饋〕果然在子日得他人舉報，在甲子日申時抓住。

16、卦中只有一個動爻時，稱之為獨發，一爻獨發，有時候以獨發之爻所臨的地支，為應期，或以合獨發之爻的時間為應期。

例1、辰月甲午日（旬空：辰巳），測開煤窯，得風火家人變風雷益。

玄武		兄弟卯木	╱	
白虎		子孫巳火	╱ 應	
螣蛇		妻財未土	╱╱	
勾陳	官鬼酉金	父母亥水	○	妻財辰土
朱雀		妻財丑土	╱╱ 世	
青龍		兄弟卯木	╱	

〔**判斷**〕以妻財為用神，用神旺相可以挖出煤來。

〔**回饋**〕隨後於亥年辰月挖出，應獨發。

例2、午月癸丑日（旬空：寅卯），一人測妻子近病。得澤地萃之水地比。

白虎	父母未土 〃		
螣蛇	兄弟酉金 〆 應		
勾陳	子孫亥水 ○		兄弟申金
朱雀	妻財卯木 〃		
青龍	官鬼巳火 〃 世		
玄武	父母未土 〃		

〔**判斷**〕以妻財為用神。用神不得日月生扶，本為休囚。但子孫亥水獨發，生用神。獨發，逢生得生，又用神空亡，近病為吉。一般情況應卯日出空。但此卦亥水獨發，次日寅日與獨發爻相合。又已經進入下一旬，所以次日就可以好。

〔**回饋**〕果然在第二天好了。

17、卦中有五個動爻，只有一個靜爻時，稱之為獨靜。有時候以獨靜的爻，為應期。但應驗率不高。

例1、寅月庚戌日（旬空：寅卯），占女兒病，得火水未濟變水山蹇。

螣蛇		兄弟巳火 ○ 應	官鬼子水
勾陳		子孫未土 ×	子孫戌土
朱雀		妻財酉金 ○	妻財申金
青龍	官鬼亥水	兄弟午火 × 世	妻財申金
玄武		子孫辰土 ○	兄弟午火
白虎		父母寅木 〃	

〔**判斷**〕此乃獨靜之卦，寅木獨靜。

〔**回饋**〕其女兒於寅日癒，而應獨靜。

18、忌神持世發動，化出與用神相同六親時，多以世爻的變爻為
應期。

例1、辰月癸酉日（旬空：戌亥），某人測向工作單位要住房，可
得否？得風雷益變天火同人。

白虎		兄弟卯木 ╱ 應	
螣蛇		子孫巳火 ╱	
勾陳		妻財未土 ×	子孫午火
朱雀	官鬼酉金	妻財辰土 × 世	父母亥水
青龍		兄弟寅木 〃	
玄武		父母子水 ╱	

〔**判斷**〕以父母為用神。父母得日生扶，為旺相。世爻為問卦
人，動而化出父母爻。乃是本人與房子相見之象，亥月可
得。

〔**回饋**〕隨後得於亥月。

例2、巳月丙申日（旬空：辰巳），測近期財運。得火水未濟之火
　　風鼎。

青龍		兄弟巳火　╱　應
玄武		子孫未土　〃
白虎		妻財酉金　╱
螣蛇	官鬼亥水	兄弟午火　╳　世　　　妻財酉金
勾陳		子孫辰土　╱
朱雀		父母寅木　〃

〔判斷〕以妻財為用神。此卦忌神兄弟持世動，而化出妻財酉
　　金。

〔回饋〕於酉日得財。

例3、申月戊午日（旬空：子丑），測何日可見到父親，得風雷益卦變風火家人卦。

朱雀		兄弟卯木 ╱ 應
青龍		子孫巳火 ╱
玄武		妻財未土 ╱╱
白虎	官鬼酉金	妻財辰土 × 世　　父母亥水
螣蛇		兄弟寅木 ╱╱
勾陳		父母子水 ╱

〔**判斷**〕以父母為用神。　此卦忌神妻財持世，動而化出父母，亥日見到父親。

〔**回饋**〕果如所測。

19、用神發動化空、化破時，多以變爻，為應期。

例1、卯月戊子日（旬空：午未），某保險公司職員測近期財運。
　　得地雷復變坤為地卦。

朱雀　　　　　　子孫酉金　〃
青龍　　　　　　妻財亥水　〃
玄武　　　　　　兄弟丑土　〃　應
白虎　　　　　　兄弟辰土　〃
螣蛇　父母巳火　官鬼寅木　〃
勾陳　　　　　　妻財子水　○　世　　　兄弟未土

〔**判斷**〕以妻財為用神。卦中妻財兩現，以發動之爻妻財子水
　　為用神。用神持世，得日辰比助，近日定有財可得。何日可
　　得？用神動而化空，出空可得。

〔**回饋**〕果於乙未日，談成一筆保險業務，得財六千元。

例2、寅月壬寅日（旬空：辰巳），某男肝硬化20餘年，測是不是
徹底好了？得山風蠱之山雷頤。

白虎		兄弟寅木 / 應	
螣蛇	子孫巳火	父母子水 〃	
勾陳		妻財戌土 〃	
朱雀		官鬼酉金 ○ 世	妻財辰土
青龍		父母亥水 ○	兄弟寅木
玄武		妻財丑土 ×	父母子水

〔判斷〕以世爻為用神。世爻不得日月生扶。絕於日月寅木。木
主肝，卦在巽宮主肝，世爻在三爻也為肝。20年已經是久
病，動而化空，久病逢空則死。戊寅年測，我判斷其庚辰年
出空，不吉。此人也懂預測，聽後不高興。反駁說世爻動而
化合，久病逢合則癒。說明肝病已經好了。

〔回饋〕結果在庚辰年還是去世了。

以上，只是簡單地歸納了一些，常見的應期法則而已。應期有
時候根據預測內容的不同，提取應期方法，也有所不同。比如預
測婚姻，有時候以父母爻，判斷應期。預測生孩子時，有時候以
子孫的胎、養之地，為應期。預測行人，用神靜而合日，則當日
回。用神入墓於日，也應當日回。總之，需要自己長期積累，細
心品味，才可以把握準確。

㉑

──── 預測天氣 ────

科學技術發展到今天，氣象臺預報天氣的變化，已經非常準確了。因此估計有人認為，再研究用六爻預測天氣，就沒有什麼意義了。其實不然，媒體上公佈的天氣預報，只是一個地區的大概天氣情況。而實際生活中，需要的天氣情況，往往是局部性的，或有時間段的。比如要提前半個月或者一個月，擬定開業典禮等，需要選擇一個風和日麗的天氣。這個時候，靠氣象局的天氣預報，就沒有辦法了，只有通過預測，來確定日子。

其實，通過學習預測天氣，可以幫助提高六爻預測的水準。體會六爻預測的微妙變化，幫助我們把握應期等。對於初學的人來說，用六爻預測天氣，是在短時間內提高預測水準的，最佳方法之一。因為一般的事情預測之後，想要得到結果與回饋，需要幾天，幾個月，甚至幾年。而六爻預測，需要大量的反覆驗證才能掌握，所以單靠預測人事來應證，要達到相當水準可能就得好幾年。從古人以及我自身的經歷來看，每天用六爻預測天氣不失為一種掌握六爻預測學的快捷方式。

用六爻預測天氣，一般很少使用六神。主要是通過六親的意思，提取用神來進行判斷。有動爻，則以動爻為中心判斷。沒有動爻則以世爻或旺相之爻進行判斷，所以比較適合初學者入門，但預測深入後，也可以加上六神進行判斷。

　　預測天氣。因天下廣大，每時每刻陰晴都不一。所以搖卦時需要用意識指定，預測某一個地方的天氣，或某天某地的天氣，才會準確。

父母爻

　　根據季節的不同，父母爻有雨、雪、冰雹等意思。根據衰旺的不同有雨、陰的意思。

◎父母爻發動，或成三合局，是要下雨的信息。父母爻旺相，雨大，休囚，雨小。父母爻化進神，雨漸漸變大。化退神，雨漸漸變小。父母爻休囚空破，靜而被剋時，主無雨。

◎父母爻發動與日相合，沖開父母爻之時，有雨。若被其他動爻合住，沖開合父母爻之爻，或沖開父母爻時，有雨。

◎父母爻發動月破，可以根據月破的應期法則，決定下雨的時間。月破的地支如果和日相同，很可能當日就會有雨。

◎父母爻空亡伏藏，又被剋傷，乃是沒有雨的信息。如果是預測何時有雨，可根據伏神的應期法則判斷。

◎如果父母爻和月建的地支相同，動化進神，日又為父母長生之地時，可能會進入梅雨或陰雨連綿的季節。

子孫爻

子孫爻為日、月、星辰、預測天氣時主晴。

◎子孫爻發動，或成三合局，為天氣晴朗的信息。

◎子孫爻發動，化進神，天空萬里無雲。化退神，晴而不久。

◎父母發動，化子孫，是陰轉晴，雨後出彩虹，雲中日出的信息。須根據地區的天氣現象不同，和季節的不同，靈活判斷。

◎子孫爻發動，如果臨月破、空亡，可根據月破、空亡的應期法則判斷。

妻財爻

妻財主晴，但非大晴，有時有少量的雲。

◎父母休囚，妻財發動成三合局，主晴。

◎妻財發動化子孫，天空晴朗，沒有烏雲。

◎妻財發動化進神，主晴。發動化退神，主晴而不久，烏雲漸漸增多。

◎妻財發動化兄弟，晴轉多雲，或晴而有風。

◎妻財發動化官鬼，晴轉濃雲，或晴轉陰。

◎預測晴天，妻財發動一般為晴。但被日合，沖開妻財之時，轉晴。妻財伏藏，沖出妻財，或沖開飛神，或妻財出現之時，天晴。妻財逢空亡、月破，則實空、實破，沖空、合破時，天晴。

兄弟爻

兄弟主風，也主雲。

◎兄弟發動，或成三合局，為有風的信息。旺相風大，休囚風小。

◎兄弟發動化進神，風漸漸變大，雲漸漸增多。化退神，風漸漸變小。

◎兄弟爻在巽宮發動，旺相為颱風、強風。與父母爻同時發動，將有暴風雨出現。

官鬼爻

官鬼主雷電、霧、濃雲，須根據季節的不同，靈活加以判斷。

◎官鬼在震宮發動，多有雷出現。和父母爻同時發動，乃是雷雨交加。

◎官鬼爻獨發，根據季節的不同，有時候有雨，有時候只打雷不下雨，有時候為陰天的信息。

◎官鬼與妻財同時發動，乃是晴天變多雲，或轉陰的信息。

◎官鬼發動化父母，陰天轉雨，化子孫陰轉晴。

例1、午月丙辰日（旬空：子丑），2001年夏天的一天，我剛到
　　西藏的酒店下榻，一朋友就從北京打來電話，說晚上要舉辦
　　兒童音樂會。但北京正在下雨，擔心影響音樂會的舉辦。問
　　雨會不會停？我搖卦得火山旅變天風姤。

青龍		兄弟巳火 /	
玄武		子孫未土 ×	妻財申金
白虎		妻財酉金 / 應	
螣蛇	官鬼亥水	妻財申金 /	
勾陳		兄弟午火 ×	官鬼亥水
朱雀	父母卯木	子孫辰土 〃 世	

〔判斷〕以父母爻為用神。父母卯木，伏在初爻子孫辰土之下，
　　不得日月生扶，又入墓於子孫未土。父母伏藏，是雨不見的
　　信息。墓主收藏，入墓就主雨停。子孫代表晴天，子孫未土
　　旺相發動，也是將要天晴的信息。於是我立即告訴她，雨不
　　久就會停止。

〔回饋〕果然應驗。

例2、我的一位親戚不相信六爻預測。當時陰雨連綿十幾天了，我
　　　對他說六爻不但可以測人的事，還可以預測天氣。於是他問
　　　什麼時候天晴？於申月戊戌日（旬空：辰巳），我搖得天火
　　　同人變天雷無妄。

朱雀	子孫戌土 ╱ 應	
青龍	妻財申金 ╱	
玄武	兄弟午火 ╱	
白虎	官鬼亥水 ○ 世	子孫辰土
螣蛇	子孫丑土 ╱╱	
勾陳	父母卯木 ╱	

〔判斷〕卦中官鬼亥水獨發，以動爻看天氣的變化。官鬼主陰，
　　　　雖得月生，但被日剋。又動而化回頭剋，入墓於變爻。乃是
　　　　陰天將去，轉成晴天的信息。官鬼所臨亥水，對應於次日地
　　　　支。我斷次日辰時，太陽將出，天氣轉晴。

〔回饋〕果於次日辰時，雲中露出太陽，巳時大晴。亥水化子
　　　　孫，就表示亥日，天氣轉晴，辰時變爻出空，表示辰時開始
　　　　變化。

例3、戌月乙卯日（旬空：子丑），從上午十點開始下雨，測本日
　　　能晴否？得風澤中孚變乾為天。

玄武		官鬼卯木 /	
白虎	妻財子水	父母巳火 /	
螣蛇		兄弟未土 × 世	父母午火
勾陳	子孫申金	兄弟丑土 ×	兄弟辰土
朱雀		官鬼卯木 /	
青龍		父母巳火 / 應	

〔判斷〕看晴以子孫為用。卦中子孫不現，伏在三爻兄弟丑土之
　　　下，本日很難見到晴天。世爻發動，化出父母午火，與世爻
　　　相生合，合為纏綿久長。所以，不但本日不晴，還有可能連
　　　陰。

〔回饋〕後果連陰三日。至未日，天才轉晴。未日轉晴者，子孫
　　　飛神被沖出，伏藏得出之故。

例4、戌月庚戌日（旬空：寅卯），一日本人，跟隨我學習六爻預
測。當時天正在下雨，測雨何時停？得坤為地變天地否卦。

騰蛇	子孫酉金 × 世	兄弟戌土
勾陳	妻財亥水 ×	子孫申金
朱雀	兄弟丑土 ×	父母午火
青龍	官鬼卯木 〃 應	
玄武	父母巳火 〃	
白虎	兄弟未土 〃	

〔判斷〕看子孫和妻財的，變化與衰旺情況。子孫持世發動，化
日辰回頭生，當日即可雨停。妻財亥水動化回頭生。次日亥
日，與妻財所值地支相同。次日為晴天。六爻戌土回頭生子
孫。又戌時父母入墓。斷戌時雨停，次日大晴。

〔回饋〕果驗。

例5、戌月辛未日（旬空：戌亥），測當地次日天氣，得巽為風。

螣蛇	兄弟卯木	╱ 世
勾陳	子孫巳火	╱
朱雀	妻財未土	╱╱
青龍	官鬼酉金	╱ 應
玄武	父母亥水	╱
白虎	妻財丑土	╱╱

〔**判斷**〕有動爻時，看動爻六親所值。無動爻可再測，或看旺相之爻，以及世爻的情況。此卦沒有動爻，初爻妻財丑土暗動，以妻財丑土為判斷的焦點。妻財主晴，得日月比扶，第二天應為晴天。

〔**回饋**〕果如所測。

例6、戌月壬申日（旬空：戌亥），測當地次日天氣，得地火明夷
　　變地山謙。

白虎　　　　　　　父母酉金 〃
螣蛇　　　　　　　兄弟亥水 〃
勾陳　　　　　　　官鬼丑土 〃世
朱雀　　妻財午火　兄弟亥水 〡
青龍　　　　　　　官鬼丑土 〃
玄武　　　　　　　子孫卯木 ○ 應　　　官鬼辰土

〔判斷〕看卦中動靜判斷。子孫卯木獨發，化出官鬼辰土，子
　　孫主晴。官鬼主陰雲。但變爻月破，不會大陰。乃是晴轉多
　　雲，雲即消散之象。

〔回饋〕結果第二天為晴天。未時末申時初起雲，後又轉晴。

例7、我的日本學生到西藏旅遊，在拉薩預測，第二天的天氣情
　　　況。未月戊子日（旬空：午未），得澤雷隨之澤火革。

朱雀　　　　　　妻財未土 〃 應

青龍　　　　　　官鬼酉金 ╱

玄武　　子孫午火　父母亥水 ╱

白虎　　　　　　妻財辰土 × 世　　父母亥水

螣蛇　　　　　　兄弟寅木 〃

勾陳　　　　　　父母子水 ╱

〔判斷〕看卦裡動爻的變化。財爻發動，得月比扶，旺而主晴
　　　天。但是動化父母亥水。父母亥水得日比扶也旺。父母主
　　　雨，所以應該是，從晴天轉陰天，繼而下雨的組合。

〔回饋〕結果上午晴天，下午轉陰天。到酉時，開始下雨。戌時
　　　雨停。正應獨發逢合而下雨。

例8、我日本學生預測，當日橫濱天氣如何？子月丙子日（旬空：
申酉），得山風蠱之風地觀。

青龍		兄弟寅木 / 應	
玄武	子孫巳火	父母子水 ×	子孫巳火
白虎		妻財戌土 〃	
螣蛇		官鬼酉金 ○ 世	兄弟卯木
勾陳		父母亥水 ○	子孫巳火
朱雀		妻財丑土 〃	

〔判斷〕卦裡父母兩動，官動又生父母，父母主雨雪，根據季節
情況，判斷本日必然有雪。子孫臨火伏藏，火主溫度，被日
月剋傷，又被水剋，所以溫度一定下降。內卦反吟，主天氣
變化無常，不穩定。

〔回饋〕實際結果：早上天陰，氣溫下降，下雪了。到下午，雪
又變成了雨。

例9、我的日本學生預測,當日有雨否?申月辛未日(旬空:戌亥),得澤地萃之震為雷。

騰蛇　父母未土 〃
勾陳　兄弟酉金 ○ 應　　　兄弟申金
朱雀　子孫亥水 ╱
青龍　妻財卯木 〃
玄武　官鬼巳火 〃 世
白虎　父母未土 ×　　　　子孫子水

〔判斷〕卦裡父母臨日發動,當日必然有雨,兄弟酉金發動主風,化退,風由大變小。

〔回饋〕實際上,上午大風,下午變小,未時開始下雨,申時雨停。其後一直處於陰雲。未時下雨,正應父母臨未土。

22

── 預測比賽 ──

有許多人是體育迷，非常喜歡看體育比賽，也常常想在比賽前分析、推測一下比賽結果。比賽雖然靠的是實力。但有時候，也有許多情況是出人意料的。因此，學會了六爻預測，你就可以發揮長處，用六爻預測，體育比賽的情況。提前知道比賽的結果後，再懷著驗證的心情去看比賽，要比單純的看比賽，還要帶有樂趣和刺激性。

　　一般的比賽，是以雙方的成績，來決定勝負的。世爻代表我方或自己喜歡的一方。所以，以世應的衰旺，來進行判斷雙方的勝負。旺者為勝，弱者為敗。而六親在預測中，不是十分重要。不過這是一般的預測，到了高層次後，六親各有所主。比如官鬼代表名次，父母代表場地，子孫代表主力隊員，兄弟代表阻力，官鬼代表裁判，妻財、父母代表點數等。根據所比賽的內容不同，六親的含義也有所變化。

　　假如預測多人或多組比賽時，看自己要問的隊是否能夠獲勝，則不可以看世應的強弱，而是以官鬼，為用神判斷。旺則得名次，弱則榜上無名。預測雙方的比賽，世應一方也不能過旺。即生扶太多，太多者為剛。剛而易折，反為敗陣。所以，簡單的比賽預測，也可以提高自己，對五行衰旺的把握，提高預測水準。

例1、1997年午月辛巳日（旬空：申酉），我在六爻預測培訓班上課時，有一位學員問，當天晚上中國和塔吉克斯坦，將進行足球比賽。能否判斷一下是誰家勝利？得風地觀變艮為山。

螣蛇		妻財卯木 ╱	
勾陳	兄弟申金	官鬼巳火 ○	子孫子水
朱雀		父母未土 〃 世	
青龍		妻財卯木 ✕	兄弟申金
玄武		官鬼巳火 〃	
白虎	子孫子水	父母未土 〃 應	

〔判斷〕世爻為中國，應爻為塔吉克斯坦。此卦世應完全相同，所受的生剋力量也一樣，所以斷雙方戰平。

〔回饋〕最後以零比零戰平。

例2、1997年第四十四屆世界乒乓球錦標賽，在英國的曼徹斯特
　　舉行。在女子團體比賽時，辰月辛丑日（旬空：辰巳），我
　　測中國的鄧亞萍，對朝鮮的金仙姬，誰勝誰負？得火地晉。

螣蛇	官鬼巳火	〳
勾陳	父母未土	〳〳
朱雀	兄弟酉金	〳 世
青龍	妻財卯木	〳〳
玄武	官鬼巳火	〳〳
白虎 子孫子水	父母未土	〳〳 應

〔判斷〕以世爻為鄧亞萍，應爻為金仙姬。世爻酉金得日月生
　　　　扶，為旺相。而應爻父母未土，也得日月比扶，和世爻一樣
　　　　旺。應爻得日沖，為暗動，應動生世。乃是金仙姬自己有失
　　　　誤，給對方形成了可乘之機，以負告終。

　　　　也許有人會問，世爻得日月生扶，又得應爻暗動生之，不是
　　　　有些過旺嗎？此例巧在日又為世爻墓庫。書云“太過者以墓
　　　　庫收藏”。所以世爻不會過旺，旺的恰到好處。

〔回饋〕結果鄧亞平以二比零勝金仙姬。

例3、同日，辰月辛丑日（旬空：辰巳），中國的李菊和朝鮮的宗
真時對打，測誰勝誰負？得地澤臨變雷天大壯卦。

螣蛇	子孫酉金	〃		
勾陳	妻財亥水	〃 應		
朱雀	兄弟丑土	×	父母午火	
青龍	兄弟丑土	×	兄弟辰土	
玄武	官鬼卯木	／ 世		
白虎	父母巳火	／		

〔**判斷**〕以世爻為李菊，應爻為宗真時。世爻不得日月生扶，但
也不被日月所剋。而應爻亥水，被日月剋傷，又被卦中兩重
丑土克制，有剋無生。李菊必勝。

〔**回饋**〕最後李菊以二比零勝。

例4、辰月壬寅日（旬空：辰巳），孔令輝與法國的蓋廷進行乒乓
　　球比賽，測雙方勝負，得山風蠱。

白虎		兄弟寅木 ╱ 應
螣蛇	子孫巳火	父母子水 〃
勾陳		妻財戌土 〃
朱雀		官鬼酉金 ╱ 世
青龍		父母亥水 ╱
玄武		妻財丑土 〃

〔判斷〕以世爻為孔令輝，應爻為蓋廷。世爻得月生扶，應爻得
　　　日比扶，力量相當。但世爻為剋應爻之五行，世爻的力量稍
　　　比應爻旺些。

〔回饋〕最後孔令輝以二比一勝。

例5、辰月壬寅日（旬空：辰巳），劉國梁與法國的希拉進行乒乓
　　球比賽，測雙方勝負，得震為雷變水雷屯。

白虎	妻財戌土 〃 世	
騰蛇	官鬼申金 ×	妻財戌土
勾陳	子孫午火 ○	官鬼申金
朱雀	妻財辰土 〃 應	
青龍	兄弟寅木 〃	
玄武	父母子水 〃	

〔判斷〕以世爻為劉國梁，應爻為希拉。世應皆為土，但衰旺則
　　不一。世爻月破，又被日剋為休囚。而應爻雖然也被日剋，
　　但得月建比扶，應爻比世爻要旺些。所以希拉必勝。

〔回饋〕最後希拉以二比一勝。

例6、午月辛丑日（旬空：辰巳），義大利和奧地利進行足球比賽，測義大利可勝否？得雷天大壯。

螣蛇	兄弟戌土	〃
勾陳	子孫申金	〃
朱雀	父母午火	／ 世
青龍	兄弟辰土	／
玄武	官鬼寅木	／
白虎	妻財子水	／ 應

〔**判斷**〕以世爻為義大利，以應爻為奧地利。世爻得月比扶。應爻則被月沖破。雖有日合以解破，但合中帶剋。顯然應爻要弱於世爻，義大利必勝。

〔**回饋**〕最後義大利以二比一勝。

　　下面舉幾個不同的人，預測同一場比賽的例子：

例1、我的日本學員MO預測日本與土耳其的足球比賽，午月丁巳
　　　日（旬空：子丑），得地山謙變水雷屯。

青龍		兄弟酉金 〃	
玄武		子孫亥水 × 世	父母戌土
白虎		父母丑土 〃	
螣蛇		兄弟申金 ○	父母辰土
勾陳	妻財卯木	官鬼午火 〃 應	
朱雀		父母辰土 ×	子孫子水

〔**判斷**〕以世爻為日本，應爻為土耳其。世爻不得日月生扶，動
　　而化回頭剋。又被初爻父母辰土發動剋之。雖然有兄弟申金
　　動而生之，剋多生少，不吉。應爻得日月比扶，顯然比世爻
　　旺相，日本必輸。

〔**回饋**〕最後日本以零比一輸給土耳其。

例2、日本學員AN預測日本與土耳其的足球比賽,午月丁巳日
（旬空：子丑）,得地雷復變離為火。

青龍	子孫酉金 ×	父母巳火
玄武	妻財亥水 〃	
白虎	兄弟丑土 × 應	子孫酉金
螣蛇	兄弟辰土 ×	妻財亥水
勾陳　父母巳火	官鬼寅木 〃	
朱雀	妻財子水 〃 世	

〔判斷〕以世爻為日本,應爻為土耳其。世爻月破絕於日,又被
三爻辰土,和應爻丑土動而剋傷。雖有外卦三合金局來生,
乃如無根之木,生扶不起。而應爻得日月生扶,要旺於世爻
許多。

〔回饋〕最後結果同前。

例3、日本學員鐵男測日本和土耳其足球比賽，午月丁巳日（旬空：子丑），得水雷屯變水地比。

青龍	兄弟子水 〃	
玄武	官鬼戌土 〃 應	
白虎	父母申金 〃	
螣蛇 妻財午火	官鬼辰土 〃	
勾陳	子孫寅木 〃 世	
朱雀	兄弟子水 ○	官鬼未土

〔**判斷**〕以世爻為日本，以應爻為土耳其。世爻不得日月生扶。雖有元神發動生之，但元神月破，又動化回頭剋，無力生世爻。而應爻得日月生扶，又帝旺在動爻子水。日本必輸。

〔**回饋**〕最後結果見前。

例4、日本學員空色預測日本和土耳其足球比賽，午月丁巳日（旬空：子丑），得水山蹇。

青龍	子孫子水	〃
玄武	父母戌土	�*
白虎	兄弟申金	〃 世
螣蛇	兄弟申金	�*
勾陳　妻財卯木	官鬼午火	〃
朱雀	父母辰土	〃 應

〔判斷〕以世爻為日本，應爻為土耳其。世爻被日月剋傷，為休囚。而應爻得日月生扶，應爻遠遠旺於世爻。日本必輸。

〔回饋〕最後結果見前。

　　以上幾個卦例，預測的是同一場比賽。雖然卦不相同，卻從各個角度，反映出相同結果。

例7、戌月辛亥日（旬空：寅卯），一日本學員跟隨我學習預測。搖卦測在北京舉行的，馬拉松比賽中，日本的旭化成能獲勝否？得風澤中孚變水澤節。

騰蛇		官鬼卯木 ○	妻財子水
勾陳	妻財子水	父母巳火 ╱	
朱雀		兄弟未土 ╱╱ 世	
青龍	子孫申金	兄弟丑土 ╱╱	
玄武		官鬼卯木 ╱	
白虎		父母巳火 ╱ 應	

〔判斷〕他判斷說，以世爻為旭化成，應爻為其他選手。世得月建比扶，應爻則不得月建生扶，又被日剋，一定可以獲勝。我說多人比賽，不能看世應，應以官鬼為用神，因為官鬼為名次。世爻為旭化成，應爻為其他選手。官鬼發動剋世生應，用神出現無情，名次被他人所得之象。世爻被官鬼卯木所剋，卯主三數。旭化成一定進不了前三名。

〔回饋〕結果旭化成得第四名。

㉓

預測財運

得悟者說："錢乃身外之物"，讓人們不要把錢看得太重。但錢卻是每個人生活中，不可缺少的東西。沒有錢就無法購買食品，連基本的生活怕也成了困難。俗話說："一分錢難倒英雄漢"，從另外一個角度，又描述了錢的重要性。許多人想發財，想成為有錢人。但得錢的多少，與其本人的運氣，有很大關係。

六爻預測的目的，就是要人們把握好機遇，獲得最佳的財運。用六爻預測財運時，搖卦前，要確定好所要預測財運的範圍，預測時的意識很重要。預測財運，可預測長期的財運。比如一生的財運，或近幾年財運，以及一年的財運等。也可以預測短期的財運。比如說一個月的財運，一星期或一天的財運等。預測當天的財運，卦中顯示不好，並不代表以後的財運不好。千萬不可以把預測幾天的財運，當做幾個月，或一年財運去判斷。所以說，搖卦前的意識很重要。

預測財運，是以妻財為用神。看妻財和世爻的關係。因為世爻為求測之人。一般來說世爻，不宜空破，也不宜兄弟持世。不過

兄弟丑土，兄弟辰土和兄弟巳火持世，只要財爻旺相，不可以說
財運不好。因為兄弟丑土與妻財子水相合。兄弟辰土為財庫。兄
弟巳火為財的長生點。具體情況要看卦的變化。

◎妻財合世，持世，或者是世爻生妻財，妻財剋世，妻財沖
　世，都是有財可得的信息。妻財剋世，有兩種情況。一是世
　爻不空破，妻財旺的時候，乃是財來就我之象，主財易得。
　如果是世爻空破，或妻財休囚，則為辛苦求財之象。一般預
　測短期的財運，喜財剋世。預測長期或者終身的財運，一般
　剋世不好。

◎妻財發動化進神，同時又生合世爻，剋世爻或持世的話，乃
　是財運亨通。妻財動而生合剋世爻，如果被日辰或變爻，或
　他爻合住，沖開之時就可得財。假如日月都生合財爻，或者
　是日月作財星生合世爻。如果卦中，又有旺相子孫發動，生
　助財爻，或財爻旺相屢次出現，乃為太過。反而是妻財入
　墓，或受剋之時，才可得財。

◎妻財旺相入墓，則墓庫被沖，或用神出墓（墓庫為日，應次
　日），用神被沖之時，可得財。

◎妻財月破，但有氣得生、得助，實破、合破之時，即可得
　財。或者過了當月，等到下一個月時，也可以得財。也可
　以，以日時做應期。也可以用年來做應期。具體情況需要根
　據卦，和問卦的內容而判斷。

◎如果是妻財空亡，只要旺相，出空、沖空之時，即可以進財。如果妻財旺而沒有毛病，世爻空破，又以世爻不空不破之時，為進財的應期。

◎預測近期財運，妻財旺相即可。如果預測長期財運，必須同時看子孫爻。只有妻財和子孫，都旺或有氣，沒有空破，才是財源豐厚，源遠流長。

◎子孫發動化進神，乃是不斷進財的卦象。化退則是漸漸不景氣的卦象。雖然目前有財，日後難免衰落。妻財持世空破，就會坐吃山空，到手的財也會被耗費乾淨。妻財持世，被兄弟動而來剋，不但無財可得，還防破財。

◎兄弟與玄武同爻發動，多為財被人騙的卦象。官鬼臨玄武發動，則是錢被人偷的卦象。官鬼臨第二爻發動，多為小偷進家的訊息。

◎官鬼持世化兄弟，是吃回扣，或以中間人方式得財的卦象。兄弟動而化妻財，不是借錢，就是合夥求財的卦象。有時候也是意外得財的訊息。

◎兄弟爻在卦中發動，一般為財運不好的資訊。但同時子孫發動，又為長期得財的訊息。

◎兄弟臨朱雀發動，不但難有財得，且防口舌、官司而破財。父母與兄弟同動，財運最差。

◎預測財運，宜見六合卦，不宜六沖卦。更不宜反吟、伏吟。
必然主財反復難得。

◎財爻不能過旺，過旺也沒有財。子孫元神也不能過多，過多
也沒有財得。

◎兄弟旺極，多而無制服，反主有財。

**例1、申月己卯日（旬空：申酉），一人預測財運如何?得風火家
人之風天小畜。**

勾陳		兄弟卯木 ╱
朱雀		子孫巳火 ╱ 應
青龍		妻財未土 ╱╱
玄武	官鬼酉金	父母亥水 ╱
白虎		妻財丑土 ╳ 世　　兄弟寅木
螣蛇		兄弟卯木 ╱

〔判斷〕以妻財為用神。卦中妻財兩現，以發動妻財丑土為用
神。妻財丑土持世，本是吉象。但用神不得日月生扶，反被
日剋。又動化回頭剋，財運一定不好。

〔回饋〕實際上財運很差，經營飯店沒有利潤，借債度日。

例2、巳月戊午日（旬空：子丑），一人自己測後半年財運如何？
得山天大畜之風天小畜。

```
朱雀          官鬼寅木  /
青龍          妻財子水  × 應      父母巳火
玄武          兄弟戌土  //
白虎   子孫申金  兄弟辰土  /
螣蛇   父母午火  官鬼寅木  / 世
勾陳          妻財子水  /
```

〔**判斷**〕以妻財為用神。卦中妻財子水兩現，以發動之爻妻財
　　子水，為用神。用神不得日月生扶，又逢空亡，獨發動而化
　　絕，財運不好。

〔**回饋**〕實際上幾乎沒有錢掙。

例3、午月癸亥日（旬空：子丑），一人預測一年的財運如何？得
　　天火同人之天風姤。

白虎	子孫戌土 ╱ 應	
螣蛇	妻財申金 ╱	
勾陳	兄弟午火 ╱	
朱雀	官鬼亥水 ╱ 世	
青龍	子孫丑土 ×	官鬼亥水
玄武	父母卯木 ○	子孫丑土

〔**判斷**〕以妻財為用神。妻財申金月剋，日不生扶為休囚。元神
　　子孫丑土，空而被初爻卯木剋傷，也無力生財。所以財運不
　　好。

〔**回饋**〕結果炒股破財。

例4、 亥月甲寅日（旬空：子丑），一人因為公司財務困難，測單
位財運如何？得地山謙。

玄武		兄弟酉金	〃
白虎		子孫亥水	〃 世
螣蛇		父母丑土	〃
勾陳		兄弟申金	∕
朱雀	妻財卯木	官鬼午火	〃 應
青龍		父母辰土	〃

〔**判斷**〕以妻財為用神。妻財卯木雖然不上卦，但月生日扶為旺
相。更何況日建，就是妻財合到世爻上。所以，一定有財。
子月沖去飛神，一定有財進來。但兄弟申金暗動，財一進來
就會花掉。

〔**回饋**〕果然，子月公司收回外面欠的廣告費，給大家發了工資
和獎金外，所剩不多了。

例5、午月丙子日（旬空：申酉），一畫家測自己本年財運如何？
得水澤節之水山蹇。

青龍	兄弟子水 〃	
玄武	官鬼戌土 丿	
白虎	父母申金 〃 應	
螣蛇	官鬼丑土 ×	父母申金
勾陳	子孫卯木 ○	妻財午火
朱雀	妻財巳火 ○ 世	官鬼辰土

〔判斷〕以妻財為用神。妻財巳火持世，得月比扶為旺相。又得
子孫動而來生，必然財運不錯。但世爻臨朱雀動，化官鬼。
財被日剋，朱雀主官司口舌，火災。所以，當防有官司或者
火災。

〔回饋〕實際上本年賣了很多畫，得財不少。但是因為裝潢家裡
時發生火災，於是和裝潢公司發生官司。

例6、午月己巳日（旬空：戌亥），一女測公司財運如何？得水山
　　　蹇之巽為風。

勾陳		子孫子水 ×	妻財卯木
朱雀		父母戌土 ╱	
青龍		兄弟申金 〃世	
玄武		兄弟申金 ╱	
白虎	妻財卯木	官鬼午火 ×	子孫亥水
螣蛇		父母辰土 〃應	

〔判斷〕以妻財為用神。妻財卯木不上卦，不得日月生扶為休
　　　囚。卦裡雖然有子孫子水，發動來生。但子孫子水月破，也
　　　不得日月生扶，無力生財。而飛神官鬼午火動。又泄用神之
　　　氣。兄弟持世，沒有絲毫有利財運的訊息。所以公司財運不
　　　好。

〔回饋〕實際上公司財運不好，搖搖欲墜。

例7、巳月壬寅日（旬空：辰巳），一人測，把買裝修材料的錢給
工人，讓他去買東西可靠嗎？得艮為山之山火賁。

白虎	官鬼寅木 ／ 世	
螣蛇	妻財子水 ″	
勾陳	兄弟戌土 ″	
朱雀	子孫申金 ／ 應	
青龍	父母午火 ″	
玄武	兄弟辰土 ×	官鬼卯木

〔判斷〕以妻財為用神，妻財子水不得日月生扶，為休囚。兄弟
辰土為墓庫，臨玄武獨發。兄弟臨玄武動，需防騙錢，不可
把錢交給工人。

〔回饋〕但不聽勸告。於是交給工人1000元買材料。結果工人拿
錢走了，再也沒有回來。

例8、2004年一人求測，自己近幾年財運？丑月癸巳日（旬空：
　　　午未），得水雷屯。

白虎　　　　　兄弟子水　〃
螣蛇　　　　　官鬼戌土　／應
勾陳　　　　　父母申金　〃
朱雀　妻財午火　官鬼辰土　〃
青龍　　　　　子孫寅木　〃世
玄武　　　　　兄弟子水　／

〔判斷〕以妻財為用神。妻財午火不上卦，伏在三爻官鬼辰土之
　　　下。雖然空亡，但得日辰比扶為旺相，財運不算差。2006年
　　　丙戌沖開飛神，一定有大財進來。

〔回饋〕此人果然在2006年得財70餘萬。

例9、午月辛巳日（旬空：申酉），一女測丈夫，開補習班財運如
何？得雷天大壯之地天泰。

螣蛇	兄弟戌土　〃	
勾陳	子孫申金　〃	
朱雀	父母午火　○　世	兄弟丑土
青龍	兄弟辰土　／	
玄武	官鬼寅木　／	
白虎	妻財子水　／　應	

〔判斷〕以妻財為用神。妻財子水被月沖破，日又不幫扶，為休
囚。月建入卦臨世爻，為文書。父母臨朱雀動，更是教學的
訊息，用神被文書沖破，必然吃不了這碗飯，財運不好。

〔回饋〕後來開班，剛開始還有學生報名。辦了幾期後，就招不
到學生了，只好停止。

例10、2004年一女測自己一年的財運如何？卯月乙未日（旬空：
　　　辰巳），得水澤節之風雷益。

玄武　　　　　兄弟子水 ×　　　子孫卯木

白虎　　　　　官鬼戌土 ∕

螣蛇　　　　　父母申金 ∥應

勾陳　　　　　官鬼丑土 ∥

朱雀　　　　　子孫卯木 ○　　　子孫寅木

青龍　　　　　妻財巳火 ∕世

〔判斷〕以妻財為用神。妻財巳火持世，得月生扶為旺相，但世
　　　上妻財空亡，兄弟發動來剋，元神動而化退，又入墓於日不
　　　能生用神，所以財運不好，日子難過。官鬼丑土被月剋動爻
　　　剋，日沖為破，連好的工作也找不到。

〔回饋〕實際上此人03年辭去工作後，一直找不到合適的工作，
　　　一開始靠領失業補助金過日，到後來連補助也沒有了。

24

預測出行

很少有人一直待在家裡不出門。出差、旅行、探親訪友、到外地進貨、上班、上街買菜等。幾乎每個人都會涉及到外出。外出有時候，還要涉及到乘坐飛機、火車、輪船、汽車等。現在的交通發達了，但是，交通工具帶來的災難也不少。外出遠行，最重要的是安全問題。安全有了保障，其次才考慮要辦的事，能否辦成。要見的人，能否見到。老百姓常說一句話："好出門不如歹在家"。其實主要是因為，他們無法提前把握、預知自己出門在外的吉凶，才有如此的想法。如果掌握了六爻預測方法，就會消除這些疑慮，安心出門。

◎預測自己外出的吉凶，以世爻為用神。看世爻的衰旺情況。預測其他人的外出吉凶，則以六親所主判斷。應爻為目的地，看應爻和卦中的動爻，對用神影響如何。生合用神者則吉，剋用神者則凶。

◎用神宜得日月生扶，子孫持世旺相最吉。子孫旺相在卦中發動也吉。因為子孫為無憂、快樂之神。子孫在卦中發動，官鬼必然受剋，乃是沒有災禍的訊息。

◎世爻空亡，外出寂寞。預測自己出門，世爻化退，預測他人出門，用神動而化退，會中途而返。或有其他事去不成。

◎用神動而逢合，必有事情絆住，不能馬上出行。與父母合，因忙碌，或因文書、手續、車、房子等事去不成。與官鬼合，因工作、疾病、或官司等去不成。與妻財合，因錢財、女人、妻子等去不成。與子孫合，因小孩、動物、飲酒等去不成。與兄弟合，因朋友、兄弟或破財等事去不成。必去之象者，沖開用神時，才可出行。

◎應爻空亡，到了目的地後，心情寂寞，要見之人，難以見面。要辦事情，不易辦成。

◎世爻發動剋應爻，所向披靡，外出吉利。

◎妻財發動，生合世爻，外出有利可圖。臨桃花玄武、青龍為豔遇。子孫臨青龍動，而生合世爻，外出有人請客喝酒。

◎應為官鬼，動而剋世，外出不是得病，就是有災難臨身。大凡官鬼臨白虎、朱雀、螣蛇、勾陳、玄武在卦中動，都不好。白虎為病災、打架鬥毆。朱雀為官司、訴訟。螣蛇為煩惱、煩心事纏身。勾陳有事絆住。玄武恐怕有盜賊。

◎兄弟臨應爻和玄武動，要防止有人騙錢。

◎世爻入墓，不是出門後頭腦昏沉，就是有住院。或被拘留等事情發生，世爻弱時，更要注意。

◎世在五爻被剋，或五爻動而剋世。臨白虎、父母、官鬼等要防止車禍發生。

◎世爻被父母所剋，中途會被車阻，或淋雨，或被行李所累。

◎官鬼在第五爻發動，路途一切不順。在通常情況下，官鬼宜安靜，不宜發動。

◎世應中間之爻，為伴侶。動而剋世，受其連累，動而生世，得其照應。空亡，為獨自外出。

◎六沖卦，東奔西顛，到處奔走，旅行不安。六合卦外出平穩，事事順遂。

◎歸魂卦，未出門則因事不能出去，或出門不遠。出去後，為想回家，心在家裡。遊魂卦，外出心切，已經在外不想回家，到處飄蕩。

◎世、用安靜，被日或他爻，沖動者，乃是受邀請或被迫外出。

◎兄弟臨朱雀動，外出有口舌之事。不剋世爻，世爻空者，與自己無關，為路途遇口舌之事。

◎預測外出，妻財為旅費、所帶錢物。父母為行李、車船。妻財不宜月破、空亡，被日月剋傷。否則必為錢所困，破財。

◎另外，可以以卦宮加官鬼，來判斷不利之事。乾、震為車馬引發之事，來自鬧市的災難。坎、兌為湖泊、船隻、水、口

舌、偷盜等方面的災難。坤、艮為山、田野、土、橋等方面
的災禍等。巽為山林、女人等方面的災難。在離宮，則為與
火有關，或因陶窯，磚窯，文書等引起的災難。

**例1、卯月戊申日（旬空：寅卯）， 我測自己外出到上海吉凶，得
水天需。**

朱雀		妻財子水 〃
青龍		兄弟戌土 ／
玄武		子孫申金 〃 世
白虎		兄弟辰土 ／
螣蛇	父母巳火	官鬼寅木 ／
勾陳		妻財子水 ／ 應

〔**判斷**〕以世爻為用神。世爻得日比扶，月不來剋，為旺相。子
孫持世，平安之象。但是卦裡官鬼寅木，暗動沖世。官鬼主
疾病，在二爻為腸，臨螣蛇也主腸。所以，此次外出一定鬧
肚子。今寅木空亡，甲寅日出空一定會肚子不舒服。

〔**回饋**〕結果在癸丑日晚，肚子開始不舒服，甲寅日加重。吃了
治腹瀉的藥後，就好轉了。

例2、辰月辛未日午時（旬空：戌亥），一位元朋友從飛機場打來
　　電話，說要出發的飛機晚點了，看看什麼時間起飛？得兌為
　　澤之雷地豫。

螣蛇	父母未土 〃 世	
勾陳	兄弟酉金 ○	兄弟申金
朱雀	子孫亥水 〃	
青龍	父母丑土 〃 應	
玄武	妻財卯木 ○	官鬼巳火
白虎	官鬼巳火 ○	父母未土

〔判斷〕以世爻為用神。世爻得日月比扶，旺相，飛機一定可以
　　　起飛。父母未土在六爻，六爻為天，父母為交通工具，就是
　　　飛機的組合，世爻臨之，就是自己坐上飛機的訊息。臨日當
　　　天走。

　　　兄弟臨勾陳，在五爻發動。兄弟為阻力，五爻為道路，在這
　　　裡可以理解為，跑道。勾陳，主絆住。是跑道的問題，飛機
　　　不能按時起飛。但動化退，阻力減小。所以，跑道的問題一
　　　定會解決。退神為申金，應在申時。又世爻的元神，發動生
　　　世，也是飛機起飛的訊息。動而應逢合，也表示申時起飛。

〔回饋〕後於14點55分發來短信，說是飛機已經開始檢票。申時
　　　起飛，已經在預料之中。

例3、辰月戊寅日（旬空：申酉），一朋友測本日外出如何？得水
雷屯之坎為水。

朱雀		兄弟子水 ∥	
青龍		官鬼戌土 ╱ 應	
玄武		父母申金 ∥	
白虎	妻財午火	官鬼辰土 ∥	
螣蛇		子孫寅木 × 世	官鬼辰土
勾陳		兄弟子水 ○	子孫寅木

〔判斷〕以世爻為用神。世爻發動，勢在必行。但不宜臨螣蛇
動，而化官鬼。螣蛇主煩惱、驚恐。官鬼主憂慮。所以，判
斷出門要遇到煩心的事。

〔回饋〕結果在出門當天，因為部下有人被抓，被警察盤問，差
點不能出門。

例4、未月乙巳日（旬空：寅卯），測租車從A地到B地路途順利
　　否？得坤為地之山地剝。

玄武	子孫酉金 × 世	官鬼寅木
白虎	妻財亥水 〃	
螣蛇	兄弟丑土 〃	
勾陳	官鬼卯木 〃 應	
朱雀	父母巳火 〃	
青龍	兄弟未土 〃	

〔判斷〕吉凶以世爻為用神，車的情況可以看父母爻。世爻得
　　　　月生為旺相。但不宜動，化官鬼寅木。好在變爻官鬼休囚空
　　　　亡，不成凶災。而是心情不好，煩惱之象。

　　　　獨發之爻，為父母死地。妻財亥水，又臨五爻白虎暗動，剋
　　　　父母。五爻為道路，白虎又為道路。暗動剋父母，車必然出
　　　　故障。見獨發死地，車壞而不能動。

〔回饋〕結果路上車壞了兩次，第一次修好了，第二次車壞得不
　　　　能再走了，只好換一輛車。

例5、未月丁巳日（旬空：子丑），我和幾個學生外出探訪，民間
研究預測的人士。搖卦問本日外出順利否？得澤山咸之澤雷
隨。

青龍　　　　　父母未土 〃 應
玄武　　　　　兄弟酉金 ／
白虎　　　　　子孫亥水 ／
螣蛇　　　　　兄弟申金 ○ 世　　　父母辰土
勾陳　妻財卯木　官鬼午火 〃
朱雀　　　　　父母辰土 ×　　　　子孫子水

〔判斷〕以世爻為用神。世爻得月生。動化回頭生。又有初爻動
來生，平安之象。但是世爻被合住，日合為絆住，必然路途
有阻。世爻臨螣蛇，纏繞之象。就是被絆住，不能走動。化
回頭生，只有返回原路，才能找到要去的地方。

巳時尅合世爻。所以，我判斷巳時一定會出現，路途被阻之
事。子孫亥水暗動，乃解憂之神。合待沖開。所以判斷10點
50（巳時亥刻）出現路途堵塞。

〔回饋〕結果一路上沒幾輛車，道路暢通無阻。還以為判斷錯
了。誰知道剛到10點50，路的前面突然出現路障。因為修路
被攔住不能前進了。隨後給了旁邊的引路人10元，在引路人
的帶領下，返回一段路，帶到可以通往目的地的岔路口。

例6、申月辛巳日（旬空：申酉），我的一日本學生測，騎摩托車
　　外出登山如何？得風地觀之山地剝。

螣蛇		妻財卯木	╱	
勾陳	兄弟申金	官鬼巳火	○	子孫子水
朱雀		父母未土	〃世	
青龍		妻財卯木	〃	
玄武		官鬼巳火	〃	
白虎	子孫子水	父母未土	〃應	

〔判斷〕吉凶為重，以世爻為用神。世爻月不剋得日生扶為旺
　　相。外出平安。但是元神在五爻發動，化回頭剋。五爻為道
　　路，被水剋。必然因為河流、溪水等與水有關的事情，發生
　　不順阻隔。臨勾陳，也為阻隔。

〔回饋〕結果在登山途中，走到一個水池附近的時候，天下起了
　　大雨，闖了紅燈差點和一輛車相撞。

例7、子月壬申日（旬空：戌亥），我的一位日本學生測，自己外
出參加尾牙如何？得雷火豐之雷天大壯。

白虎　　　　官鬼戌土 〃

螣蛇　　　　父母申金 〃世

勾陳　　　　妻財午火 /

朱雀　　　　兄弟亥水 /

青龍　　　　官鬼丑土 × 應　　子孫寅木

玄武　　　　子孫卯木 /

〔判斷〕以世爻為用神。世爻得日比扶，旺相為吉，但是元神官
　　　鬼丑土在二爻臨青龍，化回頭剋，青龍主飲食，飲酒，二爻
　　　為腸，一定會因吃飯喝酒鬧肚子。

〔回饋〕結果，在尾牙上喝酒的時候，突然肚子疼，出現了拉肚
　　　子現象。

例8、這是一位易友問我的卦。巳月辛丑日（旬空：辰巳），他的
朋友找他測外出吉凶如何？得火天大有之雷天大壯。

螣蛇	官鬼巳火 ○ 應	父母戌土
勾陳	父母未土 〃	
朱雀	兄弟酉金 〡	
青龍	父母辰土 〡 世	
玄武	妻財寅木 〡	
白虎	子孫子水 〡	

〔**判斷**〕以世爻為用神。我說此卦很不好，出門有災禍。應在巳
日。這個卦很容易看錯，當時這位易友就認為沒有問題。

〔**回饋**〕結果朋友外出在乙巳日，遇到車禍死了。

此卦為什麼不好？一般來說應爻為目的地，應動生世，應該是
吉才對，但最後應了凶。主要應該從這幾個方面解釋：

一是從衰旺角度看。世爻得月生日扶，未土暗動比扶，已經很
旺了，再有巳火動來生，就是過旺。巳火空亡，乙巳日出空，成
過旺，所以不好。

二是可以從獨發的角度判斷。巳火獨發，為世爻絕地，獨發最
怕為用神死絕地。獨發以象為主判斷，巳火論絕不論生。所以，
乙巳日出空不好。

　　三是從空亡上判斷，世爻旺相沒有受剋，而空亡，此為無故自空，也是凶象。因為，世爻臨父母遇絕，過旺，父母為車，所以，死在車禍。

25

───── 預測行人及動物走失 ─────

擔心外出之人的安危，尋找失蹤之人，預測在外吉凶和回家的應期，以六親所主，取用神。定好用神後，再看其在外情況。回家日期，和在外逗留的原因。用神宜旺，不宜休囚。同時也要看，來預測人之念頭如何。重點問回家日期的，用神不旺也無妨。重點問吉凶的，用神弱便為不好。

◎用神安靜臨應爻。人還在他鄉，沒有回家的打算。

◎用神生世，但沒有發動，人回來的晚。

◎用神剋世，人回來的快。動而剋世，更快。

◎世剋用神，人到了他鄉。根據用神衰旺而不同，有回來者，也有不回來者。

◎日剋用神，近日不會回來。

◎用神安靜，日沖用神。有人催促而回，或相邀而回。

◎用神動而化退，人必歸來，化進神，移往他處。

◎用神在三爻、四爻發動，人將速回。因為三爻、四爻為門，
　人已經臨門，顯然已經快要到家了。

◎用神在五爻發動，生合世、剋世，人已經在回家的路上。

◎用神動，而生合世爻，本為動身要回來。但被應爻，日辰等
　合住，或動而化合。必是被人挽留或有事不能回。需要沖開
　用神或合神，才能回來。被五爻合住，是耽擱在路上了。

◎用神不宜動而化官鬼。非父母爻者，不病則凶。

◎世爻空亡，人回來的快。用神也空，就很難回來。

◎用神伏藏，喜飛神空亡。日月以及其他動爻，沖剋飛神。具
　體應期，參看應期章。

◎用神臨日，靜而合日，入日墓，為當日回家之象。

◎日辰動而化出用神，或用神動而化出日辰，當日回。

◎用神空，而臨螣蛇。行人在外，處於不安的狀態。

◎飛神為官鬼，臨白虎，人在外不順。不是生病遇災，就是被
　人毆打。

◎飛神為兄弟臨玄武。或在外失物，或在外貪戀女色，或在外
　賭博，不會馬上回來。

◎用神伏子孫下，樂不思蜀。或沉溺於酒，或被晚輩挽留，不

能馬上回來。

◎用神伏在父母下，或在年長人之處，或在旅館，或因文書、手續之事而留。

◎用神伏在妻財下，或因錢財之事，或因女人，或在女人家中，不能馬上回家。

◎用神空，而遇死絕之地，休囚被剋者，在外凶多吉少。

◎卦中妻財不現，或臨空亡，在外缺錢花。若被兄弟發動剋傷，必在外錢被人偷。

◎被測人為女子，不宜用神與官鬼相合。不是被人拐騙，就是多災多難。

◎父母為消息。在卦中發動，乃是有消息或書信、電話的訊息。臨朱雀動更驗。

◎父母休囚被剋，又臨空破，為沒有一點消息的卦象。

◎卦中有反吟伏吟。人在外奔波，不安。

◎歸魂有歸心，遊魂無歸心。

◎預測行人的方位和場所，以用神為中心判斷。用神安靜，以用神所臨地支判斷。用神發動，以變爻、變卦定方位。用神伏藏，以飛神所在之卦判斷，或以飛神所臨地支判斷。用神入墓或被合時，又以合神以及墓庫地支判斷方位。

◎以墓庫定場所。辰為水邊、水庫等地方。戌為磚廠、寺院等
地方。未為木材廠、花園、林中等，丑為工廠、金屬倉庫
等。這只是思路，具體可以根據卦的情況靈活判斷。

◎兌為寺院、沼澤、少女之所。乾為大城市、廟宇。震為鬧
市、森林。巽為樹林、婦女處。坤為人多處，原野、老婦
處。艮為山林、墳墓處等。

◎用神在世爻或內卦，在近處。在外卦，六爻為遠處。

◎預測動物走失，以子孫為用神。可以參考行人走失，判斷吉
凶。

◎被合，入墓是被人抓住。或者關起來的訊息。

◎世爻動，去生子孫，需要尋找才能找到。子孫動，而生合世
爻，動物自己就會回來。

◎子孫臨白虎被刑剋，外出被人欺負受傷。休囚見死墓絕，已
經被害。

◎子孫臨胎墓及青龍，動物正在懷胎。

◎預測動物走失，子孫不宜化進神，宜化退神。也宜入墓和靜
而被合。入墓、見合不再亂跑，容易找到。

例1、戌月辛亥日（旬空：寅卯），我的日本學生，與自己的一位
　　朋友，很長時間失去聯繫。測其平安否？得山風蠱之巽為
　　風。

螣蛇		兄弟寅木　╱　應	
勾陳	子孫巳火	父母子水　×	子孫巳火
朱雀		妻財戌土　〃	
青龍		官鬼酉金　╱　世	
玄武		父母亥水　╱	
白虎		妻財丑土　〃	

〔**判斷**〕以兄弟爻為用神。兄弟寅木，月不剋日來生。又得動爻
　　獨發來生，一定平安。父母子水獨發，父母表示消息，子月
　　一定有消息。

〔**回饋**〕後來果然在子月打來電話。

例2、朋友高大夫打電話來，說有人問，母親本日外出一直沒有回來。到底去了什麼地方？吉凶如何？於卯月癸卯日亥時（旬空：辰巳），我搖卦得水火既濟。

白虎	兄弟子水	〃 應
螣蛇	官鬼戌土	／
勾陳	父母申金	〃
朱雀　妻財午火	兄弟亥水	／ 世
青龍	官鬼丑土	〃
玄武	子孫卯木	／

〔判斷〕最先的意念，是走失人兒子問的，以父母爻為用神。父母申金，雖然不得日月生扶，但也沒有被剋，所以不會有生命危險。

用神靜而生世爻，人一定回來。用神安靜，應值應沖。所以不是寅時，就是申時。今天已經到亥時，寅申時已經過了。所以，要回來也是第二天了。但寅時為半夜，與常理不符。所以，判斷此人母親，將在第二天的申時回來。

〔回饋〕結果此人母親，於第二日的申時，從西南方回來了。原來是去度假村住了一晚。因為是用家裡的中獎券去的，他母親以為家裡人知道她去，所以沒有通知一聲。

例3、辰月庚申日（旬空：子丑），一易友，拿此卦讓我看，說是
　　預測公司司機的。已經三天不見了，吉凶如何？得天水訟之
　　火水未濟。

螣蛇		子孫戌土 `/`	
勾陳		妻財申金 ○	子孫未土
朱雀		兄弟午火 `/` 世	
青龍	官鬼亥水	兄弟午火 `//`	
玄武		子孫辰土 `/`	
白虎		父母寅木 `//` 應	

〔判斷〕以應爻為用神。應爻不得日月生扶，被日沖剋，卦中忌
　　神申金，又旺而獨發。用神臨絕地，白虎加臨，必然為凶。
　　說明人已經死亡了。

〔回饋〕實際上，三天後在河邊發現他的車，人已在車裡過世。

例4、丑月己酉日（旬空：寅卯），一朋友帶上小狗外出散步丟失了。測能否找到？得火山旅之山雷頤。

勾陳		兄弟巳火 ╱	
朱雀		子孫未土 ╱╱	
青龍		妻財酉金 ○ 應	子孫戌土
玄武	官鬼亥水	妻財申金 ○	子孫辰土
白虎		兄弟午火 ╱╱	
螣蛇	父母卯木	子孫辰土 × 世	官鬼子水

〔**判斷**〕以子孫為用神。卦裡子孫兩現。以發動之爻，子孫辰土為用神。用神持世，得月比扶為旺相。用神臨世爻，表示小狗會回到自己身邊。得日辰合住，當天就可以找到。

用神被應合住，表示狗被人抓住。但是應動又化出子孫，應動他人有變，又把狗放掉。子孫臨螣蛇化官鬼，小狗受驚遭罪。

用神逢合。推斷逢沖之時可找到。當天戌時應該可找到。

〔**回饋**〕結果在當日酉時，丟狗人的姐夫，路過一個垃圾站時，看到一個老頭，正打一隻小狗，說是流浪狗。自己抓回家小狗不聽話，又扔了出來。當他回家聽到，他小舅子丟了狗後，就把剛才遇到的情況，告訴了小舅子，卦主跑去一看，正是自己的小狗。

例5、辰月丙寅日（旬空：戌亥），我的一位學生家裡，養的豬不見了。測能否找到？得澤地萃之火水未濟。

青龍	父母未土 ×	官鬼巳火
玄武	兄弟酉金 ○ 應	父母未土
白虎	子孫亥水 ╱	
螣蛇	妻財卯木 〃	
勾陳	官鬼巳火 × 世	父母辰土
朱雀	父母未土 〃	

〔**判斷**〕以子孫為用神。子孫亥水不得日月生扶，月剋，空亡被日合，為不吉。一般情況，用神安靜，喜用神被日合住。但需要參考用神的衰旺。用神休囚，表示找不到。空亡表示沒有了，合住就是被人抓走了。

更何況卦裡父母未土，發動來剋。官鬼來沖，鬼動為賊，一定是被人偷走了。雖然元神發動，但用神無根，空不受生。所以，找不到。被寅木合住，豬是被抓到東北方向去了。

〔**回饋**〕結果沒有找到，據說村子裡有人在東北方向，看見幾個人用車，拉上豬走了。當時看到豬的人，還以為是豬被賣了。所以沒有在意。

例6、辰月戊寅日（旬空：申酉），這個是我的一個日本朋友的鄰居，找我預測的卦例。她女兒出走了，看吉凶如何？能不能找到？得澤地萃之天地否。

朱雀	父母未土 ╳	父母戌土
青龍	兄弟酉金 ╱ 應	
玄武	子孫亥水 ╱	
白虎	妻財卯木 ╱╱	
螣蛇	官鬼巳火 ╱╱ 世	
勾陳	父母未土 ╱╱	

〔判斷〕這個卦可以和上面的卦比較一下，有微妙的區別。

以子孫為用神。子孫被月剋日合，也是無根。但是子孫沒有空亡。忌神發動，但動化月破，剋用神的力量小了。而父母臨朱雀獨發，父母和朱雀都為消息。所以，這個父母是指消息。因此近日，會有孩子的消息。動而逢合，午日有消息。

子孫被日合，孩子可以找到，寅木對應於東北，孩子在東北方向。元神安靜空亡，不生用神。元神代表一個人的思維。所以，孩子不想回來。

〔回饋〕結果在午日，有員警打電話，說孩子在熊本，被員警收留了，讓家裡來人帶回。熊本正好是這個婦女，所在地的東北方向。孩子精神有點問題，不想回家。

例7、未月甲寅日（旬空：子丑），一女子收了別人的錢後，和另
外一個人，合夥替人辦事。但是當她把四個人的錢，交給合
夥人後，合夥人不見了，電話也打不通。於是測能否找到合
夥人?得山地剝之風地觀。

玄武		妻財寅木 `/`		
白虎	兄弟申金	子孫子水 × 世		官鬼巳火
螣蛇		父母戌土 `〃`		
勾陳		妻財卯木 `〃`		
朱雀		官鬼巳火 `〃` 應		
青龍		父母未土 `〃`		

〔判斷〕應為合夥人。所以，以應爻為用神。世爻發動，剋用
神，是本人想抓住對方。但是世爻空亡，沒有力量剋。忌神
持世，化出官鬼巳火，和應爻相同。說明一定會與此人見
面，也就是可以找到的訊息。出空可以找到。

〔回饋〕後於甲子日，找到對方哥哥。通過他，找到了合夥人。

例8、這是一位朋友問我的卦例。亥月戊申日（旬空：寅卯），一婦女測兒子外出幾天，沒有回來了。吉凶如何？得雷天大壯之雷風　。

朱雀	兄弟戌土　//	
青龍	子孫申金　//	
玄武	父母午火　/ 世	
白虎	兄弟辰土　/	
螣蛇	官鬼寅木　/	
勾陳	妻財子水　○ 應	兄弟丑土

〔判斷〕以子孫為用神。子孫沒有被日月剋傷，得日比扶，為旺相。但不宜子水獨發，為用神死地。用神死在妻財，死在水。用神臨五爻為道路，財主飲食。有餓死在路邊的危險，也有死在水裡的危險。好在子水動，而被變爻合住，凶中有救。

〔回饋〕結果壬子日，接到電話通知，兒子在東北方向的一個地方，被人救了。電話應期，應在了獨發，方向應在了變爻。她兒子是倒在，一個村子附近的河裡，被人發現的。要是沒有人救助就被水淹死了。被救以後，幾天不吃東西，也不說話，差點餓死。後來在村長的再三溝通下，才得到家裡電話，於是通知了家人。

26

——————— 預測失物 ———————

小偷進家，或者是丟失了東西。如果是不太重要的東西，當然一般人不會在意。但是如果是比較貴重的東西或者是有紀念意義的東西，就會十分著急，請求預測。其實不管是重要的東西，還是不重要的東西，對於學習六爻預測的人來說，都應該預測一下，這對於提高預測水準大有幫助。

預測失物，根據失物的性質不同，用神也不一樣。如果是書籍、信件、證書、車、衣服等就以父母爻為用神，如果是日用品、錢、貴重東西就以妻財為用神。

◎子孫持世，是自己不小心把東西忘在什麼地方了。

◎子孫發動，妻財旺，失物可回。

◎世爻臨螣蛇，多為自己忘記了，放東西的地方。遊魂卦，也為忘記了東西。歸魂卦，失物在家，或離家不遠。

◎妻財在內卦，化入空亡。乃是家裡人拿了，或是內部人所為。

◎用神伏藏，被日沖，東西沒有被盜。是有人移動了地方。如果官鬼安靜,失物可回。

◎用神旺相生世,剋世,失物可回。

◎用神伏藏,飛神空亡,失物可回。飛神逢沖,失物也可回。

◎預測失物的所在場所,以用神地支和卦宮判斷。伏藏時,以飛神的六親,或飛神所在的卦判斷。

◎妻財發動,化官鬼,要找的東西被盜。官鬼發動,化妻財,失物還在附近,容易找見。

◎用神臨木,到草叢中,到木器旁找。臨水到水邊找。臨土在土堆附近。臨金在金屬器旁。臨火在窯灶旁,或火爐旁等。此皆泛指,具體要靈活判斷。

◎卦中顯示東西丟失。官鬼持世,或臨月建,為熟悉的人、自己人、鄰居所偷。

◎官鬼在二爻發動,是入室盜竊,臨玄武為慣竊。

◎官鬼兩現,非一個人作案。內外官鬼,裡應外合。官鬼逢沖,有人撞見。

◎官鬼空亡,用神臨應爻,是自己把東西借給人了。或是忘在了別人家。

◎盜賊的性別,看官鬼爻的陰陽。陰為女,陽為男。又以官鬼對應於五行生滅十二狀態，看偷東西人的年齡。臨官、帝旺者，年輕人。墓、衰、絕者，老年人。胎、養者，小孩。此也非死法，需要活看。帶刑者，入過牢獄之人。臨白虎者，身上帶有武器，或有病之人。

◎以六神，五行等，判斷偷東西人的相貌。

◎用神為父母爻的，同時也要結合妻財的衰旺，判斷失物可否找回。

◎用神在外卦，失物在外丟失。或東西被偷到了遠處。

◎用神安靜易找。發動，難找。用神宜旺，不宜空破。世剋用神，失物難找回。用神剋世，易找回。

◎用神伏藏或入墓，東西不在明處。逢合，多在器物內，地下室、倉庫等。用神入墓於父母，或伏在父母下，多在衣服，車內，家中尋找。判斷時，可以結合爻位進行判斷。

◎如果東西被偷，子孫持世，盜賊易捕獲。子孫在卦中發動，也容易找偷東西的人。因為子孫為員警。

◎官鬼安靜易捕，發動或伏藏難捉。官鬼生合世，盜賊投案自首，剋世，狗急跳牆恐傷人。

◎官鬼化進，盜賊已經走遠。化退，還會回來。合妻財，二次進入現場作案。

◎官鬼動，而生合應爻，盜賊逃往他鄉。官鬼旺，則難捕，被剋則易捉。

◎尋找線索或目擊證人，以動爻判斷。

例1、丑月己卯日（旬空：申酉），我一日本學生的駕照找不到了。問能否找到？得巽為風之山風蠱。

勾陳	兄弟卯木 ╱ 世	
朱雀	子孫巳火 ○	父母子水
青龍	妻財未土 〃	
玄武	官鬼酉金 ╱ 應	
白虎	父母亥水 ╱	
螣蛇	妻財丑土 〃	

〔判斷〕預測駕照，以父母為用神。父母亥水，被月剋，日又不比扶，為休囚。初看是找不到的訊息，但是日沖元神酉金，暗動生用神。又五爻獨發，化父母，表示可以找到。應爻暗動來生，應為他人，是別人找到的。獨發在五爻，五爻為家長、長輩。是家裡長輩幫助找到，巳火動對應於巳時。

〔回饋〕巳時母親幫他找到，原來是放在西北方的衣服裡了。

例2、亥月辛卯日（旬空：午未），朋友寄存的一張5000日元的錢幣找不到，測是否丟失？得地水師。

螣蛇	父母酉金 〃 應
勾陳	兄弟亥水 〃
朱雀	官鬼丑土 〃
青龍	妻財午火 〃 世
玄武	官鬼辰土 ╱
白虎	子孫寅木 〃

〔判斷〕以妻財為用神。妻財午火，月剋，日生，衰旺相抵。但卦裡子孫旺相來生。又是用神臨世爻，就表示還在自己的身邊。一定沒有丟失。只是現在用神空亡，出空可以找到。

〔回饋〕後在甲午日找到。原來是放在錢包裡，被其他錢夾住，沒有看到而已。

例3、申月庚申日（旬空：子丑），我的日本學生，測印章丟失。
什麼時候可以找到？得澤天夬。

螣蛇		兄弟未土 〃
勾陳		子孫酉金 〳 世
朱雀		妻財亥水 〳
青龍		兄弟辰土 〳
玄武	父母巳火	官鬼寅木 〳 應
白虎		妻財子水 〳

〔**判斷**〕以妻財為用神。卦裡妻財兩現，以空亡妻財子水為用
神。用神得日月生扶，為旺相。子孫持世，為物不失。用神
空亡，出空找到。

〔**回饋**〕後於甲子日，在自己的車內找到。

例4、卯月庚辰日（旬空：申酉），某女丈夫的眼鏡找不到了。測
在什麼地方？得巽為風之天風姤。

螣蛇	兄弟卯木	／ 世	
勾陳	子孫巳火	／	
朱雀	妻財未土 ×		子孫午火
青龍	官鬼酉金	／ 應	
玄武	父母亥水	／	
白虎	妻財丑土	／／	

〔判斷〕預測眼鏡，以妻財為用神。卦裡妻財兩現，以發動之
爻妻財未土，為用神。月剋日扶，衰旺相抵。但用神動，化
回頭生，加強了用神的力量，可以找到。雖然用神生應爻。
但是應爻空破，不生應爻。所以，不是無情，也表示可以找
到。

用神入墓在日。墓庫表示眼鏡，在某個東西裡放著。臨朱
雀，與火有關。

〔回饋〕後於當日，在臥室的電毯裡找到。

例5、丑月壬午日（旬空：申酉），測數位相機丟失。可以找回嗎？得坎為水之地水師。

白虎	兄弟子水 〃 世		
螣蛇	官鬼戌土 ○		兄弟亥水
勾陳	父母申金 〃		
朱雀	妻財午火 〃 應		
青龍	官鬼辰土 ╱		
玄武	子孫寅木 〃		

〔**判斷**〕以妻財為用神。月不剋，日比扶，為旺相。但不宜兄弟持世暗動。用神入墓於獨發之爻，官鬼戌土。五爻為道路，官鬼為盜賊，怕是難以找回。

〔**回饋**〕實際上，正是在外出的時候，在路上被人偷走了。後沒有找回。

例6、午月丁亥日（旬空：午未），一女測家裡的錢丟失。是否可以找到？得火山旅。

青龍		兄弟巳火 〳
玄武		子孫未土 〳〳
白虎		妻財酉金 〳 應
螣蛇	官鬼亥水	妻財申金 〳
勾陳		兄弟午火 〳〳
朱雀	父母卯木	子孫辰土 〳〳 世

〔**判斷**〕以妻財為用神。卦裡妻財兩現，以應上妻財酉金，為用神。財被月剋，日不生扶，為休囚。兄弟巳火，暗動來剋，難以找到。

〔**回饋**〕後果然沒有找到。

例7、未月丙申日（旬空：辰巳），我的朋友高大夫的證書找不到了。打電話問我證書在什麼地方，什麼時候可以找到。我搖卦得天澤履之雷澤歸妹。

青龍		兄弟戌土 ○	兄弟戌土
玄武	妻財子水	子孫申金 ○ 世	子孫申金
白虎		父母午火 ╱	
螣蛇		兄弟丑土 ╱╱	
勾陳		官鬼卯木 ╱ 應	
朱雀		父母巳火 ╱	

〔判斷〕以父母為用神。卦裡父母兩現，以空亡父母巳火，為用神。用神不得日月生扶。雖然休囚，但是好在世爻臨日，合住用神。用神合自己，說明東西就沒有丟失。

日合用神，說明證書，被某個東西遮蓋住了。入墓在戌土，就是放在某個東西裡。戌土代表西北，東西在西北。外卦伏吟，證書挪動了地方。空而入墓，空應沖空，墓應沖出，合應沖，靜也應沖。所以，亥時一定可以找到。

〔回饋〕後來亥時，在西北的一個包裡找到了。

例8、卯月丁未日（旬空：寅卯），馬上就要出國，需要護照了，但是發現護照不見了。測護照會遺失嗎？得水澤節之水雷屯。

青龍	兄弟子水 〃	
玄武	官鬼戌土 ／	
白虎	父母申金 〃 應	
螣蛇	官鬼丑土 〃	
勾陳	子孫卯木 ○	子孫寅木
朱雀	妻財巳火 ／ 世	

〔判斷〕以父母爻為用神。父母得日生，月不剋，為旺相，卦裡子孫獨發，化退。因為擔心而測。子孫發動，解憂之神。戌時，合住子孫不退，憂愁變喜悅。所以戌時可以找到。

〔回饋〕果然在戌時找到護照。

例9、未月丙辰日（旬空：子丑），一人測手機遺失，能不能找
　　到？得天澤履之風澤中孚。

青龍		兄弟戌土 ╱
玄武	妻財子水	子孫申金 ╱ 世
白虎		父母午火 ○　　　　　兄弟未土
螣蛇		兄弟丑土 ╱╱
勾陳		官鬼卯木 ╱ 應
朱雀		父母巳火 ╱

〔**判斷**〕以妻財為用神。妻財子水不上卦，空而伏藏，同時被日
　　　　月剋傷，又入墓於日。古書上云："伏居空地，事與心違"，
　　　　想找找不到。父母午火獨發來沖，本為吉象。可惜與變爻相
　　　　合，貪合忘沖，還是找不到。

〔**回饋**〕最後沒有找到，重新買了新的。

例10、戌月壬午日（旬空：申酉），我的一位學生，在坐公車的
　　　時候，被小偷偷了，遺失了錢、提款卡和身份證等。看結
　　　果如何？得震為雷。

白虎	妻財戌土	〃世
螣蛇	官鬼申金	〃
勾陳	子孫午火	／
朱雀	妻財辰土	〃應
青龍	兄弟寅木	〃
玄武	父母子水	／

〔判斷〕錢財和提款卡看妻財，身份證看父母爻。父母子水休
　　　囚，被月剋日沖。元神又空是日破，已經回不來了。

　　　而妻財兩現，應上妻財。辰土月破。世爻妻財戌土，月扶日
　　　生旺相。辰土月破取半數。我判斷現金損失2500元，不能回
　　　來了。但世上戌土旺相，提款卡上的錢不會損失。馬上辦理
　　　掛失，就可以了。

〔回饋〕後來，身份證和弄丟的現金2500多元，沒有回來。提款
　　　卡掛失，沒造成更大的損失。

例11、子月庚午日（旬空：戌亥），一位學生的姐姐，把單據弄
　　　丟了。問能否找到？得風澤中孚。

螣蛇		官鬼卯木	╱
勾陳	妻財子水	父母巳火	╱
朱雀		兄弟未土	╱╱ 世
青龍	子孫申金	兄弟丑土	╱╱
玄武		官鬼卯木	╱
白虎		父母巳火	╱ 應

〔判斷〕以父母爻為用神。父母巳火雖然被月剋，但午日本為父
　　　母，臨日合世爻。用神旺相合世，沒有遺失。

〔回饋〕隨後在癸酉日巳時找到。應酉日者，沖動元神，來生之
　　　故。

例12、子月丁巳日（旬空：子丑），我的日本學生，測眼藥找不
　　　到了。是否可以找到？得澤地萃之澤水困。

青龍	父母未土 〃	
玄武	兄弟酉金 〆 應	
白虎	子孫亥水 〆	
螣蛇	妻財卯木 〃	
勾陳	官鬼巳火 × 世	父母辰土
朱雀	父母未土 〃	

〔**判斷**〕以子孫為用神。子孫為水為液體，臨白虎主醫藥，正
　　　是眼藥的訊息。用神得月比扶，日沖為暗動。用神暗動剋世
　　　爻，可以找到。世爻和日相同，沖動子孫。所以是自己找
　　　到。巳火沖動用神，在東南可以找到。

〔**回饋**〕結果在東南的窗戶旁找到了。

例13、酉月壬午日（旬空：申酉），一女子的汽車被偷了。測可
以找到嗎？得澤風大過之雷風恆。

白虎		妻財未土 〃	
螣蛇		官鬼酉金 ○	官鬼申金
勾陳	子孫午火	父母亥水 〆 世	
朱雀		官鬼酉金 〆	
青龍	兄弟寅木	父母亥水 〆	
玄武		妻財丑土 〃 應	

〔判斷〕以父母為用神。卦裡父母兩現，以世上父母亥水，為用
　　　神。用神得月生扶，又在世爻，元神發動來生，是汽車回到
　　　身邊的訊息。元神空亡，出空可以找到。

〔回饋〕結果在癸卯日找到了，應了沖空。

㉗

──── 預測考試 ────

從小到大，很多人要經歷各種各樣的考試，考初中、考高中、考大學、考研究生等。到了社會，還要參加就業考試，招聘考試。還有工作後提升職稱，又要進行職稱考試。從表面上來看，考試結果好像與參與考試人的水準，有一定的關係，但實際上，考試結果往往出乎人的意料，成績只是成功的一個因素而已。在一定程度上，更受運氣的影響。

有的人考了第一名也沒考上。有的人分數差點，也考上了學校。有的平常學習不錯，卻在考試的時候，沒有發揮好。有的人平常成績平平，但考的題目正好都會，考試成績反而不錯。這不能不說是運氣的原因。

從我所驗證過的一些例子來看，有的人還沒有參加考試，考試的結果，就提前預測出來了。有時候連對方考的分數，也能推斷出來，比他自己評估的還要精確。所以，六爻預測在這方面，很有研究價值。對於參加考試的人，報考志願和選擇錄取學校方位等，很有參考作用。

◎六爻預測考試，是以官鬼為用神的，同時參考父母爻。官鬼
　為名次。父母為成績與錄取通知書。官鬼旺相，就可以考
　好。而根據父母的衰旺和所臨六神，可以判斷學習科目的情
　況。

◎日月與官鬼、父母，五行相同，或生合官鬼、父母爻時，考
　試一定會考出好成績。

◎父母休囚，官鬼旺而發動，生合世爻，也可以考上學校。官
　鬼為重，父母為輕。

◎父母持世動，而化官鬼，考試結果滿意。官鬼發動，化進
　神，成績越考越好。

◎官鬼、父母成三合局，考試一定通過。

◎青龍臨官鬼發動，生合世爻。升學之喜臨身。

◎青龍、白虎同時發動，可以考得第一名。

◎子孫不宜持世，更不宜在卦中發動。子孫發動，多會落選。
　但官鬼旺相，子孫臨世在五爻，也可以考上。或者子孫持
　世，化出官鬼旺相，也可以考上。

◎官鬼、父母、世爻，皆不宜月破、空亡。空破休囚者，落榜
　無疑。

◎官鬼不宜生應爻，此謂之無情。旺相也難考上學校。

◎妻財發動，掏錢上學，或僥倖得名。

◎子孫、妻財同時發動，入學考試怕有難度。

◎求職考試，職稱評定考試，都可以按入學考試的方法預測。

◎父母臨朱雀，青龍在初爻，主語文科目。

◎父母臨青龍在五爻，主政治科目。

◎父母在六爻臨朱雀，主外語。父母在外卦臨應爻朱雀，也主外語。父母臨月，沖破卦中父母，也主外語不好。父母在兌宮臨朱雀，也主外語。

◎父母臨螣蛇，主化學，藝術科目。

◎父母臨白虎，主物理，體育科目。也主法律專業，醫學專業。

◎父母臨勾陳，主歷史，地理科目。

◎父母臨玄武，主數學科目。

例1、寅月己巳日（旬空：戌亥），一日本女子，測兒子考高中如何？得兌為澤之澤水困。

勾陳　　　　　父母未土 〃 世
朱雀　　　　　兄弟酉金 ／
青龍　　　　　子孫亥水 ／
玄武　　　　　父母丑土 〃 應
白虎　　　　　妻財卯木 ／
螣蛇　　　　　官鬼巳火 ○　　　　妻財寅木

〔判斷〕以官鬼為用神。卦中雖然有子孫暗動。但官鬼獨發生世爻，得月生日扶，而且化回頭生。所以可以考上。

〔回饋〕但是求測者說，兒子在考試的時候，因為時間分配不合理，許多會的內容，也沒有回答完。自己考完，覺得沒有希望。報考的學校，是數一數二的學校，競爭非常激烈，很難考的。學校的老師也說，是差兩三分沒有考上。但是在壬寅日，公佈結果的時候，竟然榜上有名。

例2、寅月丙辰日（旬空：子丑），日本一男子求測兒子考大學如
何？得天雷無妄之天澤履。

青龍	妻財戌土	╱	
玄武	官鬼申金	╱	
白虎	子孫午火	╱ 世	
螣蛇	妻財辰土	╱╱	
勾陳	兄弟寅木	╳	兄弟卯木
朱雀	父母子水	╱ 應	

〔**判斷**〕以官鬼為用神。官鬼申金，雖然得日生扶，被月沖破。
忌神子孫午火持世。兄弟寅木獨發，為官鬼絕地。又是六沖
卦。所以一定考不上。

〔**回饋**〕果然沒有考上。

例3、寅月乙酉日（旬空：午未），日本一男子，測兒子考私立學
　　校如何？得雷火豐之水火既濟。

玄武	官鬼戌土 〃	
白虎	父母申金 × 世	官鬼戌土
螣蛇	妻財午火 ○	父母申金
勾陳	兄弟亥水 〃	
朱雀	官鬼丑土 〃 應	
青龍	子孫卯木 〃	

〔判斷〕以官鬼為用神。卦中官鬼兩現，以應上官鬼丑土，為用
　　　　神。用神不得日月生扶，被月剋傷為休囚。用神雖然有妻財
　　　　午火，發動來生。但空亡化月破，無力生用神。加上世爻文
　　　　書月破，所以很難考上。

〔回饋〕果然沒有考上。

例4、戌月戊寅日（旬空：申酉），一人測兒子考試如何？得震為雷之澤火革。

朱雀	妻財戌土 〃 世	
青龍	官鬼申金 ×	官鬼酉金
玄武	子孫午火 ／	
白虎	妻財辰土 × 應	父母亥水
螣蛇	兄弟寅木 〃	
勾陳	父母子水 ／	

〔**判斷**〕以官鬼為用神。用神官鬼申金，雖然空亡，但是月生，動爻來生，為旺相。又動化進神。所謂，動不為空，旺不為空，一定可以考上。

〔**回饋**〕果然考上了學校。

例5、未月己丑日（旬空：午未），日本一學生，測自己土木工程
技術管理資格考試如何？得火澤睽之乾為天。

勾陳		父母巳火　／	
朱雀	妻財子水	兄弟未土　×	子孫申金
青龍		子孫酉金　／世	
玄武		兄弟丑土　×	兄弟辰土
白虎		官鬼卯木　／	
螣蛇		父母巳火　／應	

〔**判斷**〕以官鬼為用神。官鬼卯木，不得日月生扶，為休囚。又
入墓於動爻未土，忌神子孫旺而持世，一定考不上。

〔**回饋**〕果然沒有考上。

例6、卯月壬辰日（旬空：午未），一女測考護士如何？得地澤臨
之山澤損。

白虎	子孫酉金 ×	官鬼寅木
螣蛇	妻財亥水 〃 應	
勾陳	兄弟丑土 〃	
朱雀	兄弟丑土 〃	
青龍	官鬼卯木 〃 世	
玄武	父母巳火 〃	

〔判斷〕以官鬼為用神。官鬼卯木持世，得月比扶，為旺相。
雖然忌神子孫發動，但被日辰合住，貪合忘剋。而且動化官
鬼，又是青龍臨世爻，喜悅之象。一定可以考上。

〔回饋〕果然考上護士。

例7、寅月辛未日（旬空：戌亥），日本一人測女兒考高中如何？
得雷澤歸妹。

螣蛇		父母戌土 〃應
勾陳		兄弟申金 〃
朱雀	子孫亥水	官鬼午火 ／
青龍		父母丑土 〃世
玄武		妻財卯木 ／
白虎		官鬼巳火 ／

〔**判斷**〕以官鬼為用神。官鬼兩現，以近世爻合日的官鬼午火為
用神。用神得月生旺相。用神生世，世爻臨青龍喜悅之象。
所以一定可以考上。

〔**回饋**〕果然考上了高中。

例8、 子月乙亥日（旬空：申酉），一男子測自己考私立中學如何？得澤山咸。

玄武		父母未土	〃	應
白虎		兄弟酉金	／	
螣蛇		子孫亥水	／	
勾陳		兄弟申金	／	世
朱雀	妻財卯木	官鬼午火	〃	
青龍		父母辰土	〃	

〔**判斷**〕以官鬼為用神。官鬼午火，被月沖破，日月剋用神，為休囚。很難考上。

〔**回饋**〕果然沒有考上。

22

例9、午月甲午日（旬空：辰巳），一女測女兒能否考上重點高
中？得地天泰。

玄武		子孫酉金 〃 應
白虎		妻財亥水 〃
螣蛇		兄弟丑土 〃
勾陳		兄弟辰土 〃 世
朱雀	父母巳火	官鬼寅木 〃
青龍		妻財子水 〃

〔**判斷**〕以官鬼為用神。官鬼寅木不得日月生扶，為休囚。加上
世爻空亡，也不是吉祥之象。一定考不上重點高中。

〔**回饋**〕果然沒有考上。

例10、午月甲午日（旬空：辰巳），另外一人，也測孩子考重點
高中如何？得雷風恆之天雷無妄。

玄武		妻財戌土 × 應	妻財戌土
白虎		官鬼申金 ×	官鬼申金
螣蛇		子孫午火 ╱	
勾陳		官鬼酉金 ○ 世	妻財辰土
朱雀	兄弟寅木	父母亥水 ○	兄弟寅木
青龍		妻財丑土 ×	父母子水

〔**判斷**〕以官鬼為用神。官鬼兩現而且都發動了。以世爻官鬼酉
金，為用神。用神不得日月生扶，被日月剋壞，為休囚。外
卦伏吟，世爻動，而化空。也是不吉之象，一定考不上。

〔**回饋**〕果然沒有考上。

例11、亥月辛卯日（旬空：午未），一人測女兒考高中如何？得
　　　山地剝之山澤損。

臘蛇　　　　　妻財寅木 ／
勾陳　兄弟申金　子孫子水 〃 世
朱雀　　　　　父母戌土 〃
青龍　　　　　妻財卯木 〃
玄武　　　　　官鬼巳火 × 應　　妻財卯木
白虎　　　　　父母未土 ×　　　官鬼巳火

〔判斷〕以官鬼爻，為用神。官鬼巳火，雖然被月沖破，但是有
　　　日生扶，更吉者，動化回頭生。子孫持世在五爻，五爻為尊
　　　位，子孫又可以代表孩子，孩子到了顯赫的爻位，所以一定
　　　可以考上。

〔回饋〕果然考上了學校。

例12、丑月壬戌日（旬空：子丑），一女子測兒子入學考試如何？得火地晉之火雷噬嗑。

白虎	官鬼巳火 　/	
螣蛇	父母未土 　//	
勾陳	兄弟酉金 　/ 世	
朱雀	妻財卯木 　//	
青龍	官鬼巳火 　//	
玄武　子孫子水	父母未土 　×　應	子孫子水

〔判斷〕以官鬼為用神。卦裡官鬼兩現，以臨應爻近者，官鬼巳火為用神。用神不得日月生扶，入墓於日，入學考試怕是有困難。

卦裡父母未土兩現，被月沖破。初爻父母臨玄武，判斷她兒子數學不好。五爻父母月破。五爻為官，主政治。所以，判斷政治科目也不好。月也是父母爻，沖破了卦中的父母。日月為週邊的科目，不屬於本土範圍。所以，判斷外語學得也不好。

〔回饋〕她兒子果然是此三門功課不好。最後果然沒有考上。

㉘

預測工作

大部分人在社會上，不能擁有自己的公司，需要有個工作，來保障生活。但不是所有的人，在工作上都能一帆風順的，總有這樣那樣的煩惱。有的是上司不重用，有的是受同事排擠。有的則是因為自己工作失誤，影響了工作。也有的人是工作很好，還想再上一層。也有的覺得工作環境不好，想換個地方等等。

一個人離開學校，走向社會以後，首先涉及到的就是找工作。如果想找公務員之類的工作，還會有考試，可以參考考試一章。如果是一般的工作，就以官鬼為用神，進行判斷。官鬼為工作，父母為工作的公司、單位。如果是已經有工作，問升遷或工作變動，也以官鬼為用神進行判斷。

◎官鬼持世，或生合世爻，為吉。青龍、朱雀臨官鬼更吉。官鬼臨青龍，工作好。為公務員，比較高雅、令人羨慕的工作。臨朱雀為文書、教育、以口為職業的工作。臨勾陳，為坐辦公室，室內工作。臨螣蛇，為技術方面的工作。臨白虎，為政法、警察、法律方面的工作。臨玄武，為投機方面的工作，或在私人企業工作等。此為大概之論述，具體要看卦的變化，靈活判斷。

◎官鬼持世，子孫臨日月，或子孫在卦中發動，為工作不順的訊息。

◎日月為官鬼，生合世爻。工作上，多得上級領導的照顧，和支援。官鬼臨朱雀，有可能做書記、秘書之類的工作。臨白虎，多為員警、保全，在部隊工作。

◎官鬼在第五爻，做的是比較重要的工作，或在公司當領導。

◎官鬼動，而化進神，工作順利，節節高升，前途一片光明。

◎官鬼動，而化退神，工作漸漸不好，有可能失去工作。

◎官鬼剋世，工作壓力大，工作不順心，或領導對自己不好。

◎子孫在卦中發動，就職難。已經就職者，要防止工作丟失。憂慮的情況下，反而是有好事出現。

◎預測工作，月為上級領導，日為同事。五爻也為領導。

◎官鬼臨子、午、卯、酉為正職。寅、申、巳、亥為偏職。辰、戌、丑、未為雜職。

◎工作的方位，以官鬼所臨地支判斷。工作變動，以世爻，為現在的工作環境。應爻，為要去的地方。

◎找工作，官鬼旺相，工作易找。官鬼休囚，工作難尋。

◎如果是測升職，宜官鬼持世，或生合世爻。不宜官鬼剋世和月破、空亡。

◎卦中官鬼和父母兩現，多為兼職。

◎父母旺相，工作單位大。休囚工作單位小。妻財弱，父母剋世，乃是工作單位不景氣。

◎妻財為工資，旺而生世，工資高。兄弟發動，防降工資。

◎六沖卦，工作不安定。六合卦，工作安穩。

◎遊魂卦，多為工作變動。官鬼、父母發動，也多為工作變動的訊息。

例1、子月辛酉日（旬空：子丑），一男測升官成否？得地風升之
　　水風井。

螣蛇		官鬼酉金 〃	
勾陳		父母亥水 ×	妻財戌土
朱雀	子孫午火	妻財丑土 〃 世	
青龍		官鬼酉金 ∕	
玄武	兄弟寅木	父母亥水 ∕	
白虎		妻財丑土 〃 應	

〔判斷〕以官鬼為用神。卦裡官鬼兩現，都沒有發動。以臨世爻
　　近者，三爻官鬼酉金為用神。月不剋，日比扶為旺相。可以
　　升遷。

　　世爻空亡，自己有些擔心。一般世爻空，應出空。但文書獨
　　發，化回頭剋，需要卯月合住變爻，同時又沖用神，卯月可
　　升。

〔回饋〕果然在卯月升官。

例2、子月壬申日（旬空：戌亥），一男測升官成否？得澤天夬。

白虎		兄弟未土 〃	
騰蛇		子孫酉金 丿	世
勾陳		妻財亥水 丿	
朱雀		兄弟辰土 丿	
青龍	父母巳火	官鬼寅木 丿	應
玄武		妻財子水 丿	

〔**判斷**〕以官鬼為用神。官鬼得月生為旺相，日沖暗動。雖然子孫持世，但世在五爻，五爻為尊位。應上官旺，正是我去克制他人之官，所以可成。官鬼寅木暗動，寅月可成。

〔**回饋**〕果然在寅月升遷。

例3、亥月庚戌日（旬空：寅卯），一女子測找工作如何？得雷山
小過之火天大有。

螣蛇		父母戌土 ×	官鬼巳火
勾陳		兄弟申金 〃	
朱雀	子孫亥水	官鬼午火 〡 世	
青龍		兄弟申金 〡	
玄武	妻財卯木	官鬼午火 ×	妻財寅木
白虎		父母辰土 × 應	子孫子水

〔判斷〕以官鬼為用神。卦中官鬼兩現，說明有兩個工作選擇。
官鬼不得日月生扶，月剋入墓於日。二爻官鬼午火發動生
應，為無情。另外一個官鬼持世，持世為得到。所以，會選
擇其中的一個去做。二爻官鬼，間隔一個爻位，離世爻遠。
而四爻官鬼，臨世爻，會選擇離自己近的地方去上班。

官鬼雖然臨世爻，但是被月剋，又入墓在日。本為休囚，再
加上墓庫在卦裡又發動，化官鬼。墓庫為收藏，有結束的意
思。所以，找到工作也做不長，還會換新的工作。

卦在兌宮，世爻臨朱雀，主本人好說話，多管閒事。官鬼入
墓，子月沖剋，工作發生變化。

〔回饋〕實際正有兩個工作可選擇。她最後選擇了，離家近的公司
去上班。上了一個月，就因和同事不和，被老闆辭退了。

例4、子月丙子日（旬空：申酉），一人測是否可以當上佛教協會的理事？得巽為風。

青龍	兄弟卯木 ∕	世
玄武	子孫巳火 ∕	
白虎	妻財未土 ∥	
螣蛇	官鬼酉金 ∕	應
勾陳	父母亥水 ∕	
朱雀	妻財丑土 ∥	

〔**判斷**〕以官鬼為用神。官鬼不得日月生扶，日月為官鬼死地，為休囚。同時，用神又逢空亡，又是六沖卦，一定不成。

〔**回饋**〕果然沒有當上。

例5、子月丁丑日（旬空：申酉），一在銀行工作的女子，測自己
不小心把銀行的工作卡，丟失了。看能否找到？自己會不會
被處分？得巽為風之水風井。

青龍	兄弟卯木 ○ 世	父母子水
玄武	子孫巳火 ╱	
白虎	妻財未土 ╱╱	
螣蛇	官鬼酉金 ╱ 應	
勾陳	父母亥水 ╱	
朱雀	妻財丑土 ╱╱	

〔判斷〕銀行的工作卡，等於是文書一類的。所以，看父母爻。
用神得月比扶，世爻又動，化出父母回頭生。一定可以找
到。

工作的情況，看官鬼爻。官鬼雖然空亡，但得日生，世爻動
而沖空。自己努力，就可以圓滿解決問題。卦中妻財未土，
又暗動來生官鬼。有人暗中幫助來擔保。不過兄弟發動，要
被罰款的。

〔回饋〕後來果然找到了卡，原來，是被到銀行來辦事的一個客
戶撿走了。隨後要回。經上司擔保，沒有被處分，但被罰款
200元。

例6、一女子測工作調動能成否？酉月丙辰日（旬空：子丑），得
　　　風水渙之風澤中孚。

青龍		父母卯木	/	
玄武		兄弟巳火	/ 世	
白虎	妻財酉金	子孫未土	//	
螣蛇	官鬼亥水	兄弟午火	//	
勾陳		子孫辰土	/ 應	
朱雀		父母寅木	×	兄弟巳火

〔判斷〕以官鬼為用神。官鬼亥水不上卦，得月生不算休囚。
用神伏藏又入墓於日，本是不能動的跡象。但是化出遊魂，
主離開單位。更有父母臨朱雀發動，生世爻。父母為文書調
令，也是工作單位。發動，表示工作場所，要發生變化。所
以，判斷一定可以調動成功。

動而逢值逢合。亥月合父母寅木，官鬼亥水伏藏出現，世爻
又被沖動，亥月可以調動成功。世爻臨五爻為尊位、領導的
爻位。所以，此去工作帶有職務，是升遷。

〔回饋〕果然，在亥月調到一銀行做行長。

例7、戌月壬申日（旬空：戌亥），一女子測競選能否成功？得風
天小畜。

白虎		兄弟卯木 ╱
螣蛇		子孫巳火 ╱
勾陳		妻財未土 ╱╱ 應
朱雀	官鬼酉金	妻財辰土 ╱
青龍		兄弟寅木 ╱
玄武		父母子水 ╱ 世

〔**判斷**〕以官鬼為用神。官鬼酉金，雖然不上卦，但月生日扶，
為旺相。更吉者，飛神被月建沖破，伏藏而得出。官鬼臨
日，生世爻。一定可以成功。

〔**回饋**〕庚辰日得知競選成功。

例8、寅月己未日（旬空：子丑），男測升遷，得天澤履之澤水困。

勾陳　　　　兄弟戌土 ○　　　　兄弟未土
朱雀　妻財子水　子孫申金 ／世
青龍　　　　父母午火 ／
玄武　　　　兄弟丑土 〃
白虎　　　　官鬼卯木 ／應
螣蛇　　　　父母巳火 ○　　　　官鬼寅木

〔判斷〕以官鬼為用神。官鬼得月比扶，為旺相。但是入墓於日，又被動爻戌土合住。兄弟主競爭，又為奪標之惡客，升官比較困難。世在五爻，本是吉象，處在了領導的爻位。但是被月上，官鬼沖破，就不好了。

父母巳火發動，合住世爻，無力克制，應上官鬼。也就是自己競爭不過別人。但是文書已經發動，又化出官鬼。工作將要變動。動而逢值逢合。巳月工作有變化。

〔回饋〕結果沒有升官，巳月工作調動了。

例9、寅月庚申日（旬空：子丑），一人測官運如何？得雷火豐之
　　　地天泰。

螣蛇	官鬼戌土 〃	
勾陳	父母申金 〃 世	
朱雀	妻財午火 ○	官鬼丑土
青龍	兄弟亥水 〳	
玄武	官鬼丑土 × 應	子孫寅木
白虎	子孫卯木 〳	

〔判斷〕以官鬼為用神。卦中官鬼兩現，以發動之爻官鬼丑土
　　　　為用神。世爻在五爻為尊位，現在官運已經高高在上。但是
　　　　用神被月剋，日不生扶。空而又化回頭剋，此官不保。防未
　　　　月，沖實被剋而丟官。不過四爻午火動而化官，此失而彼
　　　　得。

〔回饋〕壬午年預測，此人為某省長秘書長。結果當年午月，又
　　　　兼任某單位領導。應了午火化出官鬼。當年未月沒有丟官。
　　　　而在次年癸未年未月被撤去了秘書之職。到丑月兼任的職務
　　　　也被迫取消。

例10、寅月戊午日（旬空：子丑），某女測工作面試，能否被錄
　　　用？得水山蹇之風水渙。

朱雀　　　　　　　子孫子水 ×　　　　妻財卯木
青龍　　　　　　　父母戌土 〡
玄武　　　　　　　兄弟申金 〢世
白虎　　　　　　　兄弟申金 ○　　　　官鬼午火
螣蛇　妻財卯木　　官鬼午火 ×　　　　父母辰土
勾陳　　　　　　　父母辰土 〢應

〔判斷〕以官鬼為用神。卦中官鬼午火，月生日扶，為旺相本
　　　吉。但用神剋世爻，而生應爻，此為無情。加上子孫動於卦
　　　中。所以不會被錄用。

〔回饋〕果然沒有被錄用。

例11、辰月壬子日（旬空：寅卯），一副鄉長測縣裡領導人事大
　　　調整。自己結果如何？得澤雷隨。

白虎		妻財未土　〃　應
螣蛇		官鬼酉金　／
勾陳	子孫午火	父母亥水　／
朱雀		妻財辰土　〃　世
青龍		兄弟寅木　〃
玄武		父母子水　／

〔**判斷**〕以官鬼為用神。官鬼酉金在五爻，得月生合，為旺相。
　　　五爻為尊位，官旺合世，得官之象。子午卯酉為正，一定是
　　　到某個單位出任負責人。世爻為水的墓庫。子水臨玄武，亥
　　　水臨勾陳。玄武為水，勾陳為田土。所以，判斷不是到自來
　　　水公司任職，就是到土地局任職。

〔**回饋**〕結果丁巳日得到調令，到鄉鎮局任職負責人。

例12、辰月癸丑日（旬空：寅卯），一人測單位要新選科室主
　　任。測自己能當上否？得雷澤歸妹之天澤履。

白虎		父母戌土 × 應	父母戌土
螣蛇		兄弟申金 ×	兄弟申金
勾陳	子孫亥水	官鬼午火 ╱	
朱雀		父母丑土 ╫ 世	
青龍		妻財卯木 ╱	
玄武		官鬼巳火 ╱	

〔判斷〕以官鬼為用神。卦中官鬼兩現，以逢合之爻，官鬼巳火
　　為用神。用神不得日月生扶，元神空亡，外卦伏吟，用神入
　　墓，都是不利之象。用神被兄弟申金合去，兄弟為同事，此
　　為他人得的訊息。

〔回饋〕隨後果然沒有得到科室主任一職。

例13、巳月辛巳日（旬空：申酉），一人測升官成否？得澤天夬
　　　之兌為澤。

螣蛇	兄弟未土 〃	
勾陳	子孫酉金 ／ 世	
朱雀	妻財亥水 ／	
青龍	兄弟辰土 ○	兄弟丑土
玄武 父母巳火	官鬼寅木 ／ 應	
白虎	妻財子水 ／	

〔判斷〕以官鬼為用神。官鬼寅木不得日月生扶，為休囚。世爻
　　　在五爻，五爻雖然是領導的爻位，但是空亡，表示不能到了
　　　領導的位置上。更有兄弟辰土，合住世爻被絆，不能去克制
　　　應上之官。無力與他人競爭。而應上官鬼休囚，也無位置可
　　　讓他爭。所以，一定不能升遷。兄弟發動剋財，為了升官，
　　　一定破費不少。

〔回饋〕結果花了十幾萬，長官也答應提拔他，但最後卻沒有升
　　　官。

例14、巳月癸丑日（旬空：寅卯），日本某人預測競選市長，讓我預測，得火天大有。

白虎	官鬼巳火	╱ 應
螣蛇	父母未土	╱╱
勾陳	兄弟酉金	╱
朱雀	父母辰土	╱ 世
青龍	妻財寅木	╱
玄武	子孫子水	╱

〔判斷〕以官鬼為用神。官鬼巳火，臨月生世爻。必然可以獲得成功。我在網上提前公佈了預測結果。

〔回饋〕後來在亥月競選成功，應了逢沖。

㉙

——— 預測婚姻 ———

在人生的道路上，事業固然重要，但婚姻，也是人生必不可少的一部分。人們把婚姻當作人生的頭等大事，可見其重要性。

大部分人不甘於寂寞，都想體驗幸福的感覺。與異性結婚，建立家庭，繁衍子孫後代。但是命運是不公平的，每個人未必都會擁有幸福的婚姻，夫妻未必都可以白頭到老。或是離婚，或是死別。

六爻預測，不只是預測出婚姻的，發展趨勢就算完成。而是要盡可能地改變，婚姻不好的狀況。讓人們擁有一個，快樂幸福的人生。

預測婚姻，用神與世應的關係，非常重要。女人預測婚姻，以官鬼為用神，以應爻為夫位。男人預測婚姻，以妻財為用神，以應爻為妻位。或以世爻，為預測人的家庭，應爻，為婚姻對方的家庭。

◎預測婚姻，宜用神旺相，生合世爻。不宜休囚空破，或剋世、生合應爻。

◎世應相生合，則吉，易成夫妻。相剋，則不吉，易兩人分離。

◎世應五行相同，多借媒人之力，成就婚姻。世應相剋，若有動爻通關，以解二者之剋。乃是通過別人的幫助，婚姻獲得成功。

◎男人預測婚姻，世生應爻。或用神，是自己喜歡對方。發動，乃是自己主動追求對方。應或用神生世爻，乃是女人願意交往。

◎間爻動而生忌神，或間爻為忌神發動時，有人從中挑撥二人關係。

◎世爻旺而剋應，多為嫌對方家庭地位低，家底薄，家庭不富裕。

◎世應納支同在一卦，兩人為同學、同事、或同鄉等關係。

◎二人是否真心相愛，看世應如何。相生相合，用神旺而持世，二人同心。世應有一空亡，就不會一心一意。世應都空，彼此欺瞞，各懷鬼胎。

◎妻財臨白虎剋世，女人厲害。受妻子欺壓，或妻子不孝敬公婆。

◎世爻入墓於妻財或應爻，為怕老婆。世爻動，而生應上妻財，為入贅女家。妻財臨二爻尤其應驗。

◎未婚，用神動，而化進，對方非常想成就此婚姻。化退，將來會變心，遠離而去。

◎用神不宜與旁爻相合，出現相合，多為婚外情。

◎世應也不宜，動而化退。化退為一方有退悔之心。

◎男測婚，不宜兄弟持世。女則不宜子孫持世。男測婚，不宜應爻化財。女測婚，不宜應爻化官。

◎卦中有用神，不宜再動而化出，與用神五行相同的六親。多為婚外情。

◎預測婚姻，不宜財官互伏。也不宜伏在兄弟爻下。表明對方有第三者，或為有家室之人。

◎六沖，夫妻感情不和。六合，婚姻相對穩定。

例1、寅月己未日（旬空：子丑），一女子測與男朋友如何？得震為雷之天澤履。

勾陳	妻財戌土 × 世	妻財戌土
朱雀	官鬼申金 ×	官鬼申金
青龍	子孫午火 ／	
玄武	妻財辰土 〃 應	
白虎	兄弟寅木 ×	兄弟卯木
螣蛇	父母子水 ／	

〔**判斷**〕以官鬼為用神。六沖卦不和之象。用神臨朱雀被月沖破，朱雀主口舌。外卦伏吟主心情不好、吵架。所以，現在兩人的關係，出現了問題。

兄弟寅木在卦裡發動。兄弟為奪標之六親，臨月沖破了官鬼。說明現在又出現了一個男人來爭取自己。臨白虎主道路，臨月建為司機。

〔**回饋**〕果然是這樣，她嫌原來的男朋友好吃懶惰。正好有個男人追求她。所以，就想和原來的男朋友分開。新的朋友是個給她拉貨的司機，隨後兩人結婚。

例2、2002年卯月乙未日（旬空：辰巳），一婦女測女兒的婚事如何？得天地否之山地剝。

玄武	父母戌土 ╱ 應	
白虎	兄弟申金 ○	子孫子水
螣蛇	官鬼午火 ○	父母戌土
勾陳	妻財卯木 〃 世	
朱雀	官鬼巳火 〃	
青龍 子孫子水	父母未土 〃	

〔**判斷**〕以官鬼為用神。卦裡官鬼兩現，以發動之爻，官鬼午火為用神。另外一個官鬼巳火，做為參考。用神動而化出戌土，為半合官鬼局。1998年為戊寅，三合成局。此年應該有談戀愛之事。回饋是相處過一個，但沒有成。

官鬼午火，動而入墓於變爻。入墓需要沖開。所以判斷2000年庚辰沖開墓庫，又相處了一個男朋友。目前官鬼與日相合。日為父母主結婚證書，說明目前已經領結婚證了。回饋是在2000年談了個男朋友，現在已經領結婚證了。官鬼旺相可以成。

〔**回饋**〕隨後兩人結婚。

例3、2002年辰月丙辰日（旬空：子丑），一女子測婚姻在什麼
時候？得天山遯之風地觀。

青龍	父母戌土 〳	
玄武	兄弟申金 〳 應	
白虎	官鬼午火 ○	父母未土
螣蛇	兄弟申金 ○	妻財卯木
勾陳 妻財寅木	官鬼午火 〴 世	
朱雀 子孫子水	父母辰土 〴	

〔判斷〕以官鬼為用神。卦裡官鬼兩現，以發動之爻，官鬼午火
為用神。官鬼午火，為太歲入爻發動。又是官鬼午火，臨世
爻。表示今年有男人在追求自己。

卦為天山遯，遯為藏匿之象。說明自己不接受對方，有意迴
避對方的追求。官鬼與世爻相同，世爻臨勾陳。勾陳主辦公
室。所以這個男孩子為同事。回饋說，目前是有個男孩子在
追求自己，但因為是同一個單位的，自己不想找同事。

我見官鬼，動化父母，父母臨日。所以，判斷這個與結婚證
書的關係緊密，怕這個就是命中的丈夫。另外一個爻申金發
動，2004年甲申結婚。

〔回饋〕果然和這個男人在甲申年結婚了。

例4、辰月丁巳日（旬空：子丑），一女子預測婚姻如何？得雷地豫之天山遯。

青龍		妻財戌土 ×	妻財戌土
玄武		官鬼申金 ×	官鬼申金
白虎		子孫午火 ╱ 應	
螣蛇		兄弟卯木 ×	官鬼申金
勾陳		子孫巳火 〃	
朱雀	父母子水	妻財未土 〃 世	

〔**判斷**〕以官鬼為用神。官鬼申金，得月生日剋，吉凶難定。外卦伏吟，元神月破，婚姻不好，過的不開心。父母為結婚證書，空而不上卦，必然已經離婚。

三爻兄弟卯木動，而又化出官鬼。三爻為床，現在有與男子同居。父母空亡入墓於月。也是沒有領結婚證，與人同居的訊息。

妻財戌土月破，兄弟卯木動合破，而化官鬼。同居的目的，是為了生活費。因為妻財戌土臨青龍，青龍主飲食。所以是生活費。卯木動而化出官鬼，主此事發生在1999年己卯。

〔**回饋**〕果然如上所測，98年離婚。因為沒有工作，沒有生活來源。所以99就和一個男人同居，靠這個人給她生活費。

例5、2005年戌月辛巳日（旬空：申酉），某男預測自己什麼時候結婚？得山地剝之風地觀。

螣蛇	妻財寅木 　／	
勾陳　兄弟申金	子孫子水　×　世	官鬼巳火
朱雀	父母戌土　∥	
青龍	妻財卯木　∥	
玄武	官鬼巳火　∥　應	
白虎	父母未土　∥	

〔**判斷**〕以妻財為用神。卦裡妻財兩現，以離世爻近者，妻財寅木，為用神。子孫持世，動而化鬼化絕。子孫為孩子，官鬼為死亡，絕表示沒有了。巳火對應巳年，所以主2001年（辛巳）流產過。

世爻在五爻發動。世爻為自己，五爻為道路，發動主奔波。化絕月剋，生財爻力量不足。絕在官鬼主事業。所以，判斷因為自己沒有固定的事業，到處奔波而不能結婚。子水獨發，我判斷在丑年，世爻逢合可以結婚。

〔**回饋**〕實際上他2001年和女友同居懷孕而流產。因為自己在全國各地開創事業，沒有固定的地方，所以遲遲沒有成家。女友也一直等了好幾年。最後是不是在丑年結婚，還需要驗證。

例6、戌月丁卯日（旬空：戌亥），一男子測與女友分手如何？得
　　澤地萃之水地比。

青龍	父母未土 〃	
玄武	兄弟酉金 〃 應	
白虎	子孫亥水 ○	兄弟申金
螣蛇	妻財卯木 〃	
勾陳	官鬼巳火 〃 世	
朱雀	父母未土 〃	

〔判斷〕以妻財為用神。用神卯木得月合旺，日比扶。又得子孫
亥水獨發來生，用神旺相很難分手。

用神合月，月是父母，父母為結婚證書。此女友為已婚之
人。官鬼巳火持世，被亥水沖之為暗動。官鬼暗動臨世爻，
是心裡煩惱。好在亥水被月剋，日不生扶，又臨空亡，必然
不能長久。所以，最後一定可以分手。兄弟酉金暗動，來年
又是酉年，沖剋妻財，05年一定可以分手。

〔回饋〕一切果然如上所斷。他和一個有丈夫的女子私通。但因
為此女子性格不好，不想繼續下去。剛提出分手，女子就以
自殺威脅他，所以只好作罷。等到了05年，女子自己提出分
手。

例7、戌月丁亥日（旬空：午未），一男子預測與女朋友結果如
何？得山澤損之山天大畜。

青龍　　　　　官鬼寅木 ／ 應
玄武　　　　　妻財子水 ″
白虎　　　　　兄弟戌土 ″
螣蛇　子孫申金 兄弟丑土 × 世　　　兄弟辰土
勾陳　　　　　官鬼卯木 ／
朱雀　　　　　父母巳火 ／

〔判斷〕以妻財為用神。妻財子水月剋，但有日比扶，不算休
囚。兄弟丑土持世，臨三爻合用神。三爻為床，合為得到，
為同居訊息。

財臨日沖父母巳火，父母暗動生世爻。父母為結婚證書，財
沖父母，是女方想結婚。日上妻財合到應爻上，應為妻位，
用神歸位，為結婚的信息。

〔回饋〕隨後兩人於乙酉年結婚。

例8、戌月癸巳日（旬空：午未），一男子預測養狗財運與婚姻。
　　　得震為雷之地水師。

白虎	妻財戌土 〃 世	
螣蛇	官鬼申金 〃	
勾陳	子孫午火 ○	妻財丑土
朱雀	妻財辰土 〃 應	
青龍	兄弟寅木 ×	妻財辰土
玄武	父母子水 ○	兄弟寅木

〔判斷〕如果為了求財，以妻財為用神。財爻戌土持世，得月
　　　　扶日生。卦雖然有兄弟寅木動來剋，但子孫午火也動了，成
　　　　連續相生，有錢可賺。但子孫午火空亡，父母子水在初爻來
　　　　剋，一定有狗死亡。

　　　　而預測婚姻也是看財。當看應上財爻辰土。應上財爻被月令
　　　　戌土沖破，戌為狗，養狗與婚姻一定有衝突。有狗無妻，有
　　　　妻無狗。如果養狗，婚姻定難維持，而且會因婚姻之事破
　　　　財。

〔回饋〕他回饋，自己養狗。狗生了許多小狗，本來可以賣個好
　　　　價錢，買主都從數百里外來求購。但他老婆看見小狗可愛，
　　　　硬是不讓他賣，把買狗人一個一個趕走了。結果也沒賣成，
　　　　得病都死了。他一氣之下和老婆離婚了。

例9、2002年酉月丁未日（旬空：寅卯），一日本男子測什麼時
　　候結婚？得風山漸之天雷無妄。

　　　青龍　　　　　　官鬼卯木　／應

　　　玄武　妻財子水　父母巳火　／

　　　白虎　　　　　　兄弟未土　×　　　父母午火

　　　螣蛇　　　　　　子孫申金　○世　　兄弟辰土

　　　勾陳　　　　　　父母午火　〃

　　　朱雀　　　　　　兄弟辰土　×　　　妻財子水

〔**判斷**〕以財為用神。妻財子水不上卦，月生日剋，難分衰旺。
　　　　再看卦裡，兄弟兩動，表示婚姻晚。

　　　　世動生財，自己很想結婚。但兄弟發動，機緣不到。兄弟雖
　　　　然發動，子孫動而可以連續相生，所以一定有結婚的機會。

　　　　財伏藏，需到亥年，沖去飛神，才能結婚。

〔**回饋**〕丁亥回饋，已經在本年酉月結婚。

例10、辰月乙卯日（旬空：子丑），一女子測和已經離婚的丈夫復婚成否？得山雷頤之山澤損。

玄武		兄弟寅木 `∕`	
白虎	子孫巳火	父母子水 `∥`	
螣蛇		妻財戌土 `∥`世	
勾陳	官鬼酉金	妻財辰土 `∥`	
朱雀		兄弟寅木 ×	兄弟卯木
青龍		父母子水 `∕` 應	

〔判斷〕官鬼為用神。官鬼酉金伏藏。表示丈夫不在身邊。應爻為夫位，臨空亡。表示丈夫位子空著沒人。山雷頤為張口求人之象。她想請求丈夫復婚。但世爻月破，臨螣蛇，螣蛇主不安。說明自己為此事，很煩惱。兄弟寅木，在二爻獨發，為官鬼絕地。二爻為宅，用神絕在宅爻，丈夫不會回家。又主卦遊魂，主分離。所以，一定不會再聚，此事不成。

世爻月破，表示自己心靈破碎。日上兄弟來合解破。日合中帶剋，剋我者官鬼，這個兄弟也可以看成男人。可以解自己破碎的心靈。出月不破，下個月會出現一個男人。但這個兄弟在合破的同時，也剋世上財。所以出現的這個人，是花自己錢的。

〔回饋〕果然沒有和丈夫復婚，在巳月認識了一個，比自己小20歲的男孩，倆人同居在了一起，她掙錢養活對方。

例11、午月戊辰日（旬空：戌亥），一男子求測有人給他介紹對
　　　象。會帶對方來否？得雷地豫之雷火豐。

朱雀		妻財戌土 //	
青龍		官鬼申金 //	
玄武		子孫午火 / 應	
白虎		兄弟卯木 ×	父母亥水
螣蛇		子孫巳火 //	
勾陳	父母子水	妻財未土 × 世	兄弟卯木

〔判斷〕以妻財為用神。卦裡財爻兩現，以發動之爻，妻財未土
　　　為用神。本來用神得月建生合，日扶為旺。又用神臨世，應
　　　該可以表示會來。但是，用神動化回頭剋。間爻兄弟動剋財
　　　爻。中間有人插入，影響了介紹對象，所以不會來。

〔回饋〕結果是半路殺出程咬金。又有人給這個女孩子，介紹
　　　了另外一個男朋友。女孩覺得對方條件更好，就和那個談上
　　　了。最後沒有來這裡相親。

30

──── 預測妊娠和生育 ────

俗話說："不孝有三，無後為大。"古人把生兒育女，排在了人生很重要的地位。孩子是男女愛情的結晶，也是人類繁衍延續後代的根本。

有的人結婚好幾年，為沒有孩子而著急。有的年輕人，未婚先孕想作人工流產。有的是同居，擔心懷孕，有的是懷孕以後，想知道平安與否等等。因此預測妊娠和生孩子，也是六爻研究的重要課題之一。

來求測妊娠和生孩子的人，各種各樣。用神也隨著來人的不同，有所變化。

如果一直無法懷孕，看一生有沒有孩子，就以子孫爻，為用神。子孫旺相得生扶，為有子。休囚空破，動而化凶者，一生難有子女。如果懷疑是懷孕，看懷孕與否，就以子孫為用神，同時參考子孫的胎爻。胎爻的取法，以五行長生十二宮來查，數到胎就是胎爻。來人如果是測母親懷孕，則以兄弟爻為用神。

◎子孫與胎爻旺相，是懷孕的信息，如果休囚空破則是沒有懷孕。

◎子孫旺相，但胎爻空破，或子孫動而化凶，為懷孕流產、墮胎的信息。

◎子孫胎爻安靜為吉。若子孫發動臨白虎，乃是將要臨產的信息。

◎父母爻不宜發動。發動，子孫必然受傷。定有某種原因引起對胎兒不利。若兄弟爻同時發動，就會受害輕些。

◎二爻為胎位，同時也是子宮的爻位。子孫臨青龍或勾陳旺，而居此爻位，懷孕無疑。

◎子孫不宜，動而化官鬼，化父母回頭剋。為胎兒死亡或生病的信息。

◎子孫爻逢合、入墓、遇六合卦，為難產的信息。遇六沖卦，或子孫被他爻沖之，為順產的信息。

◎判斷嬰兒的性別，以子孫爻的旺衰，和所臨爻位的陰陽。所在卦宮的陰陽，以及動爻的陰陽變化來判斷。子孫為陽爻旺相，為男，反之為女。在陽宮為男，在陰宮為女。子孫旺相，陽爻動為女，陰爻動為男。子孫休囚，以子孫陰陽結合卦宮判斷。又以爻位決定，一爻獨發，看動爻。二爻發動，看上爻。三爻發動，看中爻。多爻發動看靜爻。卦象不明可以再搖卦分析。

◎子孫爻兩動，胎爻雙現，為雙胞胎。

◎應期多以子孫爻，來判斷。伏藏，應出現。沖飛沖用之日
　月。合住應沖開。入墓應沖墓沖用。休囚應長生。月破應實
　破合破或出月。空應沖空實空。也有應子孫胎養之地而生。

例1、此為易友問的一個卦例。丑月壬子日（旬空：寅卯），一人
　　測女友是否懷孕？得山澤損之山火賁。

白虎	官鬼寅木 ╱ 應	
螣蛇	妻財子水 ╱╱	
勾陳	兄弟戌土 ╱╱	
朱雀　子孫申金	兄弟丑土 ✕ 世	妻財亥水
青龍	官鬼卯木 ○	兄弟丑土
玄武	父母巳火 ╱	

〔**判斷**〕以子孫爻為用神。子孫申金不上卦，得月來生不能算是
　　休囚。世爻動生子孫，但是被日合住。貪合忘生，不能生子
　　孫，是沒有懷孕的信息。又二爻是胎位，又是子孫胎爻。胎
　　爻空亡，也是沒有懷孕的信息。所以，應該是沒有懷孕。

〔**回饋**〕實際沒有懷孕，過幾天後來了月經。

例2、寅月庚寅日（旬空：午未），一女測什麼時候能有孩子？得火山旅之雷風恆。

螣蛇	兄弟巳火 ○	子孫戌土
勾陳	子孫未土 〃	
朱雀	妻財酉金 〳 應	
青龍 官鬼亥水	妻財申金 〳	
玄武	兄弟午火 ×	官鬼亥水
白虎 父母卯木	子孫辰土 〃 世	

〔判斷〕以子孫為用神。卦裡子孫兩現，以空亡子孫未土，為用神。子孫不得日月生扶，反被日月剋傷。卦裡雖然元神兩處發動，但巳火動而化墓。午火空而化絕。不能生扶用神。所以，很難有自己的孩子。

〔回饋〕實際上結婚七年了，一直懷孕不了。

例3、卯月甲午日（旬空：辰巳），我的一位學生拿此卦問我，說
是他一個親戚問，近日剖腹產哪天好？得澤地萃。

玄武	父母未土	〃
白虎	兄弟酉金	∕ 應
螣蛇	子孫亥水	∕
勾陳	妻財卯木	〃
朱雀	官鬼巳火	〃 世
青龍	父母未土	〃

〔**判斷**〕以子孫為用神。子孫亥水不得日月生扶，為休囚。但也
不被日月剋。元神酉金臨白虎月破。白虎為血神，應實破。
所以，丁酉日比較好。子孫雖然休囚，但臨陽爻，陽為男，
所以生男孩。

他說已經做過超音波了是女孩。

〔**回饋**〕實際上丁酉日上午，自然生產了一男孩。

例4、未月己亥日（旬空：辰巳），某女覺得經期到了也不見動靜，測是否懷孕？得風水渙之巽為風。

```
勾陳              父母卯木  ╱
朱雀              兄弟巳火  ╱ 世
青龍    妻財酉金  子孫未土  ╲╲
玄武    官鬼亥水  兄弟午火  ×              妻財酉金
白虎              子孫辰土  ╱ 應
螣蛇              父母寅木  ╲╲
```

〔判斷〕以子孫為用。卦裡子孫兩現，以空亡子孫辰土，為用神。用神雖然有月扶為旺。但元神胎地獨發，化死地。世爻為元神，空亡不能生子孫。子孫空亡，也不受元神來生，不會懷孕。

世空也表示自己擔心，日辰沖實了世爻，就不再擔心。又是化六沖卦，憂愁喜見沖。所以也是沒有懷孕的訊息。

〔回饋〕結果第二天就來了月經。

例5、酉月癸亥日（旬空：子丑），一朋友來到我家，見我正在研
究六爻，就說，我來預測一下，看卦靈不靈。我老婆快要生
孩子了，看什麼時候生？是男是女？得澤雷隨之火雷噬嗑。

白虎		妻財未土 × 應	子孫巳火
螣蛇		官鬼酉金 ○	妻財未土
勾陳	子孫午火	父母亥水 ╱	
朱雀		妻財辰土 ╱╱ 世	
青龍		兄弟寅木 ╱╱	
玄武		父母子水 ╱	

〔判斷〕以子孫為用神。子孫午火不上卦，伏在四爻父母亥水之
下。月不生，反而被日剋，子孫休囚，好象沒有生的跡象。

但是神兆機於動。應上妻財未土，臨白虎發動化子孫。應為
妻位，妻財也是妻子。白虎為血神，臨白虎動化子孫，就是
流血生孩子的象。明顯就是臨盆的信息，所以，我判斷他妻
子就在近幾天要生。化出子孫為陽，生的是男孩。

〔回饋〕他笑著說，看來預測是可以相信的。我老婆已經在四天
前生了，生的是個男孩。四天前是未日，正好是未土化出子
孫的日子。

例6、戌月壬申日（旬空：戌亥），一男測女友做人工流產是否成
　　功了？得天水訟之火水未濟。

白虎　　　　　子孫戌土　／
螣蛇　　　　　妻財申金　○　　　　子孫未土
勾陳　　　　　兄弟午火　／世
朱雀　官鬼亥水　兄弟午火　〃
青龍　　　　　子孫辰土　／
玄武　　　　　父母寅木　〃應

〔判斷〕以子孫為用神。卦裡子孫兩現一空一破，可以兼做用
　　神判斷。子孫戌土臨白虎空亡，白虎主流產，出血，空表示
　　沒有了。二爻辰土月破，也表示孩子沒有了。所以一定成功
　　了。

〔回饋〕果然是流產成功了。

例7、戌月庚辰日（旬空：申酉），一男子測女友是否懷孕？得天
山遯之天火同人。

螣蛇		父母戌土	╱		
勾陳		兄弟申金	╱ 應		
朱雀		官鬼午火	╱		
青龍		兄弟申金	╱		
玄武	妻財寅木	官鬼午火	╱╱ 世		
白虎	子孫子水	父母辰土	✕	妻財卯木	

〔判斷〕以子孫為用神，子孫子水不上卦。被日月剋。卦中動爻
辰土又來剋，休囚無氣。所以一定沒有懷孕。

〔回饋〕果然沒有懷孕，兩天後來月經。

例8、亥月癸卯日（旬空：辰巳），一女擔心自己懷孕了。測是否懷孕？得澤雷隨之雷火豐。

白虎		妻財未土 〃 應	
螣蛇		官鬼酉金 ○	官鬼申金
勾陳	子孫午火	父母亥水 〡	
朱雀		妻財辰土 ✕ 世	父母亥水
青龍		兄弟寅木 〃	
玄武		父母子水 〡	

〔**判斷**〕以子孫為用神。子孫不上卦，月剋日生，難分高下。再看卦裡動爻變化。世爻空而不受子孫來生，酉金為子孫死地，飛剋伏，沒有懷孕。因為擔心，官鬼為憂慮之神，動而化退，表示憂慮退去，也是沒有懷孕的訊息。

世爻空表示擔心，官鬼動來合，空而不合。所以憂慮不會留住，沒有懷孕。

〔**回饋**〕第二天就來了月經，果然沒有懷孕。

例9、酉月癸丑日（旬空：寅卯），此是網上一位易友問妻子懷孕的卦。得風澤中孚之水澤節。

白虎		官鬼卯木 ○	妻財子水
螣蛇	妻財子水	父母巳火 ／	
勾陳		兄弟未土 〃 世	
朱雀	子孫申金	兄弟丑土 〃	
青龍		官鬼卯木 ／	
玄武		父母巳火 ／ 應	

〔**判斷**〕以子孫為用神。子孫得月比扶日生，元神未土暗動又來生，為旺相。他擔心子孫過旺。但是我見此卦，官鬼臨白虎獨發。獨發表示性質原因等。官鬼為不吉之神，白虎主流產。所以我判斷不必看其他的，孩子懷孕保不住。

〔**回饋**〕實際上正是宮外孕，不得不流產。為什麼是宮外孕？因為官鬼卯木，是子孫胎地。臨外卦六爻了。外卦主外，胎爻到了外面。所以是宮外孕。

例10、子月戊戌日（旬空：辰巳），一女子求測第二天就是預產
期，想知道，到底是在哪一天生，好做住院準備。得澤地
萃之風地觀。

朱雀	父母未土 ×	妻財卯木
青龍	兄弟酉金 ╱ 應	
玄武	子孫亥水 ○	父母未土
白虎	妻財卯木 ╱╱	
螣蛇	官鬼巳火 ╱╱ 世	
勾陳	父母未土 ╱╱	

〔判斷〕以子孫為用神。子孫亥水發動，得月比扶，為旺相。亥
水正好是第二天的地支，好像與預產期一致。但是用神動，
化回頭剋。所以，必須沖去剋神才可以。我建議丑日下午住
院。

〔回饋〕結果丑日下午住院，到了寅日子時，生下一個男孩。應
了逢合。

例11、2006年未月乙卯日（旬空：子丑），一男子測什麼時候有
孩子？得風天小畜之風火家人。

玄武	兄弟卯木 丿	
白虎	子孫巳火 丿	
螣蛇	妻財未土 〃 應	
勾陳 官鬼酉金	妻財辰土 丿	
朱雀	兄弟寅木 〇	妻財丑土
青龍	父母子水 丿 世	

〔判斷〕以子孫為用神。子孫月不剋日來生，為旺相。卦中元神
寅木，獨發來生，一定可以懷孕。子孫安靜應沖，獨發應逢
合，所以2007年丁亥，一定會有孩子。

〔回饋〕結果於2007年9月生下了一個男孩。

例12、亥月丁酉日（旬空：辰巳），一人測女兒懷孕什麼時候生
孩子？得艮為山之巽為風。

青龍	官鬼寅木	／世	
玄武	妻財子水	×	父母巳火
白虎	兄弟戌土	／／	
螣蛇	子孫申金	／應	
勾陳	父母午火	×	妻財亥水
朱雀	兄弟辰土	／／	

〔判斷〕以子孫為用神。子孫月不剋日比扶，為旺相。卦中父母
午火，發動來剋。必然得未月合住忌神，又生子孫而得生。

〔回饋〕果然在次年未月，順產生下一個女孩。

㉛

官司訴訟

人在社會上，難免遇到不順心的事。或者是自己不小心，一時起了貪念犯了錯誤，帶來牢獄之災。或者是自己沒有做錯什麼，被人冤枉入獄。或者因為各種情況，與人產生矛盾紛爭打官司等等。無論是什麼情況，都想求得平安。用六爻預測，可以判斷出事情的發展趨勢，幫助找到解決問題的方法和途徑。

◎預測牢獄拘役，以被測之人為用神。父母看父母爻。孩子看子孫爻。本人看世爻等。用神旺相，吉。用神休囚，凶。

◎用神見三刑，入墓為牢獄的信息。用神、忌神、來刑的爻、以及墓庫多臨朱雀、螣蛇、勾陳。勾陳為牢房。朱雀為官非。螣蛇為捆綁。這些組合都是入獄的信息。

◎判斷原因，獨發爻看獨發，或者看用神所臨之爻的六神。有時候，也看來刑用神爻的六神。

◎青龍為因酒色引起的。也有是因為吸毒販毒引起的。朱雀為文書、賬目、機密。勾陳為田地房屋，或者受牽連引起。螣蛇為拐騙、或者被冤枉。白虎為殺人，打架鬥毆，交通事故等。玄武為色情、盜竊、貪污等引起。

◎有時候也看六親。父母為文書、機密、知識產權、賬目等。兄弟為朋友牽連、或者搶奪。妻財為女人、錢財。解決問題，子孫為醫藥、兒童、動物等。官鬼為黑社會、公家之事等。

◎預測打官司，主要看世爻和應爻的衰旺力量。旺者勝，衰者敗。

◎父母為狀子。臨世爻、世爻化出、世爻去生、在世爻所臨的卦，為自己告別人。在應爻發動、應爻化出、應生父母、應爻所在的卦發動，為對方是原告。

◎父母兩現，一告再告。官鬼兩現，官司升級，一打再打。

◎父母受沖剋。狀子被駁回，或者有問題。

◎世應相生。和平解決，和解。

◎世應都空。官司停止，或者都不想打了。

◎財為理由，官鬼為司法部門，間爻為證人。

◎官司原因，以官鬼所臨六神，或者動爻判斷。

◎兄弟發動破財。世爻動化凶象，因官司而見災。

◎世應比和。需要有調解才可以解決。

例1、酉月庚戌日（旬空：寅卯），日本一女子，測丈夫被員警抓
走了？是什麼原因？結果如何？得火澤睽之水天需。

螣蛇		父母巳火 ○	妻財子水
勾陳	妻財子水	兄弟未土 ×	兄弟戌土
朱雀		子孫酉金 ○ 世	子孫申金
青龍		兄弟丑土 ×	兄弟辰土
玄武		官鬼卯木 ╱	
白虎		父母巳火 ╱ 應	

〔判斷〕以官鬼為用神。官鬼臨二爻空亡。二爻為宅，表示丈夫
不在家裡了，入墓於未土，未土臨勾陳，勾陳主牢獄。這個
組合，就是被員警抓走的信息。官鬼臨玄武。玄武主淫穢，
丈夫是因為色情的問題被抓的。

官鬼空亡，月建沖剋為月破。本日合破，本日被抓。忌神子
孫持世，得月比扶，日來生。五爻兄弟化進神來生。二爻兄
弟也化進神來生。子孫當令不退，為過旺。物極必反。所
以，不久就會出來。財不上卦，被兄弟動來剋，一定破費不
少。

〔回饋〕果然，是因為未成年人少女，買春事件被抓了。在裡面
被關押一個多星期後，罰款30萬日元釋放出來了。

例2、子月丁丑日（旬空：申酉），一女子測男朋友吉凶？得澤風
　　大過之地雷復。

青龍		妻財未土	〃			
玄武		官鬼酉金	○		父母亥水	
白虎	子孫午火	父母亥水	○	世	妻財丑土	
螣蛇		官鬼酉金	○		妻財辰土	
勾陳	兄弟寅木	父母亥水	○		兄弟寅木	
朱雀		妻財丑土	×	應	父母子水	

〔判斷〕以官鬼為用神。官鬼酉金兩現發動，互相成自刑。用神
　　　入墓在日，也入墓於朱雀所臨的爻。朱雀為官司口舌，必然
　　　有牢獄之苦。

　　　用神臨螣蛇空亡，表示他本人有點害怕。另外一官鬼爻臨玄
　　　武。玄武主貪污詐騙，一定是他坑害了別人引起的。父母亥
　　　水兩動。父母主狀子，有好幾個人告他。好在墓庫生用神。
　　　警界有人幫忙。所以，最後可以把事情處理好。

〔回饋〕原來其男朋友搞煤炭。但是男朋友的弟弟，從中以次充
　　　好，缺斤少兩，被客戶發現，告發到了管理部門。因為有朋
　　　友幫忙，最後補償了客戶錢，免除了拘役。

例3、申月乙酉日（旬空：午未），一人測近日吉凶？得水雷屯。

玄武		兄弟子水 //
白虎		官鬼戌土 / 應
螣蛇		父母申金 //
勾陳	妻財午火	官鬼辰土 //
朱雀		子孫寅木 // 世
青龍		兄弟子水 /

〔判斷〕以世爻為用神。世爻臨朱雀被日月克制。朱雀主官司口舌，月與世爻成三刑，三刑之爻入卦，臨螣蛇。螣蛇為繩索，為牢獄信息。

〔回饋〕實際上正是員警要抓他，於是勸其投案自首。

例4、申月乙酉日（旬空：午未），一女測女婿被拘留了。結果如何？得風山漸之火山旅。

玄武		官鬼卯木 ╱ 應	
白虎	妻財子水	父母巳火 ○	兄弟未土
螣蛇		兄弟未土 ×	子孫酉金
勾陳		子孫申金 ╱ 世	
朱雀		父母午火 ╱╱	
青龍		兄弟辰土 ╱╱	

〔**判斷**〕以子孫為用神。子孫申金臨勾陳。勾陳主牢獄。父母巳火動來相刑，為被抓的信息。但是用神旺相。元神發動連續相生。最後會平安無事。忌神動來剋合。亥日沖去忌神，就可以出來。

〔**回饋**〕果然在丁亥日出來了。

例5、午月癸巳日（旬空：午未），某女測妹妹男朋友吉凶。得山
水蒙。

```
白虎          父母寅木 ∕
螣蛇          官鬼子水 ∥
勾陳  妻財酉金  子孫戌土 ∥世
朱雀          兄弟午火 ∥
青龍          子孫辰土 ∕
玄武          父母寅木 ∥應
```

〔**判斷**〕以官鬼為用神。官鬼子水被月沖破，臨螣蛇。螣蛇為捆
綁。子孫戌土臨勾陳持世剋用神。勾陳為牢獄，又入墓於辰
土。所以一定是入獄了。

用神被月上兄弟沖破，是受朋友牽連的。用神在五爻臨螣
蛇。五爻為道路，螣蛇為勒索，拐騙。入獄原因與此有關。

〔**回饋**〕實際上是因為，賭博輸了錢後。被其他幾個人慫恿，一
起在路上搶錢入獄了。兄弟沖破用神，兄弟也主搶奪。

例6、申月丁巳日（旬空：子丑），某男測侄兒犯事吉凶，得山地
　　　剝之風地觀。

```
青龍              妻財寅木  ∕
玄武    兄弟申金  子孫子水  ×  世      官鬼巳火
白虎              父母戌土  ∥
螣蛇              妻財卯木  ∥
勾陳              官鬼巳火  ∥  應
朱雀              父母未土  ∥
```

〔判斷〕子孫臨玄武發動，化官鬼。玄武主偷盜，化官見官，是
　　　被員警抓起來了。子孫得月生，情節不是很嚴重。但是動化
　　　絕地為官，牢獄之苦難免。

〔回饋〕實際上他侄兒，因為偷摩托車被抓了。

例7、亥月丙寅日（旬空：戌亥），一女測打官司結果如何？ 得
水風井之風水渙。

青龍		父母子水 ×	兄弟卯木
玄武		妻財戌土 ／ 世	
白虎	子孫午火	官鬼申金 〃	
螣蛇		官鬼酉金 ○	子孫午火
勾陳	兄弟寅木	父母亥水 ／ 應	
朱雀		妻財丑土 〃	

〔判斷〕父母臨應爻。是對方告本人，本人是被告。妻財戌土持
世，是自己得理。三爻官鬼酉金生應爻，四爻官鬼申金又暗
動生應。官鬼代表政府司法機關，是有政府司法機關的人，
幫助對方說話。

應上父母亥水，臨月旺相，得日合，對方的狀子寫的好。月
比扶應爻。月為上級部門或者人，有上級關係的人，在幫對
方。

世爻休囚，應爻旺相。目前對方佔據有利的一面。父母發
動，應爻在二爻臨勾陳。父母為房子，二爻為宅，勾陳主建
築，是因為房子的問題打官司。

世爻應爻空亡。現在官司打的停下來了。外卦世爻所臨之處

父母發動。你想轉被告為原告，反過來告對方。

官鬼化出午火回頭剋。午月可以了結官司。午月世爻得生，應爻元神被剋，最後你勝出。

〔**回饋**〕實際情況，正是因為房子的事情打官司。本來分給此女的房子，因為臨街面，可以做生意。被某副省長的兒子看中了，非要她騰出不可。她不肯，對方就打官司。請了記者寫狀子。雖然許多人幫助對方說話，但是她占著理，官司無法打下去就停了下來。最後她反告對方，於次年午月勝訴。

例8、丑月丙子日（旬空：申酉），一醫生測官司如何？得天地否
之山地剝。

青龍　　　　　父母戌土 ╱ 應
玄武　　　　　兄弟申金 ○　　　子孫子水
白虎　　　　　官鬼午火 ○　　　父母戌土
螣蛇　　　　　妻財卯木 ╱╱ 世
勾陳　　　　　官鬼巳火 ╱╱
朱雀　子孫子水　父母未土 ╱╱

〔判斷〕父母戌土臨應爻。是別人告他，他是被告。官鬼午火
臨白虎發動。白虎為醫藥，一定是因為醫療出事，而引發官
司。

應爻空亡，其實對方無心告自己。但是間爻官鬼午火，動化
父母。間爻為中間人，官鬼為司法，政府，化父母，出現狀
子。說明是對方，有親戚在司法部門，從中挑唆而告狀的。
另外還有一間爻，臨玄武兄弟發動。兄弟剋財，玄武主欺
詐，暗中。實際上這個中間挑唆的人目的，是敲詐錢財，想
暗中撈一把。

財爻持世，理在自己。內卦又有一父母未土。自己想反告對
方，但是父母月破不受理。世爻受剋，間爻午火動而相解。
二人最後通過中間人和解。

〔**回饋**〕實際上是因為一小孩燒傷，送到他這裡治療。病人沒有好，死在了他的診所。對方家裡的人認為，是孩子沒救而死。但有個親戚，在警察局上班，非說是他的醫療事故，要打官司告他。如果不想打官司，就給錢私了。

後來請法醫鑑定，小孩是因為燒傷併發症而死。所以他想反告對方，但法院不受理。結果，給了對方親戚點錢後，再也沒有人告他了。

例9、未月丁丑日（旬空：申酉），一婦女請我前去預測官司。我
臨走的時候搖了卦，得地澤臨之震為雷。

青龍	子孫酉金 〃	
玄武	妻財亥水 〃 應	
白虎	兄弟丑土 ×	父母午火
螣蛇	兄弟丑土 〃	
勾陳	官鬼卯木 ○ 世	官鬼寅木
朱雀	父母巳火 〃	

〔**判斷**〕世爻發動，生父母，是自己為原告。官在二爻臨勾陳
動。二爻為宅，勾陳主建築，是為房子的事打官司。兄弟丑
土臨白虎，動化父母。白虎主道路，是因為房子附近路的問
題打官司。

應生世爻，對方想和解。世爻動而化退，自己也有撤訴的意
思。世爻化退，應在沖變爻的申月。

我到此婦女家中，正要給她講判斷的情況。但她堅持要自己
搖卦，於是又搖卦得雷火豐。

青龍	官鬼戌土 〃
玄武	父母申金 〃 世
白虎	妻財午火 ∕
螣蛇	兄弟亥水 ∕
勾陳	官鬼丑土 〃 應
朱雀	子孫卯木 ∕

〔**判斷**〕此卦和剛才的卦反映的信息是一樣的。父母持世是自己
為原告。官鬼在二爻臨勾陳。二爻為宅，勾陳為房子，是因
為房子打官司。應在二爻，為應飛入宅，是別人占了她的地
盤。世在五爻主道路。應墓世爻，就是對方修路占了她的地
盤。

世爻旺相，應爻月破，對方處於不利狀態。應生世爻，對方
想求和。世爻空不受應爻生，自己不答應。

申月出空，應爻也出月不破，可以了結。

〔**回饋**〕果然是這樣。

例10、寅月癸丑日（旬空：寅卯），一男子測官司如何？得雷風
恆。

白虎	妻財戌土 〃應	
螣蛇	官鬼申金 〃	
勾陳	子孫午火 〆	
朱雀	官鬼酉金 〆世	
青龍	兄弟寅木 父母亥水 〆	
玄武	妻財丑土 〃	

〔判斷〕世爻絕於月，入墓於日。日為目前，墓為猶豫，說明自
己目前，沒有主張，處於迷茫狀態。官鬼持世臨朱雀。為文
書知識，是因為知識產權的事情而打官司。

父母在內卦，自己是原告。應生世爻。對方求和。應臨六
爻。六爻為國外，對方是國外機構。官鬼兩現。五爻又臨官
鬼。五爻為尊位，官司必然升級到最高人民法院。應財生世
爻，最後對方賠錢給自己。

〔回饋〕果然是某國外機構，侵犯了他們的知識產權，而告對
方。省級法院調解無效。最後上升到，最高人民法院。以原
告得到補償而勝訴。

㉜

信件郵件

$\overset{\displaystyle 預}{}$測信件、郵件父母爻為用神。用神旺象得生扶，信件、郵件必到。休囚空破不吉。應期，參考20應期章。

例1、子月乙卯日（旬空：子丑），我用快遞給別人郵寄的畫三天了，對方還沒有收到。測什麼時候到？得山雷頤。

玄武		兄弟寅木 ╱
白虎	子孫巳火	父母子水 ╱╱
螣蛇		妻財戌土 ╱╱ 世
勾陳	官鬼酉金	妻財辰土 ╱╱
朱雀		兄弟寅木 ╱╱
青龍		父母子水 ╱ 應

〔判斷〕父母為用神。父母子水兩現，共兩幅畫。用神得月比扶，為旺相。用神臨應爻，應為他人，表郵寄物會到別人手裡。今用神空亡，表示還沒送達。戊午日沖空則實，一定可送達。

〔回饋〕果然於戊午日的申時到達對方手裡。

例2、申月戊戌日（旬空：辰巳），測日本郵寄的快遞，什麼時候
到？得火地晉之天山遯。

朱雀		官鬼巳火	／	
青龍		父母未土	×	兄弟申金
玄武		兄弟酉金	／世	
白虎		妻財卯木	×	兄弟申金
螣蛇		官鬼巳火	〃	
勾陳	子孫子水	父母未土	〃應	

〔判斷〕以父母為用神。卦裡父母兩現，以發動之爻，父母未土
為用神。父母得日比扶，為旺相。動而生世爻，必到。日辰
即是父母。生世爻本日到。未土動再來生世爻，未時到。

〔回饋〕果然在當日13點10分到了。

403

例3、巳月丙申日（旬空：辰巳），我的一位學生搖卦測自己郵購的書什麼時候到？得坎為水之水風井。

青龍	兄弟子水　〃世	
玄武	官鬼戌土　╱	
白虎	父母申金　〃	
螣蛇	妻財午火　×應	父母酉金
勾陳	官鬼辰土　╱	
朱雀	子孫寅木　〃	

〔**判斷**〕以父母為用神。父母月合，為旺。又得日比扶，書一定可以到。用神臨日生世，當日到。三爻午火又化出父母，午時到。

〔**回饋**〕實際上正是當日午時到的。

例4、亥月庚戌日（旬空：寅卯），我的一位學生問，他郵寄的書
什麼時候到？得火澤睽之火雷噬嗑。

螣蛇		父母巳火	∕	
勾陳	妻財子水	兄弟未土	∥	
朱雀		子孫酉金	∕ 世	
青龍		兄弟丑土	∥	
玄武		官鬼卯木	○	官鬼寅木
白虎		父母巳火	∕ 應	

〔**判斷**〕我看了卦後說，以父母為用神。父母月破，本來不好。
但是元神獨發來生，書一定可以收到。元神動而化退，日合
不退，正好可以生用神。但元神旬空，這個旬是來不了。父
母月破，出月不破。元神空，出空就可以了。正好下旬，就
到了子月。所以，一定在乙卯日收到。

〔**回饋**〕結果在子月乙卯日收到了書。

例5、這是我的學生讓我看過的一卦，是關於郵寄禮物的。未月乙
　　卯日（旬空：子丑），得天風姤之火風鼎。

　　玄武　　　　　　　父母戌土　╱
　　白虎　　　　　　　兄弟申金　○　　　　　父母未土
　　螣蛇　　　　　　　官鬼午火　╱　應
　　勾陳　　　　　　　兄弟酉金　╱
　　朱雀　妻財寅木　子孫亥水　╱
　　青龍　　　　　　　父母丑土　╱╱　世

〔**判斷**〕以父母為用神。卦中父母兩現，以月破之爻，父母丑
　　土為用神。父母被月沖破，又被日剋，本為休囚，不能郵寄
　　到。但是五爻申金，動化父母。五爻為道路，表示禮物已經
　　在路上。

　　用神月破，出月不破。申金發動化父母，也表示申月可以收
　　到禮物。

〔**回饋**〕隨後於申月丁卯日收到禮物。

例6、戌月丁丑日（旬空：申酉），我給學生郵寄去了書，他測什
　　麼時候到？得地火明夷之火山旅。

青龍		父母酉金 ×	妻財巳火
玄武		兄弟亥水 〃	
白虎		官鬼丑土 × 世	父母酉金
螣蛇	妻財午火	兄弟亥水 ∕	
勾陳		官鬼丑土 〃	
朱雀		子孫卯木 ○ 應	官鬼辰土

〔**判斷**〕以父母為用神。父母三合局，說明郵寄的書，不是一
　　本，而是好幾本。實際三本，正應三合局。父母空亡，本應
　　出空。但是世爻臨日，化出父母，當日書就可以收到。化出
　　父母空亡，酉時出空可以到。

〔**回饋**〕果然在當日酉時收到了書。

例7、戌月乙酉日（旬空：午未），一朋友測通過貨運公司送來的
書今天可以到貨嗎？得坎為水之水地比。

玄武	兄弟子水 〃 世	
白虎	官鬼戌土 〆	
螣蛇	父母申金 〃	
勾陳	妻財午火 〃 應	
朱雀	官鬼辰土 ○	妻財巳火
青龍	子孫寅木 〃	

〔**判斷**〕以父母為用神。父母得月生日扶，為旺相。卦裡元神官
鬼，獨發生用神。雖然月破，但日辰實破，正表示當日可以
到貨。獨發臨朱雀動，到貨後會來電話通知。

〔**回饋**〕剛斷完卦，電話就響了。貨運公司通知他去取貨。

例8、寅月辛巳日（旬空：申酉），測托運的書，已經超過兩天了還沒有收到，結果如何？得火天大有之雷山小過。

螣蛇	官鬼巳火 ○ 應	父母戌土
勾陳	父母未土 〃	
朱雀	兄弟酉金 〃	
青龍	父母辰土 〃 世	
玄武	妻財寅木 ○	官鬼午火
白虎	子孫子水 ○	父母辰土

〔**判斷**〕以父母為用神。卦裡父母兩現，以世上父母辰土，為用神。父母月剋，但有日生，為旺相。卦中雖然忌神發動，但元神也發動來生，成連續相生，書一定可以到。元神臨日來生，書應該在本日到。

〔**回饋**〕經查證果然是在當日到了。

33

年運預測

每當新的一年開始的時候，許多人都想知道，自己一年之中的運氣如何？所以，預測流年運氣，也是六爻預測不可缺少的一個內容。

預測年運的要點，首先是人身的安危和吉凶，其次才是財運、工作、家庭的情況等。預測流年運氣，並不是要對所有的方面，都去加以判斷。而是看卦中，主要告訴你的是什麼信息，依據卦中所反映的信息，判斷才會準確。若要面面俱到地去判斷每個問題，應驗率就不會很高。而且也不需要一個月一個月地去判斷，把主要發生大事件的月份，判斷出來就可以了。

同時預測年運，又要看來人是做什麼的。生意人，一般側重在財。機關裡的人，側重在工作升遷等。身體不好的人，又寄希望於身體情況。司機，主要是平安沒有事故。沒有對象的人，往往在測年運的時候，看自己有沒有姻緣等等。所以，年運沒有固定的格式，需要預測師自己留心把握。

預測年運的時間，在一年內的任何一個時間段都可以。可以是元旦。也可以是立春。也可以是一年之內的任何一天。

　　但六爻預測是全息的。預測本年運氣，有時候又可以把其他流年的信息帶出來。預測時要細心分辨。

例1、己卯年癸酉月甲子日（旬空：戌亥），某女測本年年運。得
　　　水雷屯變雷水解。

　　玄武　　　　　　兄弟子水 ∥
　　白虎　　　　　　官鬼戌土 ○ 應　　　父母申金
　　螣蛇　　　　　　父母申金 ×　　　　妻財午火
　　勾陳　　妻財午火　官鬼辰土 ∥
　　朱雀　　　　　　子孫寅木 × 世　　　官鬼辰土
　　青龍　　　　　　兄弟子水 ○　　　　子孫寅木

〔**財運**〕以財爻為用神。財爻午火伏藏，不得日月生扶。又日辰
　　　子水剋之。休囚無氣，財運不好。

〔**工作**〕以官鬼為用神。卦中官鬼戌土、辰土兩現，以動爻戌土
　　　為用神。官鬼戌土空亡，日月不生。元神伏而不現。而且忌
　　　神持世發動。事業運氣不佳，很難有晉升的機會。

〔**家庭安危**〕看丈夫，以官鬼為用神。兩現，應上官鬼為用神。
　　　官鬼戌土休囚空亡。又被子孫寅木發動，剋之，不吉。今官
　　　鬼旬空，不受其剋。戌月出空，當有凶災。子孫臨朱雀。朱
　　　雀為口舌，要避免與人發生爭執。官鬼在第五爻，臨白虎。
　　　五爻為道路，白虎也為道路。動化父母，父母為車，出門要
　　　防車禍。

〔**孩子**〕看子孫爻，子孫寅木得日生之。又初爻子水發動，父母申金又與子孫的變爻，成三合局生之，雖有月剋也無妨。

世爻子孫動，化官鬼。子孫為快樂，官鬼為憂愁。子孫化官鬼為樂極生悲。

〔**回饋**〕實際上本人財運不佳，工作上無晉升機遇。戌月丈夫從工作單位的窗戶上，墜落而亡。

例2、己卯年庚午月丁未日（旬空：寅卯），某計程車司機測年
　　運，得澤火革變天風姤。

青龍		官鬼未土 ×	官鬼戌土
玄武		父母酉金 ╱	
白虎		兄弟亥水 ╱ 世	
螣蛇	妻財午火	兄弟亥水 ╱	
勾陳		官鬼丑土 ×	兄弟亥水
朱雀		子孫卯木 ○ 應	官鬼丑土

〔**本人安危**〕以世爻為用神。世爻不但不得日月生扶，且亦被日
　　剋。卦裡又有官鬼未土發動，化進神剋之。官鬼丑土發動，
　　剋之，甚是不吉。官鬼為政府，災難之意。丑土臨勾陳，勾
　　陳剋世，主牢獄。本年不可幹違法之事，否則有牢獄之災。
　　下個月，官鬼未土值月，下月當防。

〔**財運**〕妻財午火雖然伏藏，卻得月建幫比為旺。但不宜忌神
　　持世，元神子孫空亡入墓。財運不能言好，財被官鬼未土合
　　住。防被交通警察罰款。

〔**回饋**〕實際此人剛開計程車。開車技術不是很好，所以總是擔
　　心發生交通事故。在我的提示下，未月開車處處小心。快到
　　了7月末（即未月），總算沒有發生交通事故。由於開車過分
　　緊張，到月底還有一個星期時，為放鬆一下緊張情緒，打算

外出到北京旅遊。結果在中途與鄰座的乘客，發生衝突，打
了起來。把對方的頭打破，被員警帶到派出所，拘留了一個
星期。到了派出所裡才突然想起我的忠告，但為時已晚。

例3、庚辰年癸未月甲午日（旬空：辰巳），某男測年運，得雷水
　　解變天火同人。

玄武		妻財戌土 ×	妻財戌土
白虎		官鬼申金 × 應	官鬼申金
螣蛇		子孫午火 丿	
勾陳		子孫午火 ×	父母亥水
朱雀		妻財辰土 ○ 世	妻財丑土
青龍	父母子水	兄弟寅木 ×	兄弟卯木

〔**本人的安危**〕以世爻為用神。世爻得月扶日生，為旺相。卦中
　忌神雖然發動，化進神，但與子孫午火，妻財戌土，成三合
　局生世爻。年內沒有災難。

〔**財運**〕以妻財為用神。乍一看，財爻持世旺相，財運應該不
　錯。但辰土與本年地支相同，為太歲入爻，預示著一年的情
　況。辰土動而化退，又臨空亡。乃是本年無財，退財的信
　息。

　退神的應期，是以變爻來判斷時間的。丑土與1997年地支相
　同，我斷其財運從1997年，就開始走下坡路了。1989年為
　己巳年，財爻得生，斷其財運是從1989年起步的。1998年
　戊寅年，1999年己卯年，此二年皆是剋財爻之年，此二年財
　運必差。

〔**官運**〕以官鬼為用神。官鬼得月生扶，又是世爻的長生之地，斷其有過官職。但外卦伏吟，子孫成三合局剋之，官職已丟。

〔**回饋**〕以上判斷全部正確。此人原有官職，後於1989年辭去。財運一直不錯。但到了1997年開始，財運走入低谷。到了1999年就連生活也成了困難。2000年也沒有什麼起色。

例4、庚辰年癸未月乙未日（旬空：辰巳），某男測年運，得水風
　　井變風水渙。

玄武		父母子水 ×	兄弟卯木
白虎		妻財戌土 ／ 世	
螣蛇	子孫午火	官鬼申金 ∥	
勾陳		官鬼酉金 ○	子孫午火
朱雀	兄弟寅木	父母亥水 ／ 應	
青龍		妻財丑土 ∥	

〔**官運**〕以官鬼為用神。世在第五爻，五爻為領導的爻位，世爻
　　臨之，再加上官鬼旺相，為有官之象。但三爻官鬼酉金動，
　　化回頭剋，又是丟官之象。故斷其原有官職，現在沒有了。

〔**財運**〕以妻財為用神。乍一看，財爻持世，日月俱是財星。
　　財爻很旺，應當斷其財運好才對。但子孫午火伏藏，日月不
　　生。又被父母子水發動剋之，財源枯竭。初爻妻財丑土月破
　　日破，是無財之象。

　　父母子水，雖然不旺，但得官鬼酉金生助。官鬼為政府，臨
　　勾陳，古為衙門。今為派出所，警察局，是政府部門斷了他
　　的財源。初爻為事物的開端，財爻臨之月破，是一起步，就
　　破了財。臨青龍，青龍為酒色，破財與此有關。

所以我斷其今年開始經商。但剛一開始，就被警察斷了其財路，一定是做的不正當生意。

〔**回饋**〕實際上此人原有官職，但被撤職丟官。2000年在旅遊區經營酒吧，雇傭了許多小姐。結果開業第一天，就被警察局查封。大破其財。

例5、辛巳年庚寅月壬戌日（旬空：子丑），某女測年運，得山風蠱變山火賁。

白虎		兄弟寅木 　／ 應	
螣蛇	子孫巳火	父母子水 　〃	
勾陳		妻財戌土 　〃	
朱雀		官鬼酉金 　／ 世	
青龍		父母亥水 　○	妻財丑土
玄武		妻財丑土 　×	兄弟卯木

〔**本人安危**〕以世爻為用神。世爻得日辰生之。忌神伏藏。本年沒有災難。

〔**財運**〕財爻兩現，以動爻妻財丑土為用。丑土被月建剋傷，又動化回頭剋。元神子孫巳火伏藏，入墓於日，又被父母亥水發動克制。子孫巳火，為本年太歲，伏而不能生財爻。即暗示著今年無財可求。

〔**回饋**〕隨後果如所測。

例6、庚辰年己丑月丁亥日（旬空：午未），某男測年運，得天澤履變兌為澤。

青龍		兄弟戌土 ○	兄弟未土
玄武	妻財子水	子孫申金 ╱ 世	
白虎		父母午火 ╱	
螣蛇		兄弟丑土 ╱╱	
勾陳		官鬼卯木 ╱ 應	
朱雀		父母巳火 ╱	

〔**本人安危**〕以世爻為用神。世爻得月生扶，又有動爻發動生之，子孫持世，無災之象。不過元神動而化退，生世爻力量減弱，有輕微的病。世在第五爻，五爻為五官，金為牙，應有牙痛。

〔**財運**〕財爻為用神。用神雖伏藏，但日辰幫扶。忌神衰，且動而化退，財運尚可。世爻為財爻元神，靜而不動。只有發動，才能連續相生，減忌神之剋。因此本人奔波，辛苦求財。

〔**家屬的安危**〕妻財為妻子。月剋，忌神發動剋之。又代表疾病的官鬼臨應，應為妻位，妻子會生病。二爻為子宮，臨勾陳，勾陳為腫塊，肌瘤，妻子會得子宮肌瘤。

〔**回饋**〕結果卯月牙痛，戌月妻子因子宮肌瘤入院手術。

例7、戊寅年丙辰月癸巳日 （旬空：午未），一位86歲的老婦人
　　　測年運，得地天泰變水雷屯。

白虎　　　　　　　子孫酉金 〃 應
螣蛇　　　　　　　妻財亥水 ×　　　　兄弟戌土
勾陳　　　　　　　兄弟丑土 〃
朱雀　　　　　　　兄弟辰土 ○ 世　　　兄弟辰土
青龍　　父母巳火　官鬼寅木 ○　　　　官鬼寅木
玄武　　　　　　　妻財子水 ∕

〔本人的安危〕以世爻為用神。本年地支，為寅木，太歲入爻，
　　　發動剋世。本年有災。內卦伏吟，為痛苦呻吟之象。

　　　世爻在三爻，三爻為床，乃因病臥床之象。兄弟為手足，在
　　　內卦為腿，三爻為大腿。二爻官鬼，動而剋之，二爻為腿的
　　　爻位，腿上會生病。三爻為胃，二爻為腸，腸胃也會出現毛
　　　病。財為屎尿，入墓於世爻。肚裡有屎尿，拉不出尿不出
　　　來，乃是便秘的信息。

　　　說到壽命，由世爻判斷。世爻得月建幫比，日辰生扶，為旺
　　　相。不會危及生命。再活幾年沒問題。

〔回饋〕結果巳月，突然腿部發腫，在床上躺了一個月。平時就
　　　有便秘，當年尤其嚴重。

例8、己卯年丁卯月丁卯日（旬空：戌亥），一男測年運，得澤雷
　　　隨。

青龍		妻財未土　〃應
玄武		官鬼酉金　〳
白虎	子孫午火	父母亥水　〳
螣蛇		妻財辰土　〃世
勾陳		兄弟寅木　〃
朱雀		父母子水　〳

〔**本人安危**〕以世爻為用神。世爻被日月剋傷不吉。世在三爻，
　　　三爻為胃，土也主胃。忌神在二爻為腸，本年要得腸胃病。

〔**財運**〕以財爻為用神。財爻雖然持世，但被日月剋傷。元神又
　　　不上卦。財運不佳。

〔**工作**〕以官鬼為用神。官鬼酉金月破日破，事業運氣也不好。

〔**回饋**〕實際此人沒有工作，做生意但沒賺到錢。到6月得痢疾拉
　　　肚子。

例9、己卯年己巳月甲申日（旬空：午未），某男測年運得雷水解
　　　變兌為澤。

玄武		妻財戌土 〃	
白虎		官鬼申金 × 應	官鬼酉金
螣蛇		子孫午火 ／	
勾陳		子孫午火 〃	
朱雀		妻財辰土 ／ 世	
青龍	父母子水	兄弟寅木 ×	子孫巳火

〔**本人安危**〕以世爻為用神。世爻得月建生扶，為旺相。但忌神
　　動而剋世，不吉。卦在震宮，震為足。世在二爻，又為足的
　　爻位。本年不是腿腳受傷，就是腿腳得病。

〔**財運**〕以財爻為用神。財爻持世，得月生扶，為旺相。官鬼為
　　工作，動而長生財爻，工資收入不錯。但子孫空亡。忌神寅
　　木發動，想發大財很難。

〔**官運**〕以官鬼為用神。官鬼得日辰比扶，動化進神。看似工作
　　蒸蒸日上，晉升之象。然而，官鬼臨應，應為他人，與己無
　　關。官鬼在第五爻，五爻為領導。乃是領導，有變動之象。

〔**回饋**〕斷完此卦，他挽起褲子讓我看，原來他有靜脈曲張。當
　　年領導更換，自己仍是原樣。除過工資以外，再無收入。

例10、子月乙未日（旬空：辰巳），一日本男子測07年，年運，
　　　得天地否之水山蹇。

玄武		父母戌土 ○ 應	子孫子水
白虎		兄弟申金 〃	
螣蛇		官鬼午火 ○	兄弟申金
勾陳		妻財卯木 × 世	兄弟申金
朱雀		官鬼巳火 〃	
青龍	子孫子水	父母未土 〃	

〔**財運**〕妻財卯木持世，得月生，為旺相。但是化兄弟回頭剋，
　　　　財運不好。

〔**工作**〕官鬼兩現。巳火空亡。午火月破，都不好。所以，工作
　　　　上會出現兩次危機。一是巳月出空的時候。一是月破日合，
　　　　怕被沖開的時候。

〔**回饋**〕結果一年財運不好，工作更換了兩次，到子月的時候，
　　　　被公司解雇了。

例11、子月戊戌日（旬空：辰巳），一日本男子測07年，年運如
何？得山火賁之地火明夷。

朱雀		官鬼寅木 ○	子孫酉金
青龍		妻財子水 〃	
玄武		兄弟戌土 〃 應	
白虎	子孫申金	妻財亥水 /	
螣蛇	父母午火	兄弟丑土 〃	
勾陳		官鬼卯木 / 世	

〔判斷〕官鬼獨發，這個信息是最重要的。流年卦不宜鬼動。主
一年不安。官鬼寅木動，合三爻妻財亥水。妻財可以代表妻
子，也可以代表財運。財被合絆，表示財運不好，經濟周轉
不靈。

財當妻子看，臨白虎。白虎主病，三爻為床，就是得病躺在
床上。

〔回饋〕實際上一年不安。持有的股票下跌，損失不少。妻子一
年嘔吐十幾次，不能下床。

例12、未月壬寅日（旬空：辰巳），日本一女子測07年，年運。
得風天小畜之水天需。

白虎	兄弟卯木 ○	父母子水
螣蛇	子孫巳火 ／	
勾陳	妻財未土 〞應	
朱雀　官鬼酉金	妻財辰土 ／	
青龍	兄弟寅木 ／	
玄武	父母子水 ／世	

〔判斷〕官鬼酉金得月生，為旺相。卯木獨發沖出官鬼。年內可以結婚。官生世爻，夫妻和睦。

兄弟卯木動，與世爻相刑。臨白虎主病。木為風，在巽宮也主風。世爻臨玄武主寒，風寒之象。所以，判斷本年要感冒。

〔回饋〕實際上本年結婚，夫妻和睦，一年多次感冒。

出國簽證

例1、 巳月癸丑日（旬空：寅卯），測辦理簽證，什麼時候可以拿到？得天澤履之水天需。

白虎		兄弟戌土 ○	妻財子水
螣蛇	妻財子水	子孫申金 ╱ 世	
勾陳		父母午火 ○	子孫申金
朱雀		兄弟丑土 ×	兄弟辰土
青龍		官鬼卯木 ╱ 應	
玄武		父母巳火 ╱	

〔**判斷**〕以父母為用神。卦裡父母兩現，以發動之爻，父母午火為用神。用神得月比扶，為旺相。月建就是父母，合世爻。一定可以辦成。父母午火發動，化申金，午日申時可以拿到。

〔**回饋**〕果然在午日申時拿到簽證。

例2、亥月辛丑日（旬空：辰巳），一人測簽證什麼時候下來？得
　　雷地豫之澤水困。

螣蛇		妻財戌土 ∥	
勾陳		官鬼申金 ×	官鬼酉金
朱雀		子孫午火 〡 應	
青龍		兄弟卯木 ∥	
玄武		子孫巳火 ×	妻財辰土
白虎	父母子水	妻財未土 ∥ 世	

〔**判斷**〕以父母為用神。父母子水不上卦，伏在世爻未土之下。
　　用神得月比扶，為旺相。雖然是飛來剋伏，但是飛神被日沖
　　開，為吉。元神發動，化進神，動來生用神。一定可以辦
　　下。但是元神被巳火合住，貪合忘生。次日寅日沖開元神，
　　可以下來。

〔**回饋**〕果然在次日拿到簽證。

例3、申月庚戌日（旬空：寅卯），測辦簽證如何？得地雷復。

螣蛇		子孫酉金 〃
勾陳		妻財亥水 〃
朱雀		兄弟丑土 〃 應
青龍		兄弟辰土 〃
玄武	父母巳火	官鬼寅木 〃
白虎		妻財子水 〃 世

〔**判斷**〕以父母為用神。父母巳火不上卦，伏藏在二爻官鬼寅木
之下。用神得月合，為旺。入墓於日，簽證遲遲辦不下。好
在用神沒有受剋。飛神空破，空下伏神，易於引拔。所以，
一定可以辦下來。用神伏藏，應沖出。亥日可成。

〔**回饋**〕隨後於乙亥日拿到簽證。

例4、辰月乙未日（旬空：辰巳），一日本人到中國旅遊，想延長
簽證。得火澤睽之天風姤。

玄武　　　　　父母巳火　／

白虎　妻財子水　兄弟未土　×　　　　　子孫申金

螣蛇　　　　　子孫酉金　／世

勾陳　　　　　兄弟丑土　×　　　　　子孫酉金

朱雀　　　　　官鬼卯木　／

青龍　　　　　父母巳火　○ 應　　　兄弟丑土

〔**判斷**〕以父母為用神。父母巳火，不得日月生扶。又臨空亡剋
世爻。不能如願。

〔**回饋**〕結果沒能延長。

例5、午月丙午日（旬空：寅卯），一女測自己辦理帶小孩到美國
的簽證如何？得地天泰之地水師。

青龍		子孫酉金 〃 應	
玄武		妻財亥水 〃	
白虎		兄弟丑土 〃	
螣蛇		兄弟辰土 ○ 世	父母午火
勾陳	父母巳火	官鬼寅木 ∕	
朱雀		妻財子水 ○	官鬼寅木

〔**判斷**〕以父母為用神。父母巳火雖然不上卦，但得日月比扶，
為旺相。世爻動，化父母。自己與文書相見。所以一定可以
辦成。判斷半個月以後的庚申日，沖去飛神，可以辦下來。

〔**回饋**〕結果正好在庚申日辦下了簽證。

例6、戌月甲戌日（旬空：申酉），一人測出國簽證什麼時候能辦
下來？得山澤損之山天大畜。

玄武　　　　　　官鬼寅木　╱　應
白虎　　　　　　妻財子水　〃
螣蛇　　　　　　兄弟戌土　〃
勾陳　　子孫申金　兄弟丑土　×　世　　　　兄弟辰土
朱雀　　　　　　官鬼卯木　╱
青龍　　　　　　父母巳火　╱

〔判斷〕以父母為用神。父母不得日月生扶，但也沒有被剋。用
神入墓在日月，需要沖出墓庫。馬上就進入亥月。所以，亥
月可以辦成。但父母休囚，應長生。所以亥月寅日可成。

〔回饋〕於亥月壬寅日辦成。

例7、1997年丁丑年八月的一天，在國際旅行社工作的一個男
　　　子、來找我預測。看他到美國的簽證，能不能辦下來？申月
　　　乙未日（旬空：辰巳），得風雷益之風地觀。

玄武	兄弟卯木 ／ 應	
白虎	子孫巳火 ／	
螣蛇	妻財未土 ／／	
勾陳　官鬼酉金	妻財辰土 ／／ 世	
朱雀	兄弟寅木 ／／	
青龍	父母子水 ○	妻財未土

〔**判斷**〕世爻臨財空亡。空表示不安，為了辦這個手續，心裡很
　　　煩。財主飲食，空表示每天吃不下飯。

　　　辦簽證，以父母爻，為用神。用神雖然被日剋傷，但得月生
　　　不算休囚。不宜者，動而化回頭剋，怕是辦不下來。

　　　他說已經被美國大使館拒簽一次了，第二次要是也拒簽，就
　　　沒有希望了。

〔**回饋**〕後來簽證果然沒有辦下來。

35

──── 六爻擇日 ────

日常生活中，常常會遇到搬家、結婚慶典、店鋪的開業、
蓋房動土等事。老百姓做這些事時，都想選一個比較
好的，吉利的日子或時辰。而日子的挑選，都是提前進行的。因
此就涉及到，一個擇吉的問題。如果是學會六爻預測的人，就可
以搖一個卦。用卦推斷、選定一個好日子。這就是六爻擇日的方
法。

中國古代很早，就傳有擇吉方面的書籍。它是以太陽、月亮
以及地球之間的運行關係，來確定日子的吉凶的。但是實際上，
每天都有好事發生，每天都有不幸的事出現。一個日子的好壞，
因人而異。這一天發了大財、升了官就是好日子。受了傷、生了
病、丟了東西，以及和人發生衝突，就是不吉利的日子。所以，
古人那些固定的擇吉方法，是不太可靠的。

而六爻預測又如何呢？來人在求測時，潛意識已經把各種信息
反映在了卦中。所以既然能把事情的前後預測出來，也就可以把
吉利的日子找出來，形成自己獨特的擇吉方法。通過多年來的實
踐，我發現六爻預測，不但可以選定吉日，而且還可以為來人，

提供一些注意事項和好的建議。

六爻預測擇吉的方法，是圍繞用神來展開的。用神弱時，就需要選助旺用神的日子。用神空時，就需要選用神實空沖空的日子。用神破時，就需要選用神合破實破的日子。忌神動時，就可以選元神的日子，或沖剋忌神的日子等等。六爻擇日，是沒有定式的。要根據卦中的動靜生剋，來確定選用的日子。

不過有一點，大家需要清醒認識到擇日的作用。擇日不可能把一切改變。不能保證把本來財運不好，經營管理不好的，公司和商店讓它繁榮昌盛。也不能保證結婚的兩個人，一輩子幸福。要是有人那樣保證，就是騙人的。社會上也就不會有離婚，及商店公司倒閉的事情出現了。而是通過擇日，利用一個好的時間切入點，以達到平安吉祥，在一定程度上的好轉。總之，選出的日子，需要當時不出亂子，喜慶。在往後的一段時間裡，不出大的凶事，那就是你選對了。

例1、壬午年辛亥月戊戌日（旬空：辰巳），某男欲在北京經營老
　　陳醋店。搖卦測開業的日子，得天地否。

　　朱雀　　　　　　父母戌土　╱應

　　青龍　　　　　　兄弟申金　╱

　　玄武　　　　　　官鬼午火　╱

　　白虎　　　　　　妻財卯木　╱╱世

　　螣蛇　　　　　　官鬼巳火　╱╱

　　勾陳　子孫子水　父母未土　╱╱

〔判斷〕經營商店，為的是獲得利益。因此以妻財，為用神。妻
　　財卯木持世，得月建生扶。又是六合卦，可長久經營下去。
　　不利之處，就是日辰合絆用神，使自己不能放手經營。

　　從卦中來看，與日辰地支相同的戌土，臨應爻。應爻為顧
　　客，應合世上之財。是錢被顧客拿走的信息。世臨白虎，白
　　虎主病。是顧客使用本店的東西生病後，向自己索要賠款的
　　信息。因此在選定開業日子時，必須儘量去化解這信息。

〔開業日子的選定〕合處逢沖，用神被合就要沖開。因此我為其
　　選定了己酉日開業。

〔回饋〕此人按時開業了，現在生意興隆。到目前為止，還沒有
　　出現任何問題。

例2、壬午年戊申月丙辰日（旬空：子丑），某男求選兒子的訂婚日，得澤水困之兌為澤。

青龍	父母未土 //		
玄武	兄弟酉金 /		
白虎	子孫亥水 / 應		
螣蛇	官鬼午火 //		
勾陳	父母辰土 /		
朱雀	妻財寅木 × 世	官鬼巳火	

〔判斷〕因為是為兒子，選定舉行婚禮的日子。所以，以妻財為用神。主卦雖然六合，卻化六沖，為不吉。此卦是因為世上，妻財寅木發動，化出官鬼，而變六沖卦的。用神月破，乃是離異的信息。化出官鬼，乃是將來女人有外遇的信息。2010年為庚寅年，用神實破，怕有分手之慮。

〔婚禮日子的選定〕為了避開這些不利信息，必須提前使用神合破的日子。因此選定婚禮，在亥日舉行。因亥水和妻財寅木相合，既可以生用神又可以合用神，更可以沖去官鬼巳火。使其將來不會有第三者出現。

〔回饋〕按我選定的日子，舉行了婚禮，二人現在過得很好。

例3、辛巳年庚子月壬戌日（旬空：子丑），某男搬家選日，得澤
水困之澤火革。

白虎	父母未土 〃	
螣蛇	兄弟酉金 ╱	
勾陳	子孫亥水 ╱ 應	
朱雀	官鬼午火 ×	子孫亥水
青龍	父母辰土 ○	父母丑土
玄武	妻財寅木 × 世	妻財卯木

〔判斷〕沒有特定的用神，以世爻看其本人吉凶。妻財看財。官
鬼，看工作等。全面進行判斷，選定日子。

妻財寅木持世，得月生扶。動而化進神，此人財運好，是個
有錢人。父母和官鬼同時發動，乃是工作和工作單位，要發
生變化，變動工作的信息。但是官鬼午火動，而化回頭剋。
乃是調動了半天工作，沒有調成的信息。父母為房子，二爻
又為房子的爻位。父母臨二爻，房子的信息就更加強烈。父
母辰土，發動化退，他在這套房子裡不會住的太久。

〔搬家日子的選定〕官鬼午火，被變爻克制，不利於工作，因
此選定丙寅日，為搬家日。因丙寅日，與官鬼的變爻相合。
使亥水貪合忘剋，又能助起官鬼，一舉兩得。第二年為壬午
年，與動爻官鬼的地支一致。本年工作調不成，第二年才

行。到了正月，官鬼到了長生之地，變爻被合，工作變動一定可成。

〔**回饋**〕而後，於丙寅日搬家。且此人非常富有，只在股市裡就放了五百多萬元。本年內向上級部門，提出調工作，沒有被批准。但到次年，寅月的庚戌日，領導突然把他叫去，說是他的工作變動，被批准了。

例4、壬午年甲辰月丙辰日（旬空：子丑），前一例的妹妹也求搬
　　家選日，得雷澤歸妹。

青龍	父母戌土	〃 應
玄武	兄弟申金	〃
白虎 子孫亥水	官鬼午火	〵
螣蛇	父母丑土	〃 世
勾陳	妻財卯木	〵
朱雀	官鬼巳火	〵

〔判斷〕與前例相同，沒有特定的用神。重官職之人，重點看官
鬼。重財之人，重點看妻財。但有一點，世爻關乎求測人吉
凶，是每個卦必須要看的。

父母為房子的信息，父母持世，說明房子已經成了自己的。
父母旺相為新房子。但是父母還有房產證和手續等的意思。
處於空亡，說明房產證還沒有辦下來。

妻財卯木休囚。元神被日月剋而不上卦。說明此女財運不
佳。二爻為宅，妻財在第二爻，她所有的財產，就是房子。
妻財卯木和應上父母戌土相合。父母為房子，應為他人。在
此可以理解為房地產公司。財合應，乃是我之財到了他人手
裡。說明她買房子時，把錢都花光了。所以，現在沒有什麼
錢了。

官鬼午火為世爻之元神。臨白虎，白虎為病，又為血。四爻為心臟，火也主心臟。世爻空，而不受其生，乃是心臟供血不好。

應爻在第六爻，應爻為鄰居，六爻也為鄰居的爻位。所以，此卦中父母戌土，就可以理解為鄰居。父母為房子的意思，戌土乃是鄰居家的房子。今父母戌土被月建沖破，乃是附近正在拆房子的信息。

〔搬家日子的選定〕因世爻空亡，不受元神之生。所以才會有心臟供血不足的毛病。父母持世，妻財休囚，也是辛苦求財的信息。因此選定乙丑日搬家。

〔回饋〕她說除過拆房子這一條不對外，其他判斷全部正確。但是一個星期後，她打來電話，說我原先的判斷全部正確。現在政府要改造街道，開始拆附近的房子了。

例5、戊寅年庚申月辛卯日（旬空：午未），參加我舉辦的六爻預
　　測培訓班的一位老人，拿出一個他兒媳搖的卦，要求給選一
　　下搬家的日子。得地雷復之震為雷。

螣蛇		子孫酉金 〃	
勾陳		妻財亥水 〃	
朱雀		兄弟丑土 × 應	父母午火
青龍		兄弟辰土 〃	
玄武	父母巳火	官鬼寅木 〃	
白虎		妻財子水 〃 世	

〔判斷〕沒有特定的用神，因搖卦人擔心吉凶，所以，重點看世
　　爻。世爻弱，就選生世爻的日子。世爻過旺，就選剋世爻或
　　世爻入墓等的日子。

　　此例世爻得月建生之，不算休囚。但兄弟丑土獨發，來剋世
　　爻。好在六爻子孫酉金暗動，成連續相生，無妨。但丑土還
　　有墓庫的意思。所以，生世爻的力量還是有點弱，選世長生
　　的日子，比較合適。

　　二爻為家的爻位，臨月破，乃是房子要被拆除的信息。搬家
　　的原因是房子要被拆除。

　　白虎持世，白虎為臨盆、生孩子的信息。子孫酉金被胎地日

辰沖動，乃是他兒媳將要生孩子的信息。二爻為胎兒的爻位，被月建子孫沖破，也是要生孩子的資訊。

應爻為他人，發動化父母午火。父母為房子，應動化出，乃別人給她騰出房子來讓她住。六合變六沖，只是臨時居住，不會久住。

主卦六合，合為重疊之象，二爻為宅，父母也為宅子，伏在二爻之下，乃是房子下有房子的意思，臨玄武，玄武為暗中、陰暗，此為樓房帶有地下室的信息。父母爻為火，火主二數，又伏在第二爻，所以斷其搬過去以後，要住的是二層。

六合卦，為難產的信息，子孫入墓，也是難產的信息。子孫得月比扶，動爻生助為旺相，旺象為男，休囚為女，又一爻獨發，陰動變陽，所以生的是男孩。

子孫入墓，入墓需要沖開，當應未日生孩子。下一旬為甲午旬，甲午旬中元神辰土空旺，辰土不但是元神，而且還是子孫的養地，養地空亡，不會生下來，所以，我斷其兒媳將在甲辰旬的丁未日生孩子。

〔**搬家日子的選定**〕根據以上情況，我選定讓丙申日搬家。

〔**回饋**〕丙申日搬家。其兒媳在戊申日生了男孩，生時難產。孩子出世的日子雖然差了一天。但其他信息的預測全部正確。

例6、丙子年癸巳月庚申日（旬空：子丑），某男打算拆了舊房，
改建新房。搖卦選拆房的日子，得火風鼎之火山旅。

騰蛇	兄弟巳火 ／	
勾陳	子孫未土 ／／ 應	
朱雀	妻財酉金 ／	
青龍	妻財酉金 ／	
玄武	官鬼亥水 ○ 世	兄弟午火
白虎 父母卯木	子孫丑土 ／／	

〔判斷〕世爻為求測者，改建以後仍是自己居住。所以，以世爻
為神，主要看世爻的吉凶。世爻得日生扶，但被月建沖破，
為不利信息。官鬼臨玄武在二爻發動，官鬼臨玄武為盜賊。
房子建成後，會有失盜發生。

〔拆房日子的選定〕世爻月破為不利信息，可以用實破和合破，一
般蓋房用合破，拆房用實破。所以，選定讓其癸亥日拆房。

他是經朋友的介紹來測的，以前沒有接觸過預測，對六爻預
測半信半疑。我見二爻為宅爻，被月沖破。六爻與月建相
同。六爻為屋頂，巳火臨月沖破了二爻，等於拆房子時是先
拆屋頂。亥水對應於西北。所以，我斷其雇傭的民工在拆房
時，首先動的第一磚，是屋頂的西北角。

〔回饋〕果然應驗，從此他相信了六爻預測。

例7、戊寅年丙辰月丁酉日（旬空：辰巳），某婦女要求給兒子選結婚的日子，得雷水解之雷地豫。

青龍	妻財戌土 〃	
玄武	官鬼申金 〃 應	
白虎	子孫午火 丿	
螣蛇	子孫午火 〃	
勾陳	妻財辰土 ○ 世	子孫巳火
朱雀 父母子水	兄弟寅木 〃	

〔判斷〕妻財爻為用神。卦中妻財兩現，以發動妻財辰土，為用神。以月破之妻財戌土為參考。父母子水伏在初爻，入墓於動爻辰土。父母伏而入墓，是沒有領結婚證，就同居的信息。此外，妻財辰土與沐浴之地日辰官鬼相合，乃指新娘已不是處女的信息。所以，斷其舉行婚禮不過是個形式罷了。

〔婚禮日子的選定〕妻財辰土與日上官鬼相合，乃是將來媳婦有外遇的信息。為了化解此信息，必須用合處逢沖。另外戌土月破，需要實破，辰土空亡需要沖空。所以，我選戌月庚戌日為婚禮的日子。

〔回饋〕婦女的兒子，從丁丑年就開始和此女孩同居了。最後按我定的日子舉行了婚禮。

例8、辛巳年辛卯月丙子日（旬空：申酉），某男求測選超市開業
　　的日子，得澤火革之風火家人。

青龍		官鬼未土 ×	子孫卯木
玄武		父母酉金 ╱	
白虎		兄弟亥水 ○ 世	官鬼未土
螣蛇	妻財午火	兄弟亥水 ╱	
勾陳		官鬼丑土 ╱╱	
朱雀		子孫卯木 ╱ 應	

〔判斷〕以妻財為用神。用神妻財午火不上卦，伏在三爻兄弟之
　　下。雖得月建生扶，但被日剋，衰旺力量相當。可是卦中兄
　　弟亥水發動，雖被六爻官鬼和變爻子孫制服，但兄弟亥水也
　　為世爻，乃是因病花錢的信息。二爻為店，官鬼臨之。乃是
　　店的風水不好，不利於經營，而且還會使人生病。

〔開業日子的選定〕他不聽，非要開業不可。說是店的裝修都搞
　　好了，就等定日子開業。他還說，只要能掙錢，病一下也沒
　　有關係。所以，我選沖開用神飛爻的巳日，為開業的日子。

〔回饋〕他經營了半年後，生意倒是馬馬虎虎。但身體病得顧不
　　過來，只得關了店門。2002年寅月乙卯日又來測病，得雷水
　　解變雷風恆卦，要求化解。說是吃藥花了八千多元。

例9、癸未年乙卯月丁未日（旬空：寅卯），某女來選為父母下葬的日子。他的父母是二十多年前離開人世的，說快過清明節了，她在某陵園選了一塊地方，想把父母葬在一起，看什麼時候下葬好。得艮為山之水風井。

青龍	官鬼寅木 ○ 世	妻財子水
玄武	妻財子水 ×	兄弟戌土
白虎	兄弟戌土 〃	
螣蛇	子孫申金 ／ 應	
勾陳	父母午火 ×	妻財亥水
朱雀	兄弟辰土 〃	

〔判斷〕墳地的情況，沒有特定的用神。要看卦的整個情況判斷吉凶。她已經在公共墓地買下了地方，說明墓穴已經定好了。世爻為墓穴，在六爻，墓穴在高處。艮為山，為高處，墓穴是在一個高地上。寅木臨世爻，又得月建生扶，墓地周圍有許多樹林。但空亡，說明長得不太茂盛。臨青龍，為新種的樹。

父母為墓，臨勾陳其意更強。二爻父母午火，為墳墓。午火對應於南，墓穴在公共墓地的南面。發動被變爻亥水剋傷，墓穴裡進水了。妻財休囚，被日剋傷，又動化回頭剋。本人現在財運不好。

〔**下葬日子的選定**〕第二日為戊申日，世爻空亡被沖實。又是
剋去身邊之鬼，又生妻財，對財運有幫助。所以，定在第二
日。卦中妻財子水發動，化戌土回頭剋。辰時沖去戌土，又
可以和當日日辰，卦中子水成三合局。所以，定在上午的辰
時下葬。

〔**回饋**〕以上判斷應驗。

例10、巳月甲辰日（旬空：寅卯），一人開餐廳選日，得風雷益
　　　之地澤臨。

玄武		兄弟卯木 ○ 應	官鬼酉金
白虎		子孫巳火 ○	父母亥水
螣蛇		妻財未土 〃	
勾陳	官鬼酉金	妻財辰土 〃 世	
朱雀		兄弟寅木 ×	兄弟卯木
青龍		父母子水 〆	

〔判斷〕以妻財為用神。卦裡妻財兩現，以世爻上妻財，為用
　　　神。財爻臨日，月來生，開張生意興隆。但是卦得反吟，餐
　　　廳不穩定。兄弟發動化進神，時間長了餐廳就不行了。

〔開業日子的選定〕最初我選定兄弟入墓的丁未日開業，但他說
　　　準備不足，要求再延長幾天。我只好選庚戌日開業。戌日合
　　　應上兄弟卯木，應為顧客，阻止反吟，又財入墓而沖開。

〔回饋〕後在戌日開業，風和日麗，客人爆滿。但是經營半年以
　　　後，因為菜色單一，客人慢慢不多了。後經過建議增加菜色
　　　品項，生意又好轉了。

─────── 六爻雜項預測 ───────

隨著六爻預測的普及，人們對六爻預測的認識，也越來越
深刻，發現它預測範圍很廣，更使得人們對六爻預測特
別青睞。但是一些新生事物古人沒有論述，在書上找不到判斷依
據。這就需要我們驗證研究，發現新的規律。在此，列舉一些卦
例，以開拓大家的思路。

例1、一人測自己的車停放在外面，總是如何被人惡作劇？未月己
　　　酉日（旬空：寅卯），得水雷屯之地火明夷。

勾陳		兄弟子水 〃	
朱雀		官鬼戌土 ○ 應	兄弟亥水
青龍		父母申金 〃	
玄武	妻財午火	官鬼辰土 ×	兄弟亥水
白虎		子孫寅木 〃 世	
螣蛇		兄弟子水 〃	

〔**判斷**〕預測車以父母為用神。但是不能拘泥，要看卦中的變化靈活判斷。卦裡官鬼兩動，官鬼為壞人。以動爻判斷搞惡劇的性質。

父母得月生日比扶，為旺相。官鬼兩動又來生，形成過旺，反而不利於用神。所以，搞什麼惡作劇，可以從官鬼來判斷。官鬼戌土臨朱雀。朱雀主文字、食品。官鬼辰土臨玄武。玄武主腐爛，髒東西。所以，我判斷搗亂的人，是給車上胡寫亂畫，倒垃圾和剩飯。

世爻臨子孫空亡。子孫代表快樂，空亡為不快樂。臨白虎主生氣。所以，因為此事，心裡不高興。

〔**回饋**〕對方回饋說搗亂的人是給車上扔剩飯。

例2、酉月癸酉日（旬空：戌亥），彩色印表機，突然無法列印了。測是什麼原因？得天地否之火風鼎。

白虎	父母戌土 ╱ 應	
螣蛇	兄弟申金 ○	父母未土
勾陳	官鬼午火 ╱	
朱雀	妻財卯木 ✕ 世	兄弟酉金
青龍	官鬼巳火 ✕	子孫亥水
玄武　子孫子水	父母未土 〃	

〔判斷〕以父母為用神。父母不得日月生扶，為休囚。空亡表示印刷不出東西了。內卦反吟，反覆之象。不是一點也不能用，而是有時候突然，又可以用了。用神空亡，待庚辰日沖空則實，一定可以印刷。

〔回饋〕到了庚辰日，我打開印表機一用，果然又可以印了。但是印了三張，又不能用了。我回頭再看此卦，妻財卯木月破日破，臨朱雀剋合用神。朱雀主文字，妻財為飲食材料。對於印表機來說就是墨，估計是沒有彩墨了。打開墨水匣一看，原來是沒有彩墨了。

例3、亥月庚寅日（旬空：午未），一女測戒煙如何？得澤火革之
　　　天火同人。

螣蛇		官鬼未土 ×	官鬼戌土
勾陳		父母酉金 ╱	
朱雀		兄弟亥水 ╱ 世	
青龍	妻財午火	兄弟亥水 ╱	
玄武		官鬼丑土 ╱╱	
白虎		子孫卯木 ╱ 應	

〔**判斷**〕以世爻為用神。世爻得月比扶為旺相，但是與日相合，
　　　子孫為娛樂，快樂之神，臨日合世，就是自己貪戀抽煙。官
　　　鬼為惡習，發動化進神，已經有了煙癮。好在官鬼不旺，沒
　　　有成了煙鬼，否則離開煙就不行了。一下很難戒掉的。

〔**回饋**〕她每天仍在抽煙。

例4、戌月壬午日（旬空：申酉），一人測自己停放的自行車，每
　　天要用的時候就沒有氣了。是不是有小孩在惡作劇，故意漏
　　氣？得天火同人之天風姤。

白虎	子孫戌土 ╱ 應	
螣蛇	妻財申金 ╱	
勾陳	兄弟午火 ╱	
朱雀	官鬼亥水 ╱ 世	
青龍	子孫丑土 ╳	官鬼亥水
玄武	父母卯木 ○	子孫丑土

〔**判斷**〕以父母為用神。父母卯木在初爻，表示與地面接觸的車
　　胎。月不生扶，雖然合而得氣，但是養地來合，日為死地，
　　表示車胎已經老化了。臨玄武，玄武主腐爛。表示車胎老
　　化，腐蝕自己漏氣。

〔**回饋**〕後檢查車胎，的確是老化自己漏氣，換新的就好了。

例5、卯月乙未日（旬空：辰巳），一女測自己是父母親生的嗎？
得風火家人之風山漸。

玄武		兄弟卯木	／	
白虎		子孫巳火	／ 應	
騰蛇		妻財未土	／／	
勾陳	官鬼酉金	父母亥水	／	
朱雀		妻財丑土	／／ 世	
青龍		兄弟卯木	○	妻財辰土

〔**判斷**〕應該以父母為用神，看與世爻的關係。卦中父母亥水月
不生日剋，為休囚。世爻剋父母，與現在的父母沒緣分。臨
朱雀，怨言很多。

初爻為小時候，臨青龍剋世爻。青龍為飲食，表示小時得不
到營養，吃不上好東西。五爻為長輩，空而不生世爻，長輩
也不關心自己。所以判斷不是親生的。

原來從小自己長得就和姐妹們不像，父母對她也不好，她也
聽到些關於自己的風言風語，問父母，父母極力否認。現在
父親去世了，只有母親。但是母親得病不能開口，她怕自己
的真實身世，永遠無法解開。所以，就想乘母親沒有死以前
知道結果。

〔**回饋**〕後來做了DNA測試，證明了預測結果是對的。

例6、一男子預測自己酒量如何。寅月乙丑日（旬空：戌亥），得
　　　風天小畜之水天需。

　　　玄武　　　　　　兄弟卯木 ○　　　　　父母子水
　　　白虎　　　　　　子孫巳火 ╱
　　　螣蛇　　　　　　妻財未土 〃 應
　　　勾陳　　官鬼酉金　妻財辰土 ╱
　　　朱雀　　　　　　兄弟寅木 ╱
　　　青龍　　　　　　父母子水 ╱ 世

〔判斷〕這個求測內容是個新課題，最難的就是取用神。一般來
　　　說，從六親的角度看，子孫有喝酒的意思，但子孫本身不能
　　　代表酒量。子孫之所以有喝酒的意思，是因為許多人以喝酒
　　　為樂。而子孫具有快樂的意思，才把子孫與酒扯上了關係。
　　　從另外一個角度來看，酒屬於飲食一類的東西。如果要取用
　　　神，因為妻財爻有飲食的意思，應該以妻財為用神才對。不
　　　過一個卦表現信息的時候，有理象之分。所以，斷卦時不但
　　　要圍繞用神看，而且要看卦中的動靜和卦的組合。

　　　這個卦如果以妻財為用神來判斷。卦中妻財兩現，應該以臨
　　　應爻的妻財未土，為用神。妻財未土被月建剋傷，卦中又有
　　　動爻卯木來剋，當以休囚來論。被日一沖就為日破，更何況
　　　這個卦是獨發的卦。獨發的卦，往往象佔了主導地位。動爻
　　　為用神死地。所臨六神螣蛇，有少的意思。所以，可以判斷
　　　這個人酒量不行。這是一個方面。這個卦除了以用神判斷來

看，還可以完全用象的角度去分析。世爻為水，與酒為液體非常像。臨青龍，青龍有酒色之意。所以，世爻上的這個子水，也可以代表酒。子水不得月生，被日辰剋中帶合，也為休囚。日合為絆，再加上動爻卯木為子水的死地。也是酒量很小的信息。

這個卦從理象的角度，都反映酒量很小。所以就可以大膽的下一個結論，這個人酒量很小。但飯局的應酬很多，同時他本人也很喜歡喝酒，就是酒量不大。

〔**回饋**〕判斷完全正確。所以看有什麼方法能提高酒量，這個就屬於化解的問題了。

例7、寅月壬午日（旬空：申酉），一人預測減肥如何？得水雷屯
之風地觀。

白虎		兄弟子水 ×	子孫卯木
螣蛇		官鬼戌土　／　應	
勾陳		父母申金　〃	
朱雀	妻財午火	官鬼辰土　〃	
青龍		子孫寅木　〃　世	
玄武		兄弟子水　○	官鬼未土

〔**判斷**〕預測減肥以世爻為用神。世爻旺相得生扶，減肥成功。
休囚被剋就不成功。此卦世爻得月比扶，為旺相。元神兩動
來生世爻，減肥一定可以見效。

財主飲食，財不上卦。不想吃飯，節食減肥。

〔**回饋**〕果然減肥成功，瘦了4點5公斤。

例8、巳月己巳日（旬空：戌亥），一人測減肥可以成功嗎？得火
雷噬嗑之震為雷。

勾陳		子孫巳火 ○		妻財戌土
朱雀		妻財未土 〃世		
青龍		官鬼酉金 〳		
玄武		妻財辰土 〃		
白虎		兄弟寅木 〃應		
螣蛇		父母子水 〳		

〔**判斷**〕以世爻為用神。世爻得日月來生，為旺相。卦中元神獨
發，又來生世爻，一定可以成功。

〔**回饋**〕結果減肥5點5公斤。

**例9、亥月丁卯日（旬空：戌亥），一女子測可以戒掉酒嗎？得火
雷噬嗑之震為雷。**

青龍	子孫巳火 ○	妻財戌土
玄武	妻財未土 〃 世	
白虎	官鬼酉金 ／	
螣蛇	妻財辰土 〃	
勾陳	兄弟寅木 〃 應	
朱雀	父母子水 ／	

〔**判斷**〕以世爻為用神。世爻不得日月生扶，被日剋壞，很難
把酒戒掉。此卦為噬嗑，世爻在五爻。五爻為口腔，財主飲
食，為口中吃喝東西的信息。

元神子孫臨青龍，子孫為喝酒，青龍主飲食，也主酒。元神
主思維，六爻為頭，也主思維。獨發來生世爻，說明喝酒，
是她生存依賴的精神支柱。

元神月破，她已經無法控制自己。入墓於變爻，已經喝酒成
癮了，不能自拔。

〔**回饋**〕實際上正是這樣，每天離不開酒，想戒也戒不掉。

─ 移神辨爻與太極裂變雜談 ─

六爻預測是無止境的，深入研究總有新的發現和突破。在十多年前，我發現了移神辨爻和太極裂變法。因為不是三言兩語可以說清楚的，詳細講是一本書的內容。所以，只能做簡單的介紹。

移神法有三種。我在此系列叢書的《六爻風水預測學》裡介紹其中一種，稱之為爻神。大家可以到那裡閱讀。所謂爻神簡單地來講，就是卦中六親相同的爻，可以互相借六神來使用。辨爻法複雜，暫時割愛。

太極裂變，更是六爻預測的大宗之法。其原理就是從一個卦中，演變出無數個卦的方法。來人搖一次卦，就可以問很多人的情況或者事情。如果有好幾個人一起來預測，其中一個人搖卦後，其他人也想預測的話，可以不需要再搖卦，也能進行預測。從理論上來講，可以從隨便的一個卦裡，過渡到想要再預測的話題上。如果一個人想預測孩子的事情，即使有十個孩子，都可以一一給他們做出判斷。不過到目前為止，我最多判斷過三個孩子的情況。現在有好幾個孩子的人不多了。下面我列舉幾個太極裂變法的卦例。

例1、2003年亥月己丑日（旬空：午未），我和朋友段建業一起為某女預測，某女欲測運氣。得雷天大壯之山天大畜。

勾陳	兄弟戌土 ×	官鬼寅木
朱雀	子孫申金 〃	
青龍	父母午火 ○ 世	兄弟戌土
玄武	兄弟辰土 〃	
白虎	官鬼寅木 〃	
螣蛇	妻財子水 〃 應	

我斷道："你本人有官有權，是個享清福的人。在家不用做事，丈夫對你很好，家務活都是丈夫來做。你和公婆住在一起，關係處得非常融洽。"

"你本人身體不太好，常常有頭暈、心慌的毛病。"

對方回答："斷得非常對。我是我們公司的經理，在公司我說的話算數。在家裡我什麼也不用做。所有的家事都是先生包辦。我現在和公婆住在一起，關係處得非常好，從來沒有爭吵過。我心臟有些不好，常常心慌，頭暈。能不能給我小孩也看一看？"

我從上卦中演得一卦，為天山遯變澤風大過卦。

亥月己丑日（旬空：午未），得天山遯之澤風大過。

勾陳	父母戌土 ○	父母未土
朱雀	兄弟申金 ／ 應	
青龍	官鬼午火 ／	
玄武	兄弟申金 ／	
白虎	妻財寅木 官鬼午火 × 世	子孫亥水
螣蛇	子孫子水 父母辰土 ∥	

繼續斷道："你小孩是個急性子，活潑好動，非常有主見。將來不會和你一樣上班，即使有工作，最後也會辭掉自己創業。"

"孩子身體不好，2002年病過一次，主要是腸炎，咽炎，發燒。其他沒有什麼大毛病。"

對方回答說："你這些斷得很對。不好意思，能不能再給我父親也看一看身體？"

我從前面的卦中又演得一卦為天雷無妄變天山遯卦。

亥月己丑日（旬空：午未），得天雷無妄之天山遯。

勾陳	妻財戌土 ／
朱雀	官鬼申金 ／
青龍	子孫午火 ／ 世

玄武		妻財辰土 ×		官鬼申金
白虎		兄弟寅木 〃		
螣蛇		父母子水 ○ 應		妻財辰土

我斷道："你母親身體很好，你長得很像你父親。他心臟也不太好，且有前列腺炎。"

對方驚奇地答道："是的，我母親的身體很好。我和父親長得像。他心臟有點不太好，前兩年剛做了前列腺手術。"

斷到這裡，對方又試探地問："我很關心我單位的副經理的婚姻，她是1973年生的。"

我和段建業先生交換了意見。又演得風澤中孚變天雷無妄卦。

亥月己丑日（旬空：午未），得風澤中孚之天雷無妄。

勾陳		官鬼卯木 /		
朱雀	妻財子水	父母巳火 /		
青龍		兄弟未土 × 世		父母午火
玄武	子孫申金	兄弟丑土 〃		
白虎		官鬼卯木 ○		官鬼寅木
螣蛇		父母巳火 / 應		

我斷道：“你單位的副經理人長得非常漂亮，喜歡學習，手經常拿著一本書。她到現在還沒有結婚。1992年曾有一次刻骨銘心的經歷，差一點結了婚。她和那個男的相處得還不錯，主要是對方父母反對沒有結成婚。沒有成婚的原因與一筆錢有很大關係。”

斷到這裡，對方越發驚奇：“你斷得非常對，她長得很漂亮，愛學習，手裡的確是常常拿著本書。她到現在還沒結婚，1992年有過一個對象，倆人連結婚照都拍了。可是對方父母反對，說是如果和這個女的結婚就斷絕父子關係。如果放棄，就給他200萬元。結果那個男的選擇了後者，不歡而散。此事對她打擊很大。你看她什麼時候才能結婚？”

我又看了看卦後斷道：“她今年（2003年）就有對象，但不成。她今年有過一場災禍，被人打了。若無此事必有交通事故發生。她要到2006年才能結婚。而且找的是個再婚的，對方在公檢法部門工作。”

求測人說：“是的，她今年被人打了，而且傷得還很屬害，住過一段時間的醫院。不是交通事故，是她開車擦撞了人被打的。”

後來在2006年1月和一個監察大隊的領導結婚。她是以第三者介入而結婚。

以上的判斷我是這樣看的。

第一卦

以世爻為用神展開。世臨青龍為尊貴之象，父母為權利，官鬼旺而生世，必有權利，有官職在身。

父母為辛苦，操勞之神，臨青龍為做家事，但空亡反斷，為悠閒自得，不做家事。官鬼為丈夫，臨二爻生父母爻，二爻為宅，家事都是由丈夫做。

世臨青龍，青龍為慈悲、慈祥的資訊，說明本人心地善良。父母持世，心裡有公婆。外卦三合父母局，說明與公婆相處得很好，親如一家。父母與世爻同位，是與公婆住在一起的資訊。

世爻為求測人，臨四爻空亡，被月剋傷，四爻為心臟的爻位，午火也主心臟，是心臟有毛病，心慌的信息。世爻入墓於六爻，又六爻動化官鬼，六爻為頭，官鬼為病，世爻入墓也不利於求測人，是頭部有病的信息。

第二個卦

以世爻為用神。世爻臨火發動，火為活潑的性格。臨白虎，白虎主生氣、脾氣不好，調皮搗蛋。

官鬼持世自己動而化回頭剋，是自己辭掉工作的信息。財爻旺相，世下伏財，世爻動而化出財爻元神子孫，是自己將來想要經商的信息。

世爻臨白虎，白虎主病，休囚受剋，是身體不好的信息。二爻為腸的爻位，卦在乾宮，乾宮也主腸，午火也主腸。所以有腸炎。又五爻申金為世爻病地。五爻為剋財之六親。財為飲食，剋財之物則為牙、喉嚨的信息。臨朱雀，朱雀主炎症和發燒。所以斷有咽炎，發燒。

2002年為壬午，世爻臨午火被剋。說明2002年曾經病過一次。

第三個卦

以世爻為用神。世爻為父親，卦中財爻為其母親。此卦世爻和第一卦世爻，爻位及五行完全一樣。所以，斷她與父親長得很像。

卦中妻財得日比扶，旺而無剋。所以斷她母親身體好，沒毛病。而世爻受月建之剋，理同第一卦，也是心臟有毛病的訊息。

卦中忌神子水三合成局剋世。心臟的毛病比求測人要嚴重些。忌神為水，水主尿等。水庫在第三爻，忌神藏在庫中。乃是內有疾病的信息。辰土為水庫，主膀胱、泌尿系統等。臨玄武，主難言之隱。所以斷是前列腺炎。

第四卦

以世爻看性格，官鬼看婚姻。青龍持世，青龍主美貌。所以斷其漂亮。父母巳火臨朱雀生世。父母朱雀皆主文書，斷其愛學習。世爻動而化父母午火。父母為書，與世相合，是手不離書信息。所以手裡常常拿本書。

官鬼臨二爻發動。二爻為宅，官鬼為男人，是新郎入宅之象。但化退，到家的新郎離家而去。1992年為壬申年，沖退神官鬼寅木，是其應期。

應爻為對方的家庭，臨父母巳火，月破不生世爻。本人得不到對方父母的支持。父母被月建財星沖破。財為錢。所以，與錢有很大關係。

世臨當年太歲入爻，被官鬼臨白虎剋傷。白虎主毆打，受傷，本年應有被人打傷事件發生。因白虎也主交通事故。世爻元神在五爻被月沖破。五爻為道路。所以也有發生交通事故的可能。

官鬼動而化退。2006年為丙戌年，合住官鬼卯木不退。所以斷2006年結婚。合的是退了的官。所以是和別人離異的。官臨白虎又是月建，所以為公檢法部門的人。

例2、壬午年戌月壬戌日（旬空：子丑），瑞典某女測婚姻，得雷山小過。

白虎		父母戌土 〃
螣蛇		兄弟申金 〃
勾陳	子孫亥水	官鬼午火 ╱ 世
朱雀		兄弟申金 ╱
青龍	妻財卯木	官鬼午火 〃
玄武		父母辰土 〃 應

　以官鬼為用神。官鬼午火兩現，都可以做為用神。遊魂卦，一生漂浮不定。世爻入墓於日月。主思想負擔重，處於困難狀態，無法擺脫生活的束縛。官鬼代表工作，休囚入墓。工作不穩定，沒有大的發展。

　妻財卯木不上卦，不得日月幫扶，雖有月合，但日合又為絆住，經濟周轉不好，財運平平，不能有積蓄。

　官鬼兩現，至少有兩次婚姻。遊魂卦，主所有的丈夫都要離開自己。四爻官鬼午火臨勾陳。勾陳主牢獄，又入墓。主其中一個丈夫有過牢獄之災。又入墓在父母，父母主車。表示被車結束生命，主其中一個車禍死亡。二爻官鬼下伏藏妻財卯木。表示第二個丈夫是二婚之人。

世爻入墓在日月。入墓主昏沉，所以有眩暈病。元神卯木不上卦，被日合住。在兌宮為缺，妻財主血，所以供血不好。二爻官鬼午火為子孫胎地，二爻又為子宮，臨青龍主生育的地方。表示子宮有病，世爻臨勾陳，勾陳主肌瘤。所以，是子宮肌瘤。但入墓在日，表示結束，又為被治療好的信息。午火表示時間在庚午年。卦在兌宮，主飲食、胃。所以腸胃不好。

果然第一個丈夫入獄，她救出來後就離婚了。第二個丈夫是二婚，對他很好，但不幸車禍死亡。身體的判斷也很正確。

她又問第三個丈夫如何？

我從前面的卦中，利用六爻太極裂變法，演變出新的一卦如下。

戌月壬戌日（旬空：子丑），得山火賁之山雷頤。

白虎		官鬼寅木 ⼁	
螣蛇		妻財子水 ⼁⼁	
勾陳		兄弟戌土 ⼁⼁ 應	
朱雀	子孫申金	妻財亥水 ○	兄弟辰土
青龍	父母午火	兄弟丑土 ⼁⼁	
玄武		官鬼卯木 ⼁ 世	

這個卦相當於她的第三位丈夫搖出的卦。世爻代表她的丈夫。

此卦父母午火，休囚不上卦，入墓在日月。這個組合表示所謂的第三個丈夫，實際上是未婚同居的男子。世爻臨玄武，又在內卦，表示這個丈夫性格內向。六合卦，好靜而不好動。

世爻官鬼，日月卦中三合戌土，官鬼代表工作。所以判斷到目前為止，已經從事過三個工作。官鬼休囚，表示沒有官運，臨初爻，初爻為老百姓。所以，這個男的只是一個普通人。

日月卦中以及變爻一共五個兄弟，說明兄弟共有五人。世爻元神兩現，生我者為父母。可利用六親轉換的原理把元神當母親，表示不是一個母親。三爻亥水化出兄弟，五人兄弟非一母所生。

妻財子水空亡。亥水被日月剋傷，動化回頭剋。但辰土月破，庚辰年實破。所以，這年開始財運不好。財臨朱雀被剋，因官司口舌而破財。妻財辰土代表同居的女人，也就是問卦人。次年辰月辰土實破，兩人就要分手。

果然全部應驗。2000年庚辰這個男的開始開店被盜，又因為開車撞人，被吊銷駕照和賠錢。兩人在次年辰月分手。

例3、壬午年戌月辛酉日（旬空：子丑），一個大同人和老婆開車
　　專門來我這裡求測，年紀大約有50多歲。搖卦得天火同人之
　　離為火。

螣蛇	子孫戌土 ╱ 應	
勾陳	妻財申金 ○	子孫未土
朱雀	兄弟午火 ╱	
青龍	官鬼亥水 ╱ 世	
玄武	子孫丑土 ╱╱	
白虎	父母卯木 ╱	

我根據上卦判斷如下：

你本人頭腦非常聰明，點子多，心太好，喜歡聰明人。應該
是有官職的人。但你沒有在官場上去多發展，而是走了經濟的路
子，發了不少財。

98年以前你很有錢。到了98年後，你的經濟不行了。被一個
好朋友坑害了一下，經濟一下就垮了，到現在還沒有翻身。

你今年還有經濟方面的官司，雖然有理卻贏不了。你到明年才
能再次東山再起，把事業衝上來。

他說，你判斷的一點也不錯。我98年以前有500多萬。但在
98年，被我幫助過的一個朋友騙了我，所以經濟一下就垮了。到

現在還沒有翻身。今年是有官司，明明我有理，就是打不贏。

以上的判斷我是這樣看的。

官鬼亥水臨世爻。世代表自己，水主智慧。說明腦子好，聰明，點子多。世臨青龍，青龍主心地善良、仁慈，喜歡幫助人。

官鬼持世臨青龍。官鬼為官，青龍主高貴，是有官職的組合。

財在五爻獨發生世。五爻是主體，又是大財。所以，沒有發展官場。而是搞了經濟，賺了很多錢。

財爻獨發變六沖，經濟發展出現波動。1998年為戊寅年為甲戌旬，財在空亡地。此年太歲寅木，沖去財爻不能生世。所以經濟受到打擊。此年太歲合世爻。主發生不利的事，與自己認識的人有關係。因為合主熟悉、交往等。

太歲寅木是父母爻，父母為公司、機構。合世爻，世是父母的長生點。所以，這個害他的人，是自己曾經扶植幫助過的人。

初爻父母得月合又被日上財沖，為暗動。父母暗動，父母為文書，去生朱雀所臨的爻午火。說明這個父母代表狀子，是官司的信息。財沖引起，就是經濟官司。午火是本年太歲，所以應在今年。世爻旺相，日生動爻生。財為理，財生世，自己得理。應為官司的對方。財也長生應爻，所以很難一下贏了。

財獨發化未土回頭生。未土是03年的太歲。又丑土空亡，癸未年沖實。所以我判斷03年會東山再起。

這個人預測完以後，和他一起來的老婆，想測一下自己的身體狀況。我用太極裂變法演變出卦如下。

戌月辛酉日（旬空：子丑），得風天小畜之巽為風。

螣蛇	兄弟卯木 ／	
勾陳	子孫巳火 ／	
朱雀	妻財未土 ／／ 應	
青龍	官鬼酉金 妻財辰土 ／	
玄武	兄弟寅木 ／	
白虎	父母子水 ○ 世	妻財丑土

演變出的卦如果是判斷吉凶，一般看世爻。等於這個卦就是他老婆自己搖的卦。所以與世爻有關的信息就是他老婆的信息。

世在初爻臨白虎。初爻為腳、走路，父母持世，主辛苦。所以判斷他老婆本人好動，閒不住，喜歡操勞。因為白虎主忙碌。

世爻動空化空，合空亡。合主伸手參與，空亡就是不值得管的事。所以判斷她喜歡多管閒事。

臨白虎主脾氣不好。空本反斷，但旺相，所以脾氣時好時壞。

白虎又主血。空不受元神來生。初爻為腳。所以判斷因為供血不好腿腳不好。

以上判斷當場應驗。性格判斷和疾病判斷完全吻合。

判斷完他老婆的身體，他又想看看他孩子的運氣。

我問：“你有兩個孩子吧？應該是一男一女。”因為前面的卦子孫兩現，一個陽爻，一個陰爻。

他答道：“是的，請你看看我兩個孩子的運氣情況。”

“這個需要一個一個的來，你先問哪個孩子？”我回答說。

“當然是先看兒子了。”

說完，我又用太極裂變法，演變出他兒子的卦來。

戌月辛酉日（旬空：子丑），得天風姤之巽為風。

螣蛇	父母戌土 ╱	
勾陳	兄弟申金 ╱	
朱雀	官鬼午火 ○ 應	父母未土
青龍	兄弟酉金 ╱	
玄武 妻財寅木	子孫亥水 ╱	
白虎	父母丑土 ╱╱ 世	

世爻就是他兒子。世臨白虎，白虎為威嚴，果斷。從表面上來看，他兒子有主見，做事情比較果斷，強硬。但是，世空了，是

個紙老虎。

鬼臨朱雀生世上空亡的父母。朱雀主文書言辭，空亡主虛假。說明他兒子好吹牛，說大話。

姤卦卦辭有云：“女壯，勿用娶女。” 世空是膽怯的表現，財是剋世爻的六親。所以判斷他兒子的媳婦厲害，他兒子怕老婆。

官鬼休囚，動而與變爻相合。貪合忘生，而世空也不受生。世在初爻地位低。所以判斷他兒子官運不濟，沒有官運。

財不上卦，日月不扶，日剋。獨發為財爻死地。他兒子的財運也不好。

財不上卦，臨玄武伏藏，與飛爻合。應上官動來泄財氣。他兒子的媳婦不守家，有男人勾引，有外遇。

以上判斷全部正確。

接著又演變出卦來看他女兒的情況。

戌月辛酉日（旬空：子丑），得火天大有之離為火。

螣蛇	官鬼巳火	∕ 應
勾陳	父母未土	∥
朱雀	兄弟酉金	∕
青龍	父母辰土	∕ 世

玄武　　　　　　　妻財寅木 ○　　　　父母丑土
白虎　　　　　　　子孫子水 ⁄

世在三爻臨青龍，青龍主吉慶、富貴。官得獨發來生。官臨應生世，應為夫位。所以判斷他女兒自己有官，丈夫也有官。夫妻感情很好。

財爻獨發剋世。財來就我，財運不錯。比父親還有錢。大有卦，金玉滿家之卦。

此卦世爻雖然月破，但得日合破。日是兄弟主朋友。說明女兒朋友很多，多得朋友照應，發展的很好。

以上判斷也是當場應驗。

但是這個人到了03年年底也沒能東山再起。

回頭細細琢磨此卦，應該還是因為財爻過旺的原因。月生日扶。卦裡子孫兩現。財動化回頭生。財及元神，日月以及卦裡有六重。有生無剋，應該是財爻過旺。03年未土生財，丑土被沖實更旺。所以不能東山再起。

初學六爻預測 / 王虎應著. -- 三版. -- 臺北市 : 笛藤,
八方出版股份有限公司, 2023.08
　　面；　　公分
ISBN 978-957-710-903-3(平裝)

1.CST: 易占

292.1　　　112012429

初學六爻預測

2023年8月28日　三版第1刷　定價420元

作 者	王虎應
總 編 輯	洪季楨
編 輯	徐一巧・陳亭安
封面設計	王舒玗
編輯企劃	笛藤出版
發 行 所	八方出版股份有限公司
發 行 人	林建仲
地 址	台北市中山區長安東路二段171號3樓3室
電 話	(02)2777-3682
傳 真	(02)2777-3672
總 經 銷	聯合發行股份有限公司
地 址	新北市新店區寶橋路235巷6弄6號2樓
電 話	(02)2917-8022・(02)2917-8042
製 版 廠	造極彩色印刷製版股份有限公司
地 址	新北市中和區中山路二段380巷7號1樓
電 話	(02)2240-0333・(02)2248-3904
印 刷 廠	皇甫彩藝印刷股份有限公司
地 址	新北市中和區中正路988巷10號
電 話	(02)3234-5871
郵撥帳戶	八方出版股份有限公司
郵撥帳號	19809050